音乐教育与文化修养

陈丽因◎著

吉林大学出版社

·长春·

图书在版编目（CIP）数据

音乐教育与文化修养 / 陈丽因著 . 一长春 : 吉林
大学出版社，2024.3
ISBN 978-7-5768-3130-6

Ⅰ . ①音… Ⅱ . ①陈… Ⅲ . ①音乐课－教学研究－中
学 Ⅳ . ① G633.951.2

中国国家版本馆 CIP 数据核字（2024）第 079896 号

书　　名	音乐教育与文化修养	
	YINYUE JIAOYU YU WENHUA XIUYANG	
作　　者	陈丽因　著	
策划编辑	殷丽爽	
责任编辑	殷丽爽	
责任校对	李适存	
装帧设计	守正文化	
出版发行	吉林大学出版社	
社　　址	长春市人民大街 4059 号	
邮政编码	130021	
发行电话	0431-89580036/58	
网　　址	http://www.jlup.com.cn	
电子邮箱	jldxcbs@sina.com	
印　　刷	天津和萱印刷有限公司	
开　　本	787mm×1092mm　1/16	
印　　张	12	
字　　数	230 千字	
版　　次	2024 年 3 月　第 1 版	
印　　次	2025 年 1 月　第 1 次	
书　　号	ISBN 978-7-5768-3130-6	
定　　价	72.00 元	

前　言

音乐教育与文化修养有着不可分割的关联，二者相互作用、共同发展。音乐教育在文化修养中占有重要地位，对提升人们的文化素质和综合能力具有不可替代的重要作用。同时，良好的文化修养也是音乐教育的基础和前提，缺乏深厚的文化底蕴，音乐教育将无法充分体现其功能与价值。

音乐教育不仅涵盖传授音乐知识和技能，还致力于培养人们的音乐感知、理解、表现能力和创造力，并提升审美水平和文化素养。此外，音乐教育在传承和弘扬文化方面也发挥着重要作用，有助于推动社会文明的发展。

文化修养体现了人们在文化领域的综合素质和能力，涵盖了文化知识、理解、鉴赏以及创新等多个方面。这种修养不仅体现了人们对文化的深入理解和认识，还能促进对艺术的欣赏和创作。同时，它也有助于增强人们的社会责任感和历史使命感。

在音乐教育中，培养文化素养很重要。首先，要加强人们对音乐作品背景、风格和内涵的知识教育，帮助人们深入理解音乐。其次，重视提升个人的文化理解和鉴赏能力，以便深层次地认识和欣赏音乐，发掘其审美与文化价值。最后，促进人们文化创新能力的发展，鼓励人们在继承和发展传统文化的基础上创作出富有时代特色和文化深度的音乐作品。

综上所述，音乐教育和文化修养之间是一种相辅相成的关系。通过加强音乐教育有助于增强人们的文化素养和综合素质。反过来，加强文化修养也能够增进人们对音乐艺术的欣赏和创新能力。因此，重视并强化音乐教育与文化修养的培育，是推动人类文明进步与发展的重要途径之一。

本书以音乐教育与文化修养为主线，共分八章内容：我国音乐教育的现状与发展、音乐教育的基本论述、音乐审美心理、音乐教师的素质培养、中国音乐文化艺术的发展要素、音乐教育的文化定位、音乐教育与多元音乐文化传承、多元文化背景下的音乐教育发展。本书内容丰富翔实、结构严谨、条理清晰，在音乐教育研究领域内具有较好的参考价值。

陈丽因

2023 年 6 月

目　录

第一章　我国音乐教育的现状与发展

第一节　我国音乐教育的世纪回眸

历史像是一面镜子，借鉴过去，可以拓知现在，乃至预知未来。对于我国音乐教育的目前状况和存在的问题进行研究，出发点是回首其发展历程，从中我们可以更深入和客观地了解音乐教育现行状况及其成因。尽管我国的音乐教育有着悠久的历史，但是目前的音乐教育却基本上是近现代音乐教育模式的延续。所以，对近现代音乐教育的发展进行梳理和解析对于研究现代音乐教育的思维方式和实践行为具有极其重要的意义。

一、20 世纪上半叶：初创与演进

自 1840 年"鸦片战争"之后，清政府打破了闭关锁国的治理方式，并向近代迈进。在外国经济和文化推动下，带来了我国政治经济体制的全面改革。随着"洋务运动""维新运动"和"资产阶级民主主义运动"等一连串的社会经济变革和文化运动的发生，中国传统的教育方式被打破。在这种历史背景下，我们逐步按照西方的模式建立了新型的中国教育体制，为我们今天的教育奠定了基础。同样地，由于有很多新的学习理念及内容融入我们的课程设置当中，以适应新式学校培养学生的需求，使中国的音乐教育事业正在朝向更加系统的方向发展并且变得越来越标准化。特别值得一提的是"学堂乐歌"的诞生标志着中国音乐教育史上的重要转折点——它成为中国近代音乐开端的标志。

在戊戌变法时期，像康有为和梁启超这样的改革者主张借鉴日本及西欧的技术推动文化与教育的革新。他们在 1898 年提议要在新式的学校设置"乐歌"科目，通过音乐传播先进理念。这个被称为"乐歌"的科目在当时主要表达了资产阶级知识分子对于接受欧美科学文化的需求，同时还展示出他们的政治愿景，如"富国强兵"和"拯救国家于生存危机"的目标。1901 年，上海的南洋公学附小第一次把"乐歌"作为课程的一部分加入学校的课程里。到了 1907 年，清政府

开始在女校和师范学堂章程中明确地添加上了音乐课。直至 1909 年，清政府批准的学部《奏请变通初等小学堂章程折》中要求小学堂增加"乐歌"的学习内容，这标志着全国范围内音乐教育的大力推行和实践。此后近 20 年内，这些学校中的"乐歌"逐渐演变成在中国历史上具有重大启蒙意义的音乐运动。

对"学堂乐歌"的概念进行深入解读是十分必要的。"学堂乐歌"是清代后期，以及民国早期在我国新式学校设立的音乐学科和教授的课堂音乐。在歌词创作上，学堂乐歌经常采取"根据旋律编写歌词"的手法，选取的乐曲常常来自欧美或日本的热门歌曲的旋律，并配上展示我国当时新观念的歌词。学堂乐歌形成了与我国传统歌曲不同的新式风格，并在新型学校的音乐教育中，针对中小学生进行讲授。学堂乐歌也成为当时学校社会文化活动中的新趋势。大量的海归学子投入音乐创作中，创作出了众多乐歌，这些乐歌为现代音乐教育的建立与发展作出了积极的贡献。

在中国近代史上，"学堂乐歌"伴随着新文化运动的产生与学堂教育的萌芽而兴起，成为音乐史上的一场重大变革，也是首次真正且自觉地引入和学习西洋音乐。虽然在这百年的历程中，学堂乐歌从兴起到衰败的过程很短暂，但是作为一个 20 世纪初期就吸收欧日音乐并对民众心态产生影响的文化运动，它对中国现代学校音乐教育及思想构建产生了不可忽视的奠基作用。学堂乐歌使音乐课被纳入学校的教育体系中，从而为现代学校音乐教育的发展打下了基础。同时，这也催生了一批国内的音乐教育先锋和教员团队，为未来学校音乐教育的发展提供了人力支持。不过我们必须认识到的是，学堂乐歌的新式音乐教育是在效仿西方音乐教育模式的基础上产生的。学堂乐歌问世之时，提出了"远法德国，近采日本"的原则。因此，我们可以认为，学堂乐歌是中国音乐教育转向西方学习的引领者。在这个时期，大量来自西方的乐谱理论、记谱方法、创作技能、演奏手段等进入中国，为我国音乐教育未来的发展开拓了新的方向和要素，但也引发了一些负面影响，忽视了我国历史悠久的传统文化及传承方式。就像修海林教授所述："由于西方文化的科学技术和生产力的领先地位，产生了'欧洲音乐中心论'，它涉及乐器的制造、演奏技能和音乐形式（如声音效果、风格等）。这也使大多数情况下，音乐教育的价值观念更趋于'西化'。"[1] 这种趋势在音乐文化价值观的变化中最为显著，一些研究者甚至开始利用西方音乐的价值观和创造理念去评估中国传统音乐的价值，并且坚持认为唯有融入先进的西方音乐文化，中国的传统音乐才能走向现代化的道路。自那时起，中国的传统音乐及其传播途径开始在中国音乐教育发展的边缘徘徊。

在 20 世纪前 50 年的音乐教育历史中，美育理念的产生标志着一个重要的历

---

①修海林 . 中国古代音乐美学 [M]. 福州：福建教育出版社，2004:45-48.

史时刻。1912 年，蔡元培在担任中华民国政府教育总长时，提出"以美育代宗教"和"艺术为人生"的观点，为绝大部分音乐家和音乐教育者的音乐活动提供了指引。同年，蔡元培还倡导将美感教育纳入学校教育的内容，实施了"五育并举"（军国民教育、实利主义教育、公民道德教育、世界观教育、美感教育）的教育政策，这对我国的教育历史产生了深远影响。基于这一决策，教育部制定了一系列关于学校教育的规定，并明确了音乐教育的地位，肯定了音乐教育在学校教育中的重要作用。在 1930 年出版的《教育大辞书》中，蔡元培对美育的定义进行了深入探讨，他认为美育是美学理论在教育领域的应用，旨在提高受教育者的审美意识。他借鉴了康德、席勒等人的思想，提倡通过欣赏美的对象来培养情感，以实现受教育者情感的全面发展。尽管蔡元培推广的包括音乐教育在内的美育理念在当时的实际效果有限，但他对中国近代新型音乐教育的贡献不容忽视。他的思想不仅构建了初步的教育目标，而且至今仍对我国的学校音乐教育产生影响，指导其沿着美育方向发展。

从 1919 年的五四运动到 1949 年中华人民共和国成立，中国的学校音乐教育已经进入了一个初始阶段。这段时间我国音乐教育的进步非常明显。中华民国教育部于 1919 年发布了关于音乐教育的一系列规定，并在 1923 年正式执行《课程设计纲要》。在这份纲要中，对基本的教育制度作出了细致的要求：小学需完成 6 年学业，而初中则为 3 年，且均应设置音乐课程，并把之前被称为"乐歌课"的科目改名为"音乐课"。音乐课程除了延续唱歌活动，还新增了阅读与理解乐谱及相关理论知识的学习。从 20 世纪 30 年代开始，普通学校的音乐课程以最原始的形式——唱歌、理论知识和读谱为主体，逐渐增加到了包含音乐欣赏和演奏乐器的 4 大模块的中小学音乐课程。这一教育模式持续沿用直至 20 世纪 70 年代后期，这是我国首次构建出现代中小学音乐教育体系，同时也标志着我国的中小学音乐教育正在迈入规范化发展的全新时期。

自 20 世纪初至中华人民共和国成立的 40 多年间，我们国家的音乐教育发展一直处在初级水平，也一直是在探索和复制其他人的经验。出现这种情况是因为我们在 20 世纪初期到中期的社会历史文化和政治背景是特殊的。辛亥革命结束了长达 2 000 多年的封建制度，并彻底推翻了传统的封建文化体系。但是，即使面对着连年的军阀混战，抗日战争及解放战争又接踵而至，在这样剧烈变化的社会过渡时期和充满动荡不安的环境中，我国的音乐教育依然勇敢地向前迈出了艰难的一步。在这个过程当中，学校里的音乐教育体系逐渐成形，包括音乐教育、审美教育及音乐美学的理论研究成果，这些都对现代音乐教育产生了深远的影响。

二、20 世纪下半叶：徘徊与发展

自中华人民共和国成立以后，我国在社会政治、经济和文化教育等各个方面都经历了深刻的变革并取得了飞速的进步。随着政府对旧的教育体制进行更新改造并建立新的教育体制，一系列的教育法规也随之出台。这些法规特别强调了艺术与音乐教育在整个教育发展蓝图中的核心作用，推动我国音乐教育进入一个新的发展阶段。特别需要注意的一点是在 1951 年的第一次全国中等教育大会上，美育被真正纳入教育方针中。1950—1956 年这段时间内，教育部发布了一系列中小学规程及教学计划，如有关音乐的教育指导纲要等相关文件，大大推动了中小学生对于音乐科目的认识，并将他们的理解程度提升到了一个新的高度。同样在此期间，我国开始向苏联"取经"，而音乐教育领域亦是如此。例如，由教育部于 1956 年颁布的中华人民共和国成立以来的首套完整的中小学音乐教学大纲——《初级中学音乐教学大纲（草案）》以及《小学唱歌教学大纲（草案）》，两者都是根据当时社会实际需求制定出来的，并参考了一些苏联的音乐教育经验。此外，一些像人民教育出版社或音乐出版社类似的出版机构也在积极配合各项工作进度，将一批批苏联的音乐教育资源翻译成中文供广大教师借鉴。在我国讨论如何完善音乐教育制度的过程中，吸收了很多苏联方面的相关理念。虽然此种做法确实能够促使我国音乐教育水平有所上升，但是如果全面采用苏联的方式教育学生的话，那么就可能造成课程设置、授课内容及其他相关的教育手段脱离我国的基本国情，进而带来负面影响。例如，我国的中小学音乐课程标准已经明确规定了各个阶段的学生一年内的主要学习任务是掌握歌唱技能与音乐理论知识。同时，特别指出了对于基本音乐知识及技能的"双基"培训是中国音乐教育的核心部分。

中华人民共和国成立后，中国的音乐教育发展历程经历着空前的变迁与提高，同时也面临着许多的挑战与困难。20 世纪下半叶以来，中国音乐教育的一个突出特点便是其和社会政治运动的密切配合。这种特点的形成一是源于音乐教育对学堂歌谣与救亡诗篇运动以来的优良传统的继承，其包括在音乐课程中教授的歌曲和社会唱诵活动的参与，它们都起到了激发公众热情并推动宣传的重要作用；二是因为音乐教育作为一个社会的组成部分，难免会被政治和经济状况影响。在 20 世纪 50 年代末至 20 世纪 70 年代末期间，伴随着"以阶级斗争为纲"的政治行动的展开，人们不再重视美育，所有属于美育范畴的科目都遭到了轻视和削弱。在此期间，音乐教育的重要性大幅度降低，有时仅仅被视为道德教育的补充手段。到了"文化大革命"期间，音乐教育理念遭到歪曲，导致正常的音乐教学活动陷入停滞状态。

自 20 世纪 70 年代末起，中国音乐教育走过了一段从落后到繁荣的发展历程。在 1978 年中国共产党第十一届三中全会结束后，小学和中学对于艺术教育，尤其是音乐教育，开始重视，音乐教育逐渐复兴。在 1985 年的全国音乐美学座谈会上，姚思源提交了题为《音乐审美教育应当是我国学校音乐教育的核心》的文章，认为"以审美为核心"应是音乐教育的基础。此时，美国著名音乐教育专家贝内特·雷默（Bennett Reimer）应邀来访，他提倡的"以审美为导向的音乐教育"理念，迎合了改革开放后中国音乐教育界摆脱"为政治服务"旧观念、追求独立价值和地位的渴望，对中国未来音乐教育的发展产生了重要影响。21 世纪，中国提出"以审美为核心"的音乐教育理念，大量借鉴和引入了贝内特·雷默的音乐审美教育理念。1986 年，第六届全国人民代表大会在《关于第七个五年计划的报告》中明确指出，美育与德育、智育、体育同等重要，并被确定为国家教育方针，这对音乐教育在教育体系中的地位作出了明确规定。同年，中国设立了负责艺术教育的机构，并建立了艺术教育处、艺术教育委员会和艺术教育司，全面管理全国各级各类学校的艺术教育。1988 年，国家教委颁布《中小学大纲》，代表着美育在 30 年无声无息后，再度正式地被收录到我国的纲领性文件中。1989 年，《全国学校艺术教育总体规划（1989—2000 年）》，作为中国首部覆盖全国范围学校艺术教育的纲领性文件，被正式颁布。这份规划文件具体阐释了学校艺术教育的目标、任务、管理、教育、教师资源和设备等要素，并对学校艺术教育的改革与发展描绘出全新的蓝图。我国的学校艺术教育正式跨入了新的"有法可依"的阶段，呈现出充满活力和蓬勃发展的全新面貌。21 世纪之后，随着教育改革的进程越来越快，《全国学校艺术教育发展规划（2001—2010 年）》《全日制义务教育音乐课程标准》《普通高中音乐课程标准（实验）》等纲领性文件相继颁布，我国的学校音乐教育改革和实施进入了全新的历程。

音乐教育中出现的难题常常是对社会文化和信仰理念领域广泛存在的问题的反映。回顾中国音乐教育的百年发展历程，每个发展阶段的演变都与当时社会政治文化环境密切相关。当时间进入 20 世纪，由于人们厌恶几千年来的封建社会而全盘否定了过去的文化、传统音乐和音乐教育方式，近现代音乐教育终于迎来了适合其大力推广的环境，适应 20 世纪初中国全面社会文化教育改革的需求，开启了中国近现代音乐教育的历程。从那以后，无论是引进欧美或日本的现代学校音乐教育体系，还是借鉴苏联的音乐教育经验，都可视作时代的必然选择和当时社会发展的必然结果，这也反映在近一个世纪以来指导中国音乐教育发展的实践探索中。诚然，吸收和采纳西方音乐教育思想为中国近现代音乐教育的发展创造了机会，但我们必须知道，中国的音乐教育在走向科学化、规范化、系统化发展道路的同时也迈入了以西方音乐文化和音乐教育体系为旨归的现代化之路。

第二节　我国音乐教育的现状

从 20 世纪初开始，中国的音乐教育一直遵循着西式的教育模式及理念，它的基础是源于西方传统的音乐和教育体系，这两者都基于认知哲学。这种西方的认知哲学深深植根于现代科技和理性主义哲学中。由此构建的教育理论和实际操作形成了两个核心价值观：技术和审美。由于它是中国引入西方工业化文化下的音乐教育体系的一部分，强调技术理性和追求美的音乐教育思想已成为我国音乐教育走向现代化的典型标志。

一、技术理性的音乐教育观

对于那些研究音乐的人来说，通常在日常生活中都会遇到这种情况：每次当你告诉别人你是音乐研究者时，他们总会好奇你是研究声乐还是学习具体乐器的。假如不是以上任何一项，那宣称自己从事音乐就有些与实情不符。在大部分人的传统观念里，音乐就是与"歌唱和演奏"相连接的。好像只需要学唱几首歌，或者掌握一种乐器，就相当于是在学习音乐。从事音乐教育的教师也愿意接受这样的观点。然而我们在不知不觉中已经把音乐跟音乐技能画等号，音乐教育也变成了获取这些歌唱和演奏技能的过程。

这个误会根植于深厚的历史之中。我国音乐教育的主导方式一直在于将音乐教育看作让学习者掌握音乐技能，同时视学习和掌握音乐技能为音乐教育的主要职责和目标。自从春秋晚期经历了"礼乐的衰落"，音乐教育的重心逐渐从"乐教"的人文主义理念，转向满足皇室娱乐和宗教礼仪需求的音乐技能的传授和学习，其中音乐主要以技艺为主。自秦汉之后，我国音乐教育注重技术熏陶的特质逐步显现并一直延续至今。技术主导的现代学校趋势起源于早期学校的音乐课程。在当年名为"乐歌课"的音乐教育里，唱歌是被看作音乐教育最主要的部分，当然，学习音乐理论知识也有一定的要求。正如李叔同的观点：为了唱歌，应该先练习音阶和音程。虽然我国近代的音乐教育出现了向技术化发展的趋势，却同时依然保有深厚的传统道德教育特色，重视音乐教育人格塑造、情感培养与精神发展上的贡献。然而，现行的音乐教育在工具理性主义和功利主义思想的推动下，严重偏离了以人为本的教育理念，过分强调技能，专业化程度过高，使音乐教育在失去其艺术魅力的同时，对人文精神的价值也视而不见，忽视了传统音乐教育重视人文构建的优良传统。音乐教育被技术理性的思维方式所影响，培养学生的基本音乐技能不仅是音乐教育的目标，同时也是所有音乐教育的基石。音乐教育中掌握乐理知识和技能不只是音乐学习的过程，同时也意味着音乐基本技能的形成。"双基论"的出现，正突显了音乐知觉与技能训练的重要性。

"双基论"象征着基础知识与基本技能，这个思想在1952年3月被首次明确提出。由教育部颁布的《中学暂行规程（草案）》，其中一个主要目标就是"学生……得到现代科学的基础知识和技能"。从那时开始，包括音乐基础知识与基本技能（通称为"双基"）在内的音乐科学技术教育在学校中一直占据中心地位。音乐领域的"双基"元素随着历次课程大纲和标准的诠释而逐步增加。

在"以双基为核心"的普通学校音乐教育中，"音乐基础知识"主要涵盖乐谱阅读、音乐元素等音乐理论与知识。而"音乐基本能力"则主要涉及唱歌技能、听力训练以及乐器演奏等技术。在现实教育中，理论学习与实践技能通常是独立的，大部分音乐基础理论的学习仅止于书本，与音乐实践存在相当的差距，这并不能实现音乐教育期望的效果与目标。

注重技术的音乐教育观念，依然对各个层次的音乐教师的教学产生影响。在负责培训中、小学音乐教师的高级师范音乐教育中，除教育学课程增加外，其他的部分与音乐专科学校之间的差别并不大。音乐专科学校实施的"一专多能"师范音乐教育模式，与其说是基于公民音乐教育的价值、目标、功能及实践，不如说是这些学校的特有产物。在这种教育体系中，音乐师范学生的专业主要分为"声乐"和"器乐"，评估音乐素养主要依据"专业"技术水平。必备的专业科目涵盖了如声乐、钢琴、初级音乐原理（侧重于西方音乐）和声学、曲式分析、编排技能、对位法、作曲技艺、中国和西方音乐史、听音训练等。这部分教学内容维持了欧洲音乐学习的核心结构，展示了一种以工具理性为核心的学习方式，而人文学科的影响已经几乎无从察觉。国内最重要的音乐教育竞赛主要包括歌唱与伴奏、钢琴演奏、自弹自唱、合唱指挥和综合音乐知识问答五部分。这些赛程恰好展现了音乐教师所需具备的能力和需要，同时也暴露出了我国音乐师范学院过分强调技术而忽略人文价值的倾向，而且这种观念已经深深植根于他们的思维之中。

中国的近代音乐教育主要借鉴了西式的框架，这个框架以音乐学理论与自然科学为基础，具有一定的先进性，奠定了中国音乐教育的基础。随着当代我国工业化的快速推进以及科技的迅猛发展，理性知识在当今社会的重要性愈发显著，而知识学习则被视为现代教育的关键所在。其实，教育的首要目标也源于对理性的重视。从教育的角度来看，理性被视为人之本源，知识获得则是人类理性能力的具体体现，而在现代教育体系里，工具理性也被认定为合理的存在。因此，现代教育在工具理性的引导下旨在发展人们的理性思维和传递知识技能，但它忽视了人的情感、意志、理解和直觉等非理性能力的培育。在这种趋势下，我国传统音乐教育的道德伦理教育被培养"知识分子"的需求所替代，音乐教育对于情感和人文的忽视，导致了对知识和技能过于重视的困局。尽管新的教育大纲的执行有了进步，但对音乐教育中过分强调知识和技能的问题尚未从根本上解决。

毋庸置疑，音乐的确蕴含了系统化的理论和技术。但是，音乐并非仅是技术，音乐中的材料和形式仅是整个音乐组成的一个环节和工具。若音乐丧失了内在的精神核心，那它就如同失去了生命的根本，剩余的只是一片空洞的"无生命之物"。将这样的内容传授给学生，如何能够培养学生的情感响应，塑造学生的个性，激发学生的热情呢？再者，教育的目的不仅是传授音乐技能，更关键的是通过音乐塑造人格。一旦我们忽视了音乐教育中的体验、感受、欣赏和评判，就会削弱音乐教育的文化属性，使其失去对学生完整人格发展独特贡献的能力。因此，问题在于我们过于从技术角度看待音乐教育，以至于认为音乐教育的主旨就是传授技能，这样的观念有些偏颇。不可否认，音乐知识和技能是音乐教育最基本且至关重要的特征，如果抛弃它们，则教育无从谈起。然而，在强调这些基础的同时，我们必须理解技能并不构成音乐教育的全部。否则，为何有的学生能发出美声，却不能唱歌呢？为何有的学生演奏流畅，技能娴熟，却不能感同身受呢？显然，我们的音乐教育忽略了某些环节，需要改进的地方在何处？这是我们需要深思熟虑的。

二、音乐教育应以审美为核心

从古代到现在，音乐教育中的美学问题始终都是人们广为关注的主题，也是中国基础教育改革动力的源泉。《全日制义务教育音乐课程标准（实验稿）》的一个重要特点就是把美学的地位放在了音乐教育的核心位置，这进一步引起了对音乐美学问题的深度探讨与交流。虽然有很多赞同的声音，但也有一些人对此持怀疑态度。管建华教授明确指出："以美学为主导的教育观念事实上已将音乐教育局限在了'美学范畴'内，使得音乐教育难以触及人类的心灵深处和生活现实。"[1] 现在，如何解读音乐的美学教育可能是当前中国音乐教育所面临的主要挑战之一。对于这个难题，我们的思路应该是怎样的呢？我们需要回归到产生这种美学音乐教育的文化和背景下再次审视。

尽管东西方音乐教育均源于古代的审美传统，并在人类文明初期就已具备审美教育要素，但是我国目前所实行的"以审美为核心"的音乐教育思想，并不是我国自身文化背景下的自然产物，而是最初从西方引进的。

作为音乐教育界新锐哲学家，詹姆士·穆赛尔（James Moselle）成为第一位

---

[1]管建华.后现代音乐教育学 [M].南京：南京师范大学出版社，2017:3-6.

基于审美观在音乐教育中进行改革的人。他坚信，音乐通过声波表达和描绘情感源自其内在价值，而音乐教育的目标就在于使学生能够通过审美元素去理解音乐作品。对于音乐教育的美学视角，最为完整的阐述者就是美国的音乐教育权威贝内特·雷默（Bennett Reimer），他在《音乐教育的哲学》中深度解析了音乐美学的教育思想，这本书的影响力不仅在美国本土，也遍及世界各地特别是北美地区。雷默的美学音乐教育思想主要来源于莱昂纳德·迈耶（Leonard Meyer）关于纯净的表现主义音乐诠释概念，还有苏珊·朗格（Susanne Langer）的象征美学与艺术哲学的见解。迈耶从心理学的角度解读音乐中的情感和内涵，认为音乐的绝对性和参照性的意义并非矛盾，反而可以共存于一首音乐作品中。雷默将这种"绝对表现主义"观念融入他自己的理论体系，包括形式主义和参照主义的合理部分，因此更全面。他的基本立场是，音乐具有自身独特的情感唤起能力，不需要借助任何外在的非音乐性因素，如人类情感或行为。音乐行为能够引发听众的共鸣，同时要注意到音乐实践在塑造社会关系中所扮演的重要角色。雷默在朗格主张的"艺术将主观事物客观化""艺术教育实际是情感教育""音乐是情感生活的节奏""音乐教育必然为情感教育"理论体系下，将其进行了深刻阐述和发挥，提出了"音乐教育通过提升对声音美学特性的反应，实现情感教育"的观点，并以此建立了"音乐教育即为审美教育"的理论构架。

雷默对音乐的本质进行了深度探索，他认为音乐教育的实质和重要性由音乐艺术的本质和价值决定，同时音乐艺术的实质和重要性源于其审美价值。换言之，要达成音乐教育的审美目标，最佳路径就是强调音乐的审美特性。音乐的审美成分，如旋律、和弦、音节、曲型等，其内核都蕴含了深层的情感元素，有助于我们能够更加深刻地感受及领悟音乐的美妙之处。基于此观点，把重点放在培养学生的欣赏能力上是实现有效情感教育的关键所在。他的主张是在实施音乐课程时采用审美的聆听方法，这种做法注重人本主义原则，它会引发人们的反应并对所听到的东西做出回应；同时也会借助艺术性的听力技能使之成为可能。当观众用耳朵享受着这些声音的时候，就完成了一次关于体验音乐之美的经历。所以说，我们的任务就是教导学生如何从一种感官的角度来看待音乐世界。明确地说，如果一个人可以积极参与并且感受到其中的审美特征并在其中产生共鸣，那么他就真正懂得什么是音乐。

让我们探讨一下自近代以来的中国音乐审美教育的历史和观念。蔡元培"五育并举"的教育方法和他的众多切实的计划把音乐教育提升为美育的重要组成部分，开启了一个全新的时期，从那时起，我国的校园音乐教育始终执着于美育的发展。中华人民共和国成立之后，我国小学和中学音乐教育的主要目的是促进美育发展。

新的课程标准把审美设为音乐教育的核心，新的课程标准明确表明了音乐教育最重要的价值应当是审美价值。未来的音乐教育改革将坚持以审美为中心，增强学生的审美体验，提高他们的审美能力，让生活更加美满，人性更加充实并且充满爱心。这是我们的音乐教育的理想目标，因此无论是课程标准还是教科书，甚至整个教育过程都应该反映这个理念。音乐课程的本质和价值就是这样定义的："音乐教育的本意是塑造'人'的过程。""音乐教育要实现'教育人'的目标，就必须采取行动：真正地以美育为目标，以审美为核心。"

倘若我们将中国新课程标准对音乐审美教育的详述与雷默传递的西方音乐审美教育观念进行一番比较，能够非常明确地发现两者之间的相同点和一致的核心思想。从理论背景去理解，雷默的音乐审美教育观点其实是对20世纪五六十年代西方审美教育风潮的回应，同时也是对美国音乐教育趋向工具化的反思和调整。美国音乐教育长期以来把音乐作为个人成长和发展的工具，将音乐教育中的道德、伦理等非审美的价值看得更为重要，而这掩盖了音乐本身的价值。审美教育理念的提出，肯定和突出了音乐审美的价值，并确认了音乐作为一种艺术的本质价值。这些观点揭示了雷默对音乐本质的解读，实际上彰显了音乐本身的价值，强调了音乐学科的特性，并对提高学生音乐技能具有重要的价值和意义。换言之，中国音乐教育中审美理念的构建过程与美国很相似，正如姚思源先生最初提出以审美为主旨的音乐教育概念，到新的课程标准则将审美置于核心位置，标志着对过去以政治和技术为重的音乐教育理念的革新。这种新的理念使音乐教育的价值取向更加清晰和一致，对于音乐课程的设计、教材的选择以及教学方法的应用都起到了明显的指导作用，为中国音乐教育的健康发展带来了积极影响。从观念角度来看，雷默认为审美是音乐的基本性质，只有通过审美才能充分展现音乐教育和课程的价值，他强调在音乐教育教学过程中的审美体验，并希望通过这一途径实现音乐教育的教育目标。正如标准定义的那样，音乐教育的核心价值观在于其美学属性，而这种属性的实现则依赖于审美主客体的审美信息交互过程，并通过使用音乐这一美的载体得以体现。同时，它再次明确指出，对美的感知和体验贯穿了整个音乐教育的过程。

我们要清楚地认识到，在实践过程中，前面叙述的两个方面存在显著的不同之处。从雷默的角度来看，音乐蕴藏着深层的内涵及价值，是一种通过其自身审美的特性和构造来呈现的隐藏情感。所以，音乐教育的核心任务在于引导学生通过对其构成的审美领悟，去感受并体验音乐内部及其超乎寻常的情感，这个获取"审美体验"的过程便是音乐教育的首要责任。但是，在中国目前的音乐教育实施状况下，受制于传统的音乐教育观念以及对审美概念的不明确影响，本该是以减少音乐知识技能学习需求为中心的美感音乐教育，依然陷入了以前主要关注认知工具的教育模式困境之中。尤其是在最典型的音乐鉴赏课程的美学音乐教育中，实际上实行的方法不过是"死板模仿"和"机械复制"而已。"死板模仿"的教学方式把音乐视为一种语言，只关心音乐"表达的是什么"，只要学生的理解符合教师的解释，就会被看作对音乐有了深刻理解。而忽略了学生是否真的体会到了音乐之美，能否真切体会音乐之韵味，能否让自己全身心投入其中，这些都是未曾考虑的问题。"机械复制"的方式即是教师先向学生介绍音乐作品的结构脉络，学生只需按照这一结构顺序来品味音乐即可。虽然从表面上看，这种方法是在聆听音乐本身，使我们与音乐更亲近，实则是对音乐作品的剖析。这两方面都仅仅属于严谨的逻辑推理式的认知方式，即 1+1=2，而非全面了解和体验音乐的方式，即 1+1 > 2。这一类的音乐欣赏教育过于强调音乐的审美形态，专注于音乐本身的学习，忽略了审美所强调的审美体验过程，无法实现审美音乐教育期望达成的审美体验目标。

审美音乐教育核心的问题在于，我们需要从新的角度识别和评估审美音乐教育哲学，而不能仅仅沉浸在传统观念中。受到东西方哲学知识结构和理论方法的不同影响，音乐教育哲学在价值判断、教学内容和方式、评价体系等方面呈现明显差异。雷默的审美音乐教育理论建立在西方"纯粹美学"的基础上，旨在探讨美的本质和规律，深受西方科学与文化哲学理论的影响。这种理论将审美视为理解音乐的核心心理基础。然而，结合现实来看，音乐的本质并非仅源于审美，而是与人类的存在和文化发展紧密相关。音乐反映了人的文化生活，无论是对传统文化生活的观察还是日常社会活动，音乐均是其不可或缺的一部分。因此，将音乐教育仅视为审美教育显然忽视了其与社会文化生活的紧密联系。音乐人类学学者梅里亚姆（Meriam）认为，音乐具有十种作用，包括传递情感、艺术欣赏、休闲娱乐、交际互动、象征描述、生理反应、强化社会规范、确立社会制度和宗教仪式、驱动文化的延伸和稳定，以及促进社会的融合。这些作用在人类社会生活中普遍存在，艺术欣赏只是其中的一部分。但是，把艺术欣赏看作核心的音乐教育理念，却给音乐的特性加上了艺术欣赏的标签，把音乐教育简化为艺术教育。这种做法把生活中与音乐有关的经验孤立或者边缘化，同时也削弱了音乐教育的认知活动。这种音乐教育理念，不能理解音乐本质的多元性和辩证性，因此需要进行反思。

社会语境决定了文化的多元化，变迁顺应着历史脉络。观念和认知的建立以及演化都深深植根于特别的社会文化环境中。正如解释学的代表人物伽达默尔（Gadamer）所表述的，所有的历史都是"效果历史"。在新的历史时期，重新审视和强调审美教育在整个教育中的重要意义具有极高的价值。西方的审美观念并不能展现出跨文化的效果，不能应对人类音乐的多样性。如果我们从文化的角度去理解审美、音乐和教育的观念，我们应该将它视为多元文化传统的一部分并珍惜它，而不是将它视为超越所有种族的普世存在。

在中国音乐教育的舞台上，审美教育的崛起及实践是中国特有的文化和社会环境的发展产物。尽管雷默领导下的审美音乐教育理论具有一定的参考价值，但"以审美为核心"的音乐教育可以包含更多的元素，而且对于我们在新的课程标准中提出的"以审美为中心"的"审美"定义的理解也不尽相同。在这个历史时期，伴随着哲学的变化、社会的转型等因素的影响，使审美音乐教育思想需要再次审查音乐与社会生活之间的关系，甚至连雷默也在其所著的《音乐教育的哲学》（第三版）中建议要创建一个能够融合各个领域的音乐教育体系。审美教育已经成为我国音乐教育的代名词，这是需要我们深思的问题。

第三节　我国音乐教育的危机与困境

一、音乐教育中人的失落

在《什么是教育》一书中，卡尔·雅斯贝尔斯（Karl Jaspers）强调，"教育的基本原则应该是把所有的人类文化引向人类灵性觉醒的深处和根基，而非引向从根源推导出的事物和平庸的知识"。[1] 可是，回顾过去一个世纪的教育历程，事实恰好背道而驰。我们教给学生的是专注于探索并掌握音乐的物质层面，忽略了它和人之间最基本的联系。音乐理论和技能的学习仅仅与学校体系有关联，而脱离了人的存在。现在，被异化为工具的音乐教育中，"人"的存在已不再是一个独立个体，失去了其本真意义。

音乐教育中非艺术化的倾向忽视了音乐对人的发展所起的核心作用。不论是我国古代重视道德教育的音乐教育理念，还是现代将音乐理解为智力提升的工具，音乐知识和技能的选取都以道德或智力的培养为指向，而忽视了音乐教育的独特性和独立性，也将音乐的学习限制在对道德和智力的促进功能之内，把它下降为提升其他学科知识的辅助工具，并漠视了音乐的本质。尤其是在工业社会，科技知识的重要性日趋凸显，知识的传授和获取已成为教育的唯一目标，音乐教育逐渐转为注重纯技能知识传授的教育形式。"我讲你听，我教你学"，传统的音乐教学方式忽略了学生的情感、想象力和创造力等审美经历。此种情况下的音乐教育，不仅大大削弱了音乐的活力，而且从根本上剥夺了人们的精神生活，逐步变成了反人道的行为。这样的音乐教育丢失了其真谛，也断绝了与学生的精神生活的连接。

---

①荀晓玲.理性观照下的教学经验研究 [D].湖南师范大学,2021:79-81.

从技术化的音乐教学方式来说，它将学生局限在技术理论的囹圄中。音乐讲授变成了纯粹对音乐知识和技能的灌输与磨炼，其目标是对冷冰冰的技术规范具有熟练掌握及运用的音乐能力。这样的能力不仅在学生的精神生活之外，而且可能对他们的精神生活带来伤害。例如，在学习乐器的过程中，教师过分强调要强化对技能的掌握和反复操练巩固，原本应该充满艺术性的表演却逐渐沦为技术的堆砌，导致学生无法去体会其中传递的感情，也丢失了音乐及艺术的核心价值。这种只专注于提高技艺的技术训练实际上是对学生的过分压榨，而不是真正意义上的音乐学习。若仅视音乐学作为应对教育体系的一种工具，那么就可能陷入蒙田提到的"文弊"之中——受制于知识。在我们学习的过程中，因为知识而获取知识，为了技能而枯燥训练，太多人成了"被文化捆绑"的人。

在教授音乐时，掌握专业技能是必要的，因为它可以帮助扩展音乐创作和表现的领域。然而，技能的掌握应该基于生活的体验，而不是孤立无援的，需要与学生的生活体验相结合，建立一种生态的互动关系。若把知识和技能像分割牛肉一样划分为视唱、练耳、听音、发声训练等独立学科，通过无聊、重复和机械的训练模仿来学习，或者只是将音乐视为提高道德和智能的工具，用音乐对人成长的附加价值来取代其本质价值，那么，音乐教育就会忽视音乐在生活和生命中的真实含义。这样的音乐教育是失去灵魂的，偏离了教育的本意。在这个过程中，音乐失去了其完整性，学生也不再是一个完整的个体。长此以往，音乐教育将失去其核心目标，变得面目全非。正如哲学家雅斯贝尔斯提出的疑问："现在的艺术家中，还有几位意识到艺术的真谛，那就是通过艺术让人们了解真实的自我，通过艺术让人们听到'超验存在'的声音，给人带来美的震慑力。"[①]这也让我们开始探寻和深思音乐教育与生命之本的意义。音乐教育的真正目标应该是帮助人们成为更好的自我。在当前社会，人应该是音乐教育的核心元素，却似乎被遗忘。在这个科技发达的世界里，我们是否应该重新认识音乐，并将它视为实现自我和促进社会和谐的重要途径，进行深入的挖掘和进一步的开发，这是值得我们深思的问题。

二、音乐教育人文性的遮蔽

音乐作为一个富有创新性的艺术和人文学科门类，应该能在教育的进程中展现独特的个性价值并承担起培养及推广人文精神的重要职责。但是由于实用主义的渗透影响，现阶段的教育似乎已遗忘了这一本该履行的责任义务。受制于对自然规律的研究与理解，人类文明的核心精髓被科技创新所取代、蚕食。当前的音乐学习不再是纯粹的学习理论或技能的过程，而是在追寻以高科技为核心的发展

---

①卡尔·雅思贝尔斯.什么是教育 [M].上海：上海人民出版社，2022.

方向上越走越远。在这个充满技术的教育生态里，缺乏人文精神的问题变得日益严重。

实际上，我们的学校音乐教育模式与体系汲取了西方教育体制的精髓，西方音乐教育进程的基石则是以认识论哲学为基础。当前的认识论哲学可以大体上被划分为理性主义和经验主义，这两者都与欧洲的经典音乐理论及认知论哲学的理论体系中的理性主义和实证主义有着密切的关联。唯理论将数学视为知识的模型，同时采用了自然科学的逻辑理论和普遍接受的数学观念，并以此来理解和把握人文世界。他们坚持认为构建知识应注重逻辑和理性，这正符合西方在音乐科学知识领域的发展方向。早在毕达哥拉斯时期进行的音乐初步研究，主攻声学的尺度和数学原理，实质上是以理性主义为基础的思维和观点的显现。在这一理论背景下，音乐教育主张，"对于知识来说，最核心的是音乐所需体示的理想状态"。于是，对音乐理论结构的学习以及音乐元素规律的理解，成为音乐教育的关键，即便是在 21 世纪，这仍然是音乐教育不可或缺的部分。可是，经验主义的观点却坚信所有的知识都来自经验。在音乐领域，这种观念主要是着重运用自然科学的观察和测量手段研究音乐声音的物理特性。"普世的价值形态"正是音乐知识在其形式和内容中所体现的，是其内在存在。这种思维方式就是音乐专业设立的知识基础，所追寻的是音乐知识的还原性、抽象性和普遍性。

无疑，无论是坚持寻找音乐中的"普遍价值模式"的理性主义者，还是主张利用"自然科学的测量方法"深入探讨音乐的经验主义者，他们采取的方法论均是从自然科学的角度解读和研究音乐。他们所追求的是音乐的科学特性、普遍性及客观的实质性，然而，并未触及文化价值的范畴。我国的音乐教育深受西方的影响，其教育目标和形式均源于西方。源于此，我们的音乐教育受限于西方学术知识的模式，其学术基础倾向于自然科学的方法，而不是人文科学。自然科学与人文科学的区别在于：自然科学力求寻找普遍的客观规律，而人文科学则着重于个体生命意义的实现。将适用于自然科学的数学逻辑方法应用于音乐教育这个本属于人文学科的领域，这导致国内音乐教育中的知识局限于强调技术和审美的范畴中。

此种教育方式可能过于重视音乐技能而忽略其背后的多元文化内涵，同时缺乏深入探讨与反思音乐内在深度的能力。如果我们仅把重点放在音乐练习上，那产生的结果便只会停留在技术的层次。虽然音乐的专业培训或是艺术的教育并不能完全代表人类的整个教育体系，也不能归类到文化的领域内，但是他们没有充分考虑到对人类价值观的合理评估，只是单纯地视之为一种工具，从而使艺术学习的本质及艺术教育的功能丧失殆尽。这是我国音乐教育面临的关键挑战之一。根据滕守尧教授的研究，传统的艺术教育存在着忽视艺术中人文学术感情因素的问题，它主要关注特定艺术科目的知识和技艺，以至于接受教育的学生无法完整了解这一科目内容。同样，伽达默尔也持有类似看法，他提出过分看重客观的方法或技术其实偏离了人文精神。

现在，我国的主流音乐教育研究正在自然科学化。音乐教育正在寻求采用现代化的教育方法，使音乐教育的过程更为规范。然而，音乐教育的工艺化操作方式却将人与物放在同一水平，把音乐学习看作技能训练，这样就失去了其人文性质。

三、音乐教育与生活世界的隔离

艺术并非只是自我封锁和囿于特定范围的行为，它实际上是与人类经验的整个网络交织在一起的人类活动的重要组成部分。我们的生活环境是维系我们存在的基石，它也是音乐创作的初心与灵感源泉。音乐与我们的个人生活、社会生活和自然环境紧密相连并进一步密切结合，形成一种和谐共生的状态。如果我们剥离了支撑我们存活的这个生活环境，音乐和音乐教育是否能保持永恒的生命力呢？自20世纪始，工具主义成了音乐教育的主导，主张通过传播音乐知识和技能以及发展理性人，塑造出一个看似"科学"的世界，事实上却远离了人、音乐及音乐教育所栖息的生活环境这一基础。

从另一个角度来看，把审美视为核心的音乐教育观念，将音乐理解为一种艺术创作的汇总，认为静态的音乐作品比起实际的音乐过程来说更加重要。对待现存的音乐作品，我们只能通过审美的眼光去品鉴和欣赏，并集中于那些遵循审美原则的音乐元素和结构特点，如旋律、和弦、节拍、曲式、音量等。当我们专注审美特征时，我们能够培育对美的感知、评价和创新等能力，同时可以获得一种超越感官的纯粹审美感受，对于音乐所带来的道德、社会、情感、个人等文化价值则选择绕过不谈。在以审美为核心的校园音乐教育中，以音乐课本、教材和教案为主要内容，课程和教学也以审美为焦点，以情感、意象、愉快等虚拟化的审美内涵为其特征，强调培养学生阅读和书写音乐符号的能力，同时也借鉴理解音乐所需的认知方法和解构音乐的结构的方式。这种审美思想无法与文化关联，使音乐教育和它对生活的意义的探索相隔离。

按照审美理念，不论何种层次或活动，音乐教育都应当使用优质的、富有表现力的音乐。这样的音乐就是富有艺术性的音乐，其艺术价值不会受到历史和文化背景的干扰。遵循这种西方艺术美学的原则，我国的音乐教材主要选取了西方古典音乐和中国的新生音乐作为精品展示，这些音乐富含深沉的思想内涵和美的形式。尽管如此，一些富有地方特色且充满地域文化特征的少数民族音乐、流行歌曲、即兴音乐、通过口碑传播的曲调，以及其他国家传统的民间乐章等，由于其被视为缺少艺术性和审美价值，从而遭到了忽略或者贬低。这种教育方法和观点，忽视了个人生活中的音乐体验这个关键环节。

简而言之，自20世纪50年代以来，制度化的学校音乐教育始终围绕着满足当代社会的全方位知识需求来构建。这个现代化的知识观念强调，知识具有客观性和普遍性，并且不受个人因素的影响；所以它被视为无偏见或与价值观无关的东西，突破了意识形态、文化和地域及性别等界限，可以在世界各地自由传播。

在校园里，由于具备科学性、客观性和标准化等特性，西式音乐的教育理念得到了普遍推广。西式的音乐教学利用了诸如言语、观念、推理等科学手段，并把课程定义成"科学"的一部分。例如，美声演唱被视为一种科学的歌唱技艺，关于美声唱法的所有学习流程都致力于实现规范化和法则化。因此，学校成了音乐学习的核心场所，理性且系统的学习策略构筑出一个理想中的"科学音乐宇宙"，形成了一片远离学生实际音乐体验的封闭领域。这也导致当前学校音乐教育机制愈加完善，但同时也越来越脱离学生的真实音乐生活。那些能感受到、创造出的音乐，引发生理及心理响应的音乐，用以表述或提出疑问的各类音乐，均被压缩成了独立的、可解析的、可记忆的信息碎片和具体事件。这也解答了现在艺术考试的水平愈加提高，得奖的人数不断增加，但他们的表演和创作中的情感却大大缺失，真正的音乐大师愈发稀有的原因。

随着对音乐多样性的认识加深，音乐教育也开始强调社会责任和文化传承的重要性。学校和教育机构不仅是音乐技能的培训场所，更是联系人们生活与音乐传承的平台。如何打破音乐教育与现实生活世界之间的隔阂是每一个音乐人应该思索的难题。

四、音乐文化生态的失衡

全球化与西化的历史进程，被殖民战争等要素所驱动，其中西方的音乐文化作为科学进步的标准，得以在全球范围内传播，超越了时空的限制。具体来说，20世纪西方音乐对世界的贡献就是其音乐教育体系的构建和扩散。伴随着西化风潮的出现，中国的音乐教育在20世纪初期参照了日本方式，20世纪30年代开始学习欧美方式，20世纪50年代借鉴了苏联方式，以及在20世纪80年代再次引入欧美方式。尽管在过去的100多年间，有呼吁弘扬民族化音乐教育的呼声，但欧洲中心主义的观念依旧深深影响着中国音乐教育，依旧是当前中国音乐教育的基本趋势。由于社会背景的影响，我国的音乐教育体系在中西比较上缺乏明确的认识，以及对传统音乐文化的特征和价值的理解不足等多种原因，使西方音乐教育体系在我国的建立和发展过程中，本土音乐文化被边缘化，忽视了跨文化教育的重要性，导致对音乐文化多元性的认识不足，形成了现在音乐文化生态失衡的现象。

现阶段，我国学校音乐教育采用"民族附加模式"的教学。这种模式主要以西方音乐理论体系为主导，将各民族音乐文化附加在其中作为补充。该模式并非独立存在，而是基于成熟的西方音乐体系，逐步从基础乐理开始渗透到全面学科理论。实际上，研究我国现行的音乐课程内容，不难发现其客观、普遍及中立的特质使西方音乐文化被贴上了"科学知识"的标签并居于主导地位。但这同时造成了诸如自然生态音乐、少数民族音乐、流行音乐以及其他世界民族音乐文化等个别音乐种类，被人们视为"非科学"的甚至被边缘化。这也反映出我国音乐教育的现状：传统音乐文化在音乐教材中比例较低；20世纪之后的现代主义音乐作品占据极小的份额甚至没有；而与现实生活紧密联系的流行音乐如摇滚、爵士等鲜有出现；包括欧洲在内的全球其他民族的传统音乐文化也很少出现，除了我国及西方以外的国家和地区的专业音乐几乎是空白的。

在基础音乐教育中，西方音乐文化是课程设计的核心。教学的主要目标包括让学生掌握西方音乐理论、接受基本的歌唱和演奏训练，以及欣赏具有美感的音乐作品。而在大学的音乐教育中，西方音乐理论的主导角色也是明确无误的。无论是和声、音乐构成、配乐技能，还是音乐美学、音乐心理学等内容，都是西方音乐教育覆盖的学科知识范围，甚至连传统乐器的学习和民谣的演唱都深受其影响。这类型的音乐学习经历使学生对巴赫、贝多芬等音乐家非常熟悉，并能巧妙地运用和弦、对位、多声部以及配器等技术。但是，对于像"旋宫转调""五度相生"这样的传统音乐概念，学生只能通过音乐历史书籍获得一些了解。

在全球化进程中，音乐种类的多样性和特异性都是全球文化发展要强调的因素。在音乐教育领域，本土的音乐文化正在重获新生，且音乐教育的多元性已经形成了一种无法阻挡的势头。对于多元音乐的认识基于各种不同的音乐风格，虽然它们各不相同，但所拥有的文化价值是一致的。国际音乐教育协会呼吁在每个国家的音乐教育课程中，应最大限度地用本国和外国的各种音乐作为教育材料，同时，还需要特别关注各民族和社会群体的音乐。我国的传统音乐文化是全球音乐文化园中熠熠生辉的一颗璀璨之星，对维护全球文化环境的稳定性起着关键的作用。若是忽略我国的民族音乐文化，可能会导致音乐文化生态的失衡；反过来，如果中国人忽视了本土的音乐文化，可能会破坏自我生存环境和发展前景。保护和传承我们的优秀音乐文化是音乐教育的一个主要职责。我国的音乐教育应着力打破对西方音乐的全盘仿效，推动本国音乐教育的发展，推进音乐文化的多元化，这是维持全球文化生态平衡的优先选择。

第四节　我国音乐教育困境的根源探寻

一、哲学根源：现代机械世界观

对于特定的艺术学科和技能的热爱，以及对"音乐创作方式"本质的理解，都可以被视为音乐教育中的哲学框架的问题。以西方的认识论构建的西式古典音乐教育体系，伴随着当代西方音乐文化进入中国，已逐步成为中国音乐教育哲学的基础，并且持续使用到现在。所以，我们需要深层次地研究目前国内音乐教育中科技理性的背后理论假设，同时也要对西方技术理性的现代化机械世界观进行反思。

在现代机械世界观中，以人为本和机械唯物主义视角是核心，强调人类是具有内在价值和理性的生物，人被视为自然环境的中心和主宰，是创新和价值的源泉。同时，被觉察到的世界被置于主导的地位，就像一台庞大的设备，遵循特别的操作规程和原理，人类有能力应用科学和技术去改造它。这种世界观的形成受益于笛卡儿哲学和牛顿经典力学的铺垫。笛卡儿牛顿模型主张，人是认识的主体，而世界是被认识的客体。这一认识论观点决定了我们认知客观事物所采取的是对象性的把握方法，从而影响到我们对于外部事物的功能以及使用方式的态度，并构成了人、自然和大自然的其他部分之间的二元关系及其矛盾的基础。因此，自然界的存在必然会让人们对其产生依赖感，而人们则成了世界的主宰者。这是当前的主要特征之一，即二元的对立或激烈的冲突。由此，人类得以从自然中分离出来，逐步地把现实与价值观区分开来，使实质与理念彼此分离，最终构建起由人为中心的概念体系。在这个思维模式的影响下，现代科技不断创新发展，生产力大幅度提高，为我们现今的生活和工业化打下了坚实的基础。不过，伴随着征服行动产生的二元对立意识已演变为工具理性之源头，给人类社会的"人和自然"系统带来了生存风险。这一切都源于笛卡儿、牛顿哲学的核心性质，它的主导属性同时也揭示出它自身的缺陷，并且这也是造成当下音乐教育困境的关键所在。

音乐教育的美学理论是基于二元认知理论的。在这种美学教育理论中，音乐被视为一种静态的、具象化的存在。音乐教育的过程，则是通过审视和感知音乐艺术品以获取美学经验。只有通过审美学的教育和学习方法，学生才能真正体验和理解音乐艺术品的美。这种观念基于一个隐藏的认知论假设：音乐艺术品自身就是被欣赏的对象，学生作为具有美学能力的认识主体，它们之间的关系即是美的对象和主体的关系。这种以哲学为基础的音乐教育理念将音乐的理论与实践、身与心、创作与体验一分为二。在这种思想下，音乐被视为一种抽象的、脱离了其社会文化语境的客观存在。与此同时，人与音乐的关系仅仅被简化为单纯的欣赏关系，体现在人对音乐"物"的消费上。当学生在学习和理解音乐时，他们常常从沉默的观众的角度而非演奏者的角度理解学习的过程。这直接导致现今音乐教育中参与和体验的缺失，偏重受教、轻视探索，重视结果、忽略过程。音乐教育更多的是强调技术性，而忽视了创作音乐的本质和其重要性，如此的音乐教育理念并不能寻找到真正的音乐价值。

分析我国目前的音乐教育状况，会清楚看到我们的美学音乐教育仍然在西方的二元分离认识论哲学中挣扎。然而，我们音乐教育的侧重点为何只在"以审美为核心"而非其他领域呢？这是因为，在二元对立的思维模式下，将音乐的特性定位于审美性后，就会忽略音乐其他的价值特性。当音乐美学特性被突显，音乐的社会和人文意义就被遮蔽。然而，音乐实际上是一个包含社会文化的复杂现象，"二元对立"的思维方式便缺乏全面理解。这种审美观念在忽视社会文化背景的实践中用于我们的音乐教育，导致目前学校音乐文化氛围失衡的局面，学生既不能有效理解和学习本地音乐文化，同时也不能从他人那里学习。

在西方主流文化领域内，科学理性的话语逐渐扩散，并见证了自启蒙时代以后的发展轨迹。通过揭示自然界的非神秘性，以及人本主义的衰败和我们生活世界的失落，科学成功树立了自己的权威。然而，无法避免的是，这种思考模式无形中反映出二元对立的固化模式。在此思维方式的推动下，现代文化中出现了许多危机，包括教育对人文和自然学科的分离、主流文化和边缘文化的冲突、单一文化和多元文化间的巨大鸿沟，以及科学世界和生活世界的分隔等。相应地，当今的音乐教育体系是基于自然科学和理性主义的基础建立起来的。如同笛卡儿所强调的，形而上学是知识之树的根基，物理学则构成其干。同样地，西方音乐体系建立在音乐的形而上学和声音物理学的理论之上。这种体系赋予了西方音乐体系"音乐科学体制"的称号，因其在追求音乐的普遍性、客观性和价值中立性方面的合理性，从而成为音乐学习的重要基础。尽管如此，这个以科技理性为核心的框架并未充分考虑音乐技术与其人文背景间的密切关系，使音乐学与人类学和社会学等学科的生态关联被挤压或遗忘，音乐教育的目标变得过于狭窄，课堂上的教学就变成了一种孤立的系统，专注于技术的训练，使学生成为只会阅读乐谱并发出声音的机器人。受制于技术理性的影响，音乐教育的实践模型把本应是完整的音乐教育视域切断，太过注重音乐知识和技能的学习，而相对忽视了文化教育的重要性。如哈贝马斯（Habermas）指出的那样，这种教育方法过多重视技术的认识，但未能满足人类的需求和期待。所以，本来作为人文科学象征的音乐教育，实际上已经丧失了对于人文思想及文化价值观的研究和反省，陷入了"非人性化"的状态。

二、社会动因：工业化社会的驱动

现代音乐教育所遭遇的困境背后的社会影响深刻。由于工业革命的催化，人类构筑了一种与农耕文明相抵触的新文明。工业化的进展不只是工厂烟囱和生产线的涌现，也是对原有文明所有特征的冲击。随着工业化进程的发展，科技的快速进化，以及"知识就是力量"的观点和人类优越主义的崛起，这些都导致了人们对于物质财富的过度追求和重视。寻找最低的开销、最快的步调去获得最大的收益，这就变成了工业社会的价值观。在对物质欲望无限扩张的裹挟下，教育被贬低为获取权力和金钱的工具，且与经济紧密关联，学校变成了知识的工厂和投资的舞台，这种工业社会的追求利益的本质导致教育的功利性，忽略了教育全面发展学生的原则，同时也导致了音乐教育的异化。

近代音乐教育的发展始终与工业时代、科技与理性息息相关。恰恰因为这个缘由，它经常会忘记它独特的价值和地位。在我国，仍然有人持有"学好数理化，走遍天下都不怕"的传统教育观念。音乐教育一直被边缘化，被视为学校教育的次要部分和点缀，音乐课时频频被缩减。遥远的古希腊时期，亚里士多德就已经明确地指出了艺术的重要性，艺术唤醒着人们享受生活的力量，但在工业化社会之下，利益最大化的追求使音乐教育忘却了这个原本的使命。鲁洁教授曾深度解读："近百年的教育主旨往往为了教育人们去探索、理解、从事和扩大这个物质世界，却遗弃了引导学生思考'生活的真正意义'的教育，只注重于传授'生活的手段'。"[1] 学校音乐教育常常过分强调音乐的专业技能，而偏移了其本来的人文主旨，或者演变为道德教化的附属品，或者沦为智力开发的途径。音乐教育过于专注追求表面价值，忽视了音乐与人的生存发展的根本联系，最终只是为了培养满足工业社会需要的理性人的工具。学生接受音乐教育以期待得到优质职位，培养技能则是为了在各类竞赛中取得优秀的成绩，但是音乐学习最终目标的确定实际上是未知的。因此，音乐教育失去了它原有的诗意之美，只留下了冰冷的"实用"身躯。

在工业化社会下，音乐生产受到了系统化生产的影响。相对于传统艺术形态来说，现代艺术在当前的形势下一个明显的变化是其逐渐走向规范化。传统艺术的主要特征之一就是其具有各种仪式性，这在人类学中意味着其有助于舒缓社群的紧张与冲突，这就是其社会功能。然而，艺术在今天越来越世俗的环境中，已

---

①鲁洁. 教育的原点：育人 [J]. 华东师范大学学报（教育科学版）. 2008,26(4):15—22.

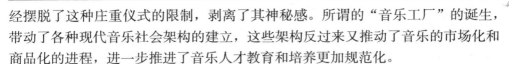

经摆脱了这种庄重仪式的限制，剥离了其神秘感。所谓的"音乐工厂"的诞生，带动了各种现代音乐社会架构的建立，这些架构反过来又推动了音乐的市场化和商品化的进程，进一步推进了音乐人才教育和培养更加规范化。

在职业能力不断增强的现代化社会里，学校系统化的音乐教育已逐渐脱离普通人的日常活动。现今，以集体教育为主导的教育体制替代了传统的家庭教育或者私人授课方式，并被视为主要的音乐技能发展路径。在强调效益的管理理念下，如同泰勒提倡的遵循"投资—回报"效果的课堂教育准则，也被视作指导音乐教育的核心规则。在校园音乐教育环境中，科学思维的逻辑框架已被广泛认可。音乐课已经在教育界建立了适应大规模制造业需要的"音乐工艺模式"，就如一条现代化的流水线，产生统一标准的结果——学生。音乐不再是融入生活的自然元素，而转变为一门专业技术。教育音乐的目的不再是培养学生寻求个性全面发展，而是借助音乐学习，使学生具备一项专业的技艺，让他们能够胜任社会的需要。音乐学习的主题也不再关注情感的理解和滋养，转而注重对"书面"音乐理论知识的研究和思索，以及精确的曲目演奏和技术的不懈进步。音乐教育的方式已不再是传统的师生心灵交流、对话以及指导，而是变成了严格的管理和输入。伴随着大工业社会的理性主义倾向，音乐教育的基础开始转向自然科学，其研究方向也从教育方法转变为了教科书编写，并着重于清晰表达与有效技能的使用。这导致了音乐教育中逻辑化、机械化、规范化和制度化的特征日益凸显。

随着中国朝着工业化与现代化迈进，音乐教育的实用性已经逐渐成为我国音乐教育的显著特征。由于音乐教育的理性和科技导向，它可能忽略或脱离生活实际中的音乐经验，也可能会排除价值观念的研究地位，试图塑造出一种标准化的或是机器式的个体，而这恰好是遗漏掉了中国的传统文化教育核心的特点："道德—实践"及"审美—实践"的精神内核。就像鲁洁教授在深入思考今日教育对于培养"知识型人才"的问题时所表述的："对于中国的教育而言，从历经数千年的'道德型人格'的人性设定转变为'知识型人格'的人性观念，在某种程度上无疑是教育的向前。然而，知识的危机在时代和生活进展中的凸显，已使我们不得不反思'知识型人才'的教育观念是否应当深思熟虑。"[1]对音乐教育依然如此。

三、教育观念：落后的灌输式教育

各种存在于教育领域的挑战，归根结底是由于教育理念的老旧。这同样适用于音乐教育的范畴。被称作"填鸭"的传统教育模式，要求教师作为某项专门学

---

[1]鲁洁.教育的返本归真——德育之根基所在 [J].华东师范大学学报(教育科学版).2001(4):1—6;65.

科知识的象征或专家，确保将所有相关信息无一遗漏地传授给学生，而学生则需要被动地接收这些知识，并以记忆掌握程度为评判标准。巴西学者保罗·弗莱雷（Paulo Freire）对此种教育方法进行了概括——它是一种使学生累积知识的过程。在音乐教育中，一直以来都是采用由教师演示，学生跟随学习的单向传播教学手段。尤其是在乐谱问世之后，教师教授与展示音乐理论技能，学生按照乐谱进行实践操作和系统的培训已成为主流的音乐教学方法。

教育的灌输模式源远流长，然而，随着我们进入工业化时代，这类教育模式被过度强调了。

主因是由于机械化的教学方式适应了工业时代对于"高效传授科技信息"的要求。随着现代科学领域的精细化和先进性不断扩大，人们逐渐相信通过掌握科学技术可以掌控世界，因此，教育工作者普遍感到有责任以最快的速度把各种专门领域的信息输入学生的脑海中。为了实现这一目的，他们倾向于给这些知识赋予权威的光环，并使它们显得更具神秘色彩，从而引导学生毫无疑问地去模仿、记住并且遵从。这样一来，受此观点影响，灌输式教育就被大众所接受。尽管该教育方法曾成功促进了大量科学信息的普及，然而它带来的负面效果也不容忽视。

教育模式的刻板已经使教育信息和实际生活的关系难以维系。这种灌输式的教育模式过于强调维护恒定，反对变化，过于理想化的现实掩饰了解读人在现实世界中的存在方式的事实。在这些教育活动中，课本内容的一成不变远离了现实，割裂了学生的日常生活体验。特别是在音乐课程中，充满了西方古典音乐，而忽视了学生生活中充满活力的流行音乐和本地音乐等丰富的音乐文化。音乐课本内容与实际生活的脱节使音乐课本中的是学生"应当学"的音乐，但学生却发现课本中缺少"我喜爱"的音乐。这种矛盾的存在导致了学生对音乐课本的兴趣减少，最终使热爱音乐的学生反倒不爱音乐课。

灌输式教育把整体学生割裂开来。这种分科教学方法，使各学科之间缺乏相互融通。教师无法以学生和知识为一个整体来进行教学。各个课程似乎都充斥着大量的理论和公式，音乐教育同样摆脱不了。本应与人的生活紧密相连的音乐被片段化为诸如视唱、广播、和声和曲式等独立的区域，采用单调重复的训练方式讲授。音乐的生命力被剥夺，同时也使人的精神世界出现分裂，从而对学生个性的发展造成了负面影响。在接受这种音乐教育的过程中，学生主要依赖记忆和思维等智力活动学习，而音乐艺术的感知功能常常被忽略，学生的创新能力、直觉能力和整体思维能力的发展遭到了阻碍，逐步变得退化和封闭。

当然，采用灌输式教育会导致教师为主导的教育模式。"灌输"一词揭示了一种自上而下的行为方式。它也指出，在灌输式教育中，教师被视为不容置疑的权威，是教学过程的核心，学生的一切行动都必须围绕这个核心进行。在音乐教学中的单方向传递现象更是凸显了教师的权威地位。音乐教育强调技术训练，因此在技术传授过程中，教师自然成了坚不可摧的权威。在音乐欣赏、音乐史论等音乐理论课程的教学过程中，教师"讲"和学生"听"的方式依旧存在。音乐课程完全由教师引领，从挑选教学内容到组织音乐活动和制定进度表，全部由教师掌管，学生只能被动地接受。学生对于音乐教学内容、教学方法是否感兴趣，是否愿意投入音乐体验中的问题通常被忽视。这种教学方法经常忽略学生的个体差异，教师和学生、学生和学生之间的相互活动和交流几乎没有，课堂容易变得封闭。久而久之，这会抑制学生对音乐的自我认知和创造力。虽然灌输式教育能让学生掌握固定的音乐知识和技能，但却无法培养他们现场应变的能力。

总体来看，自从 20 世纪初，人类社会的工业观念和工具观念在所有领域都到达了最高点，以至于随着经济全球化在西方先进国家的推动，这种理性思维已经在世界各地深植。现代音乐教育，作为受到工业文明深远影响的一部分，也采纳了以科技观念为主导，与现代科技和工业生产紧密连接的模式，以适应主客二分的哲学精神。在我国追求现代化的过程中，音乐教育不可避免地受到了西方影响。这一现象根植于工业化与现代化的进程中，其中西方的历史经验扮演了不可或缺的角色。然而，在 21 世纪，我们的现代思维方式达到了极限，这种极限表现为一种具有毁灭性的形式。尽管人类最初对现代性寄予了实现积极目标的希望，实际上它却对人类构成了毁灭性的威胁。音乐教育也未能免于这种"非人性化"的趋势。这种危机反映了人类社会深陷生存困境。只有通过哲学变革的视角深入探讨环境问题，我们才可能找到引导我们走出环境灾难和生态危机的"大智慧"，并真正触及环境问题的核心。同样，对社会文化危机的处理也是如此。因此，我国音乐教育要想摆脱现代性的困境，就必须寻求新的理论基础。

第二章 音乐教育的基本论述

第一节 音乐教育的本质

一、音乐教育的概念

通常来说，音乐教育包含两个层面的解释：一是通过音乐作为方法，进行全面的人文素质、知识、技能、情感思维和价值观念的教育；二是将教育作为主要的活动，实现音乐文化的传承和发展。音乐教育对于提升人的综合素质，以及提高全体公民的音乐和文化修养有着显著的影响。因此，可以看出，在这个范畴中，音乐是方法，而教育人才是最终目的。

音乐教育通常以审美教育为核心。进行音乐教育以便于学习者获取全面的音乐知识和深刻的体验，从而提高他们的音乐分析和判断能力，并采取相应方法培养他们的音乐修养，同时使他们对音乐有正确理解；此外，音乐教育还会培养出一大批掌握音乐表演理论、基本技艺和艺术实践知识的高级应用型人才。此外，音乐教育也会反复产出许多全面发展的音乐教育工作者，他们具备较强的声乐和乐器演奏技能，良好的音乐感知和识别力，并且擅长各种音乐作品的分析技能，具备一定的音乐创作技能和音乐教育研究能力，还有较强的组织音乐教育教学、艺术活动和比赛活动的能力。

现在，音乐教育已经发展为一门专业学科，并成为高等院校的音乐教育系和音乐学校的必修课程。其主要是研究所有的音乐教育实践和理论，构成了音乐学与教育学相互融合和交流的课程。一般来说，我们把音乐教育学视为教育学的一个分支，就像它是教育领域（如艺术教育、审美教育、全面教育等）中不可或缺的重要部分。随着教育学的繁荣发展，音乐教育体现了教育学专业发展的轨迹；在音乐领域，音乐的传授者和学习者是音乐教育的前提，也是音乐文化继承和发展的重要保障。我们通常把音乐教育学看作音乐学的一个领域，这种观点可以追溯到很久以前。1885 年，奥地利音乐学家吉多·阿德勒（Guido Adler）发表了论文《音乐学的领域、方法及目标》，他列出了音乐学的体系和历史音乐学（包括音乐的全史和专业史）下设的音乐教育学。其内容囊括了教授音乐、作曲、演奏、对位、管弦乐和和弦等相关教学方法的简述，使音乐教育的地位与音乐心理学、音乐美学、比较音乐学等同样重要。尽管音乐教育学起源于教育学和音乐学，但作为一种与实践密切交融的新兴理论范式，原本的教育学和音乐学的基本理论已经消逝，赋予了新的理论价值和实践意义。可以这样说，音乐教育学既没有在教育教学过程中简单应用音乐手段，也没有单纯以教育学原理去阐述和说明音乐艺术的现象，反而是分析音乐教育流程的学科领域。它不仅揭示了音乐教育的特点、形态、方向、发展规律，还全面剖析、解读了音乐教育与其他学科教育学的共同适用的教育理念和方法。

音乐教育的精髓在于融合理论与实践，这一点主要体现在两个方面。首先，其理论基础深植于音乐教育的实践活动，反映了音乐教育的实践特性。其次，这些理论不仅是对实践的总结，更重要的是，它们为音乐教育的实践活动提供指导，帮助避免盲目和随意的行为，进而提升音乐教育的科学性、合理性和有效性。换句话说，音乐教育不只是音乐教育教学的实践理论，而是随着实践的发展，不断地得到丰富和完善。这既是音乐教育理论在实践中的运用，也是为实践发展提供方向指引，对其规范有着关键的作用。

二、音乐的基本特征

作为社会文化的一种呈现形式，音乐也体现着人的审美意识，当教育引导音乐审美进入独立阶段，有助于推动个人全面发展，还会增进人的智力和精神世界的更深层次融合。

音乐教育的本质在于通过音乐技能对学生进行审美教化。音乐教育的基本理念和意义在于音乐艺术的基本理念和意义。对于教师和学生，对于被"教"与"学"制约的所有人，音乐教育的特征来自音乐本质的特征，如果我们淡化了音乐感知，忽略了音乐教育的音乐特质，就可能会使全部音乐教育变为毫无生气的文化课，自然难以完成音乐教育的任务。所以，我们首先要研究音乐的基本特征。音乐作为一种艺术类型，总是遵循一定的艺术发展普遍规律来构建和存在的。从上述对音乐的定义和理解中，我们能够总结出音乐的四点基本特征。

（一）音乐是音响的艺术

音乐的基本构成单位是声音音节，其存在和演变依赖于声音的连续性。只有声音元素具备独特的高度、强度、长度和音色时，通过旋律、节奏、节拍、音域、音色变化、调式、调性、和声、复调和曲式的组合，以及肢体语言的配合，才能创造出令人感动的艺术形象。因此，音乐音响既存在规定性，也有一定的选择性。

音响，这一音乐的基本构成元素，推动了音乐艺术的听觉属性的进一步形成。虽然音响的流动成了音乐存在的一种形式，但其价值却必须依赖于听觉的感知才能得以实现。由于音乐信息的听觉接收是非语义性的，所以音乐对现实的描绘较为抽象，给音乐艺术带来一种不确定性。另外，人们在音乐听觉感知方面具有明显的不同。确立敏锐的音乐听觉既取决于天生的素质，也依赖于后天的训练。"音乐之耳"并不是所有人都有的特质。因此，音乐对听觉的要求具有特殊性，而音乐教育成为培养音乐听觉的最佳途径。

（二）音乐是时间的艺术

因为音乐音响具有流动性，所以它需要利用时间来发展和达到完整。任何音乐的演奏都伴随着时间的推移而来，又随着时间的消逝而消逝。因此，音乐被视为一种占据时间的艺术。但又由于时间和空间是互为存在的，从而导致音乐也被誉为是时空艺术。这种对于音乐外在存在方式的见解，尽管不能深入表明这种艺术的独特内涵，但音乐对于时间的依赖和某些占有需求，无疑影响并参与了音乐内容的传达。这里只是说音乐的一个重要本质特征是对时间的占用，但并不是所有涉及时间的活动都能被定义为音乐，如演讲和舞蹈。即使如此，时间属性在音乐的重要特征中仍扮演着重要角色。

（三）音乐是表现的艺术

尽管音乐呈现了人类社会生活的影子，但它并非直接再生，而是具有表述之意。鉴于音乐使用的元素和构建存在无语义性，它并不能以文字标记的方式来描述全世界，更不可能像绘画那样通过视觉的直接感受来表述。音乐所呈现的是人们对外界的主观感知的精神之光。这种表述对实际生活而言可能是次要的，但含有一种自由和随意的性质，这使音乐能够自由地穿越在宽广的心境世界中。

理所当然，为了将音乐从纸面转移到真实世界，必须进行二次创作，如演奏和演唱。如果没有演出，乐谱上的音乐将无法转化为具有韵律的声音，它的存在意义也随之消失。音乐的演奏和演唱不仅是表演者根据自身理解和感悟对音乐的再创造，也是他们基于对作品客观条件的尊重，对音乐进行的解读。因此，表演对音乐的呈现具有至关重要的作用。

（四）音乐是感情的艺术

音乐通过特殊的声音变化和特别的情感变化的复杂匹配关系，通过联结、幻想等心理过程，激发心中一定的情感意象。因此，声音在音乐中就代表了情感的直接存在形式。像"音乐意象"这样基于公认的概念，从某方面来看，实际上就是情感的外在表现形式。无疑的，音乐无法明确地揭晓感情产生的缘由，也无法描述引发情感的事件经过，然而，相较其他艺术来说，音乐表现感情的深沉和生动是无与伦比的。

音乐引发的情感具有主观性，取决于每个人的生活阅历和文化素养，因此，情感体验有着繁多的差异。人们对同一首音乐作品的联想和感触也存在显著的不同。因此可以说，音乐内容同时拥有情感的确定性和对象的不确定性相统一的特点。

三、音乐教育的性质

（一）音乐教育以人为本

1. 音乐教育能丰富人的情感世界

首先，音乐中的投入、想象、联想和思考的范围是广阔的，能够在瞬间或长期地呈现出多种层次的情感。当我们欣赏一首音乐时，耳朵接收到的音效与我们的生活经验产生碰撞，帮助我们理解和分析作品，对我们产生影响。

音乐超越了时间及地点限制，使聆听的人能够暂时脱离现实场景而进入特定的历史时期或氛围中去体验其美感，感受着旋律带来的生命力和人性的表达方式。另外，音乐源于日常生活中人们的感情变化和生活状态的表现形式，是一种人与人之间深层次交流的方式。这种"移情"的现象使我们在理解他人创作时如同面对自我一般投入其中，也让我们从艺术家的心境出发看待他们的成果，并且将其当作自身经验来看待从而吸收其中的知识内容。因为乐曲是一种综合型表现手法，且涵盖众多元素，是其他艺术无法替代的，我们可以借由倾听到优秀音乐的机会达到调节心情的目的，以此激发起对于真实美好事物的热爱，进而丰富和净化我们内心的情感世界。

2. 音乐教育能提高人的精神境界

人的内在感受与音乐在性质上是一致的：都是动态变化、无形无质、具有节律性、转瞬即逝。这也就是为何音乐能够瞬间深深地触达听者内心的缘由。黑格尔对此有过详细的阐释："在音乐的领域中，一切外在的实质性都已消失，艺术品与欣赏者间的距离（其他艺术形式仍存在该冲突）也不存在了。因此，音乐能与人的内心紧密相连，这就体现了音乐被认为是感情艺术的原因。"[①] 当人们感到快乐，内心便会感到平静，情感也相对稳定，这时音乐便能调整人们的精神状态，使人们的情感充满积极力量，充满活力。总之，音乐让人们体验到美的享受和娱乐，也带给人们教育和启发。长期接受音乐之美的熏陶，可以让人在精神层

---

①黑格尔 . 美学 [M]. 北京：商务印书馆，2020.

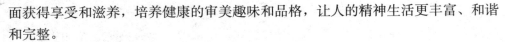

面获得享受和滋养，培养健康的审美趣味和品格，让人的精神生活更丰富、和谐和完整。

3. 音乐教育能激发人的创造才能

总的来说，人类进步与文明演变可被缩减为"创造"这一概念，而创造是一个永恒的过程，它在过去、现在、未来中穿越。在现代科技和社会的剧变，以及人文主义的扩展下，当前社会已步入对人的进一步研究的新时期。面对技术的飞速发展和生产的逐步智能化，当今社会迫切需要能够开创和创新的人才。社会的转变迫使人们全力寻求与社会的同步发展、个人的自由全面发展及人的创造性发展。创造能力也是人内在发展的最高表现，这种能力不仅体现为标新立异的创新观念，而且表现为丰沛的想象力、敏感的直觉、创新性思维和动手实践能力。

音乐教育在激发人们的创新能力方面发挥着独特的作用。其中，音乐教育的重要目标之一就是让参与者在实践和体验的过程中获得更强的想象力和创新能力。音乐是由作曲家创作出来的，其演绎和赏析过程也被誉为二次、三次创作。音乐教育的介入，可以唤醒人们的创新能力，并将这股力量展现出来，进而实现创新能力的增强。因此，音乐教育对于发掘和提升接受者创新能力具有深厚的潜力。

（二）音乐教育以审美为核心

1. 情感性

音乐作为一种情感流露的艺术表现形式，直接效仿和升华了我们的情感。它能够通过情感传递和共鸣来发挥其教育作用。在音乐的美感体验中，人们能够通过情感的表达和感知，之后形成认知和道德驱动力。音乐主要以反映生活中主观感受的思想情感为内容。这种情感既不局限于纯粹的生理性情感，如喜怒哀乐，也不只是个体的自我出发，而是具备社会性，带着思考的倾向。

2. 技艺性

音乐教育的目的不仅限于单纯的知识输入，而是更广泛地涉及与音乐的互动，包括欣赏和表达音乐，这些环节都离不开基本的技术和技能的支持。不论是哪种形式的音乐教育，或者是在任何一个水平层次，其最终目标都是满足对音乐的欣赏、表演或创作的需求，这就必须经历一个专门的技能和知识学习阶段。缺乏关键的技术训练，艺术教育的责任基本上不可能达成。只有拥有了"音乐感觉"，才能更加顺利地进行音乐学习。因此，需要采取多种方法培养学生的各类技能和能力。另外，作为一门艺术，音乐的所有技术都应该配合特定的内容和形式的需求。如果技术训练没有表现美感，那么它就只不过是毫无内涵的技术重复。这种单纯的技术训练既违反了音乐的核心，也不能实现艺术教育的目的。因此，在优美的音乐作品、良好的学习环境、优质的教学过程中进行的技术训练，应该通过审美感知和审美发现，从而培养出审美能力。

3. 意象性

音乐创作的动力源自生活，这表达了艺术家对生命的体验、认识和评价。相较于其他艺术表现形式，音乐的特殊之处在于它以独特的声波赋予人们以能力，借助听觉体验并解读音乐。与雕塑和建筑等视觉艺术不同，音乐的源泉并非取自抽象的逻辑思维，而是来自充满创意和情感的想象力。通过联想、描绘、想象等心理过程，人们能够体会并创作音乐形象，进而获得美的感受。

意象性的音乐教育在音乐教学实践过程中得以体现。在音乐表演、欣赏和创作等活动中，联想和想象力是常在的。由于每个人的生活经历、文化修养、个性等不同，所以同样一首音乐作品被不同的听众所联想和想象的意象性内容通常都会有所不同。

四、艺术教育中的音乐教育

音乐被视作艺术的重要形式，因此音乐便成为艺术培训的主要内容。艺术教育以审美为主轴，囊括了音乐、绘画、舞蹈、电影、电视和戏剧在内的各式艺术种类。虽然它们展示的方式、传播的途径和存在的形式都不一样，它们却都构成美育的主要内容和强有力的方式。因此，审美活动便是艺术教育的关键，它们之间存在许多相通之处。然而，这些共性也同时蕴含着各自的特色。通过了解艺术教育的共性和特性能够帮助我们更好地理解和掌握音乐教育的特征，进而全面且多角度地对这门学科有科学的认识和理解。

（一）情感性

人们对于物质世界的个人感触即为情感。在艺术教育的过程中，对于艺术元素的感知成为情感流动的基础。具有深厚情感是美感的核心特征，因此，是否能引起欣赏者的情感反应，成为判断艺术作品的美学价值和艺术教育成效的重要标志之一。因此，情感在艺术教育过程中具有至关重要的地位。音乐作为一种极佳的情感表达手段，能够直观地模拟和升华人的情感。音乐教育通过情感传递和情感共鸣的方法发挥其教育作用。人们在欣赏音乐的过程中，可以通过情感的释放和体验获得知识和道德力量。音乐的主题包含了生活中的主观感受的情感表达。这种情感表达既不仅局限于基础的四种情感，也不仅局限于个人表现，而是具有社会性和思考性。音乐教育是整个美术教育的一部分，它塑造的审美情感是一种更高级别的情感。音乐教育中的音乐体验和情感体验方式相较于其他美术教育更直观、更紧密。因此，音乐的表达内容更能够被人们在情感上接纳。所有高校的音乐教育都充满了丰富的情感交流和表达，而那些将情感排斥在外的音乐教育，违背了音乐的审美特性，很难取得成功。

音乐教育应尽可能地遵循以情动人的规律，其应贯穿于教学过程的始终。例如，在教歌唱、乐器演奏、音乐欣赏等时，应当选择充满艺术魅力同时又兼具思想内涵的教材，使之具备强大的艺术感染力，而避开缺乏审美价值的劣质作品。在教学方法上，应当充分考虑学生的个性差异，通过一系列充满生机的教学方法，唤起学生的情感，尤其是审美情感，以激发学生学习音乐的热情和意愿。

（二）技艺性

艺术教育的目的不只是增强学生对美的感知和理解力，还包括对艺术创作与表达能力的培养。所以，所有的艺术教育都需要贯彻必要的技能和技巧的训练。因此，技艺性成为艺术教育所共有的特征之一。

音乐教育是一种鉴赏艺术教育，不能单纯地传授理论知识。对音乐的感知、评判和表达，都需要以一定的方法和技能为基础。不论其所处的形式或层次，音乐教育的根本目的始终是享受音乐、演奏音乐，并创造音乐。这需要涵盖各种专业技术知识的学习和技能的训练，否则音乐的鉴赏教育目的不能达成。例如，在中小学的音乐课堂上，都需要包含声乐、乐器表演技能、读谱技能，以及音乐听力等具体技能的训练。同样地，享受和创作音乐都需要在拥有一定"音乐天赋"的前提下才能更好地进行，而培养"音乐天赋"则需要基于各种形式的听力训练，以及丰富的音乐知识和技能的辅助。一言以蔽之，音乐教育是一个对技术层次要求较高的学科。

换种说法，音乐作为一种艺术形式，其技术元素是为表达特定内容和风格而服务的。如果技术训练忽视美感表达，那么它只是空洞无物、无足轻重的纯技术行为，这种行为背离了音乐的内在规律，也不能达成审美教育的目的。所以，我们学习的技术训练是一种艺术性的技术，同时也培养了音乐表演的能力。这种艺术性技术能力，可以提升音乐的品质，也有助于达到审美教育的目的。

只有通过实际的音乐表演活动，才能完整展现和实现音乐教育的技术特性。一旦缺失了音乐艺术的实践环节，音乐教育的技艺性将无从谈起，而美育的目标也会无法达成。因此，通过实践来体现其技艺性是音乐教育的一大特色。相较于其他的科学和人文类学科，这一要素更显重要。

（三）形象性

艺术借由形象这一独特方式来反映现实生活。所有类型的艺术皆需要塑造自身特异的艺术形象，以此来表现特定的主题。在无形象之处，艺术也便会消逝。因此，艺术教育一直都是依赖于一些醒目且生动的艺术形象作为核心内容。

因为音乐的实质性成分是无法视觉感受且不含有具体含义的声音波动，因此，关于"音乐形象"的探讨一直是音乐美学领域内的核心争议之一。在这个背景下，音乐教育拥有的艺术教育特性，并不仅仅是对音乐美学"形象理论"的简单赞同和肯定，更主要的是表现出对音乐教育本质规律的认识和呈现。

音乐的艺术形象是利用多变的音色和听觉认知来表达，虽然并不涉及视觉认知，但由于音乐并非抽象逻辑思维的结果，所以还可以通过联想、象征、想象等心理活动来创造包含思想和情感、审美价值在内的内容。从而，音乐的艺术形象是一个更为宽泛的概念。这种形象性的特征有助于提升学生对音乐的理解、赏析以及演绎能力。因此，为了令音乐的艺术形象更加具体且明确，中小学教科书都采用了文学（歌词）和标题。这无疑为音乐教育的形象性提供了重要的依据。

音乐教育的意象性特征在教学实践中也得到了体现。学生在对世界的认识上，最初是基于更易于被他们感知的感性而具体的形象，这就成为他们进入音乐领域的旅途的开始。这种形象化的思维方式必然会要求在音乐教学的方法和手段上，力求寻找通过听觉、视觉甚至肌肉感觉等中介在联想和象征等心理过程中达到对音乐的精准认知和深入理解。显然，音乐主要是通过表达情感来体现的，因此，抒情的技能是最主要的形象塑造手段。所以，音乐教育的形象性和情感性是紧密关联的。

（四）愉悦性

参加艺术鉴赏活动能使人体验到审美的愉悦，这种心灵感受在艺术教育中展示了"寓教于乐"的共性规律。人们从音乐里获取的愉悦实际上是一种源自听觉的"审美趣味判断"。这种审美经验是心理反馈在审美历程中的积聚，是一种对美的享受。其中的愉悦性可以成为审美的一种本质力量。优美的音调和独特的艺术魅力，可以通过"快乐式"教学法滋养学生内心，并为音乐教育注入了生命力。如果教学内容和方法缺乏美感，音乐教学将会失去吸引力，其教学成效也将大打折扣。

毋庸置疑，音乐的愉悦性有很多层次。但是，音乐教育不能只满足人们基本的听觉快感，我们应该深度发掘并提升音乐具有的审美价值。这就需要教师适时进行引导，使学生将音乐教育的快乐从简单的耳朵享受转变为对音乐深度理解和感受，并拓宽更广的审美视野。

第二节　音乐教育的价值

一、音乐教育的社会地位

作为人类创造的文化的组成部分，音乐为了彰显其价值并寻求自我提升，音乐的教育活动应运而生于社会发展的浪潮之中。在早期的原始社会中，音乐教育只是无意识地模仿音乐，是无明确学习动机的自发行为。然而，在日常的生产活动中，人们开始意识到音乐具有的某些社会作用，因此，音乐教育开始由无意识的自发行为慢慢转变为有意识的自发行为，逐渐成为一种目的明确、有意识的社会教育活动。这无疑代表了历史的发展和必然走向。

音乐教育是人类一项独特的社会活动，同时也是塑造和提升人类精神文明的过程。一方面，音乐教育能通过"构建美的秩序"来完善世界，推动人类自由且和谐的发展，为社会培养大量素质优良的建设者并提供必要的服务。另一方面，音乐艺术通过教育活动，能有效地培养出专业人才以及合格的受众，从而推动其自身的繁荣与提升。

然而，音乐教育并非独立于社会的存在，它反映了一定的政治、经济和文化背景，为一定的阶级服务。音乐教育作为艺术，其技术和方法体现着历史文化的传承和发展；而当它成为一种思想的载体时，音乐教育具有鲜明的政治立场，与社会实践紧密相连。忽略阶级、时间和民族差异的音乐教育实际上是不可能的。音乐教育与社会发展同步，并且两者之间有着互为补充的关系。

二、在教育全面发展中，音乐教育所占的位置

在《全国学校艺术教育总体规划（1989—2000 年）》的"前言"部分明确表明：艺术教育不仅是学校进行美育活动的核心内容和途径，也是加强社会主义精神文明建设、潜移默化地提高学生道德水准、陶冶高尚的情操、促进智力和身心健康发展的有力手段。作为学校教育的关键环节，艺术教育具有其他学科所无法取代的独特功能。

（一）音乐教育是实施美育的主要内容和途径

学校通过各种方式以及丰富的教育内容进行审美教育。例如，我们可以在欣赏语文课的文学作品，美术课中再现人与大自然的艺术形象，以及政治历史课对社会真实性、善良、美丽与虚假、邪恶、丑陋的核心揭示中，寻找其深层含义。尽管如此，音乐教育在所有美学教育内容中拥有极其关键的作用，其地位是无法被取代的。

总的来说，音乐教育的基本特征就是其审美性，表现形式是音乐的音响。这种审美性通过打造一个充满活力的美学结构，并通过热情洋溢的情感和声音的展示来达成它的价值。因为音乐并非直接表达事物本身，而是直接描绘人们的内心世界，这种灵动、精准且细微的情感表达，是对客观情感的审美体验。于是，音乐有能力用其真诚、鲜活且深刻的感情，更主动地、更有效地"引发人们内心的激情"（贝多芬），其"节拍和旋律强大的力量能够深入人的心灵"（柏拉图），因而，音乐的美的力量既独特又强大，没有任何别的艺术能取而

代之。

在学校教育体系中，音乐占据了一席重要的地位。其主要的任务是，通过对音乐的理解感知、评价、表达及创作等方面的教育，实施对学生的审美教育。这种审美教育的核心内容是深入且复杂的，包括对情感的理性塑造与调控，对意志的引导和调节，对感知、想象等能力的理性渗透和升华等。这类型的教育是涉及情感、意志和认知三者交互融合的过程，目的在于建立全面的美学思维框架。虽然其他学科如非艺术类的课程也可以通过自身的学习过程来实现审美教育，但是它们的主要职责是承担道德教育、智能教育或者体育等方面的任务，它们在美的理解和表达上相较于音乐来说要显得单薄和缺乏活力，而且它们的审美效应也不能达到音乐所能带来的那种深刻持久的影响。在学校中的美术教育体系当中，这些学科只是起到辅助性的作用，不能取代或是涵盖音乐在完成审美教育的过程中所发挥的核心作用和重大影响力。

（二）音乐是促进全面发展教育的有力手段

音乐作为美育的核心组成部分，无法被德育、智育、体育和劳动技术教育所替代。反倒与它们共同提升，形成互补，构成了全面教育的重要元素。

1. 音乐教育与德育

德育跟音乐教育都是社会意识形态的两个主要因素，各自呈现不同阶级的特色，同时也是社会精神文明的构成要素。两者之间存在着相互支持的一种联系，共同推动着对方的发展。如果希望对学生做到深度的思想道德教育，那就必须了解学生的理解力和心理情况，选取他们乐于接受的教育方法，这样才能获得预期的教育效果。作为一种艺术形式，音乐以其独特的风格，对人的思维观念和情感表现有着巨大的影响力。音乐的美感具有强烈的艺术吸引力，能进入人的精神内核，通过审美经历的积聚，形成影响人的行为力量。因此，音乐教育已经成为进行思想教育的优选路径之一。而优质的音乐教育不仅能帮助学生培养出对祖国、党和集体以及生活的深深热爱，设立重要的人生目标，形成良好的道德修养，确立正确的人生观，还能对社会风气的改善以及提升社会主义道德文化作出重大贡献。

音乐教育与德育并不是从属和包容的关系。借助音乐达到一定的思想政治教育的目的，只是音乐教育众多职责中的一项，并不是全部。因此，不能简单粗暴地把音乐课堂变为思想政治课堂。特别要强调的是，音乐课在实施思想政治教育时，有其独到的方式和方法。简单地说，就是寓教于乐，以此实现思想感情的潜移默化。强烈反对违背音乐艺术的规律，忽视音乐教育的独特性，硬把音乐教育变成纯粹的思想教育，这样会让音乐教育失去了其本质，也很难有效达成德育的目的。

2. 音乐教育与智育

以培养及强化学生各类智能为重点，这就是智育的根本意旨。而其构成元素是多方面的，如感知、观察、记忆和想象，音乐教育也需要运用这些程序。虽然前者更多依赖于逻辑思维，后者则更加侧重形象思维，但在教育心理机制上，这两种方法应该互为补充、相互推动。

虽然音乐教育包含一部分的智力培养，但它主要是着重于智育无法涵盖的审美教育。因此，音乐教育和智育并不能相互替代。同时，我们也需要认识到，智力是形成审美能力的关键要素之一，文化知识水平通常是决定音乐欣赏及其表现水平的重要标志。因此，智育和音乐教育并不矛盾，实际上智育可以有效提升音乐教育的效果。

音乐对于学生智力的提升有着不可替代的作用，可通过音乐学习来促进学生的智力发展。这是基于以往持久的实践经验，人们所提炼的科学理论。其影响主要在于以下三个方面。

其一，音乐教育可以锻炼并提高学生的感知力、注意力、记忆力、想象力及创造力等多项认知技能。例如利用视唱练耳这种方法，可以帮助提高学生对听觉和视觉的敏感度以及反应能力，使之更加协调和敏锐。而对音乐的欣赏和创作，有助于大幅度地发展并强化学生的联想、想象和创新能力。这种技能培训对于智力的提升有着极大的推动力。

其二，音乐教育在启迪智力方面扮演着重要角色。恰如其分的早期音乐教育能够使学生的语言学习阶段提前，并在音乐中协调他们的身心成长，促进智能的快速发展。过了入学年龄以后，音乐有助于平衡两侧大脑功能，提高智力的敏锐性，催发创新能力，提高大脑的工作效率。

其三，音乐教育使学生的视野得以拓宽，知识更加丰富，观察力得到提升。在学习和体验各种风格及主题的音乐作品的过程中，学生将积累关于政治、历史、地理和自然的广泛知识，进而加深对社会和自然环境的认识。

3. 音乐教育与体育

体育的本质是健康与美的结合，音乐则是心灵的锻炼。所以，音乐与体育是同时影响身心的两门相关学科，它们具有相辅相成的特性，之间的联系非常紧密。

通过生理与心理学的研究，我们可以发现音乐对于人体健康和体质提升起到了积极的作用。让人舒畅欢快的音乐可以改善人们的心情，恰如其分选择的音乐节奏，对人体的生理节奏也有所调整。更深层次的音乐还拥有特殊的医学效益。从美学角度来说，具有良好的审美元素的体育活动也少不了音乐的支持和帮助。例如广播体操、舞蹈、滑冰、武术以及艺术体操等。音乐在增强各种活动效果方面起着关键作用。特别是在体育赛事中，背景音乐经常用于提振运动员的士气，进而提升他们的表现水平。

随着现代体育美学的崛起，对于音乐与体育之间的关系的认识达到了新的高度。音乐对于形成体育之美的重要性，已经更加吸引了人们的注意。因此，音乐教育不只对体育事业的参与和体育质量的提升具有重要价值，科学的进步更使音乐教育在体育工作中占据了尤为重要的地位。

4.音乐教育与劳动技术教育

音乐的诞生与劳动有着紧密的联系，同时，音乐培训和劳动技能培训之间也存在一定的共通性。音乐教育的运行对加强劳动技术教育具有显著的辅助作用。例如，那些富有节奏，充满热情的劳动歌曲，不仅可以塑造学生的劳动观念和对工人阶级的深情厚谊，也可以提升工作效率。另外，音乐课程中的一些技能训练（如演奏乐器、指挥等）也算是技术含量高的劳动。其中既包括艺术技能的提升，也涉及动作技能和思维技能的融合训练，可视为一种高级的脑力和体力综合训练。

总的来说，音乐教育在整个教育中的重要性不容忽视。一方面，它在德、智、体、劳等方面都具有深远影响，产生教育效益。另一方面，美育还是音乐教育的主体功能。德、智、体、劳等各方面都能从音乐教育中找到并借鉴其实际价值，然而绝不能完全替代或者包含音乐教育。

第三节 音乐教育的目标

一、音乐教育目标的性质与意义

音乐教育的目标不仅是该领域所追求和期盼达成的期望和标准，也是一定时期内音乐教育活动的起点和终极追求。该目标是实践者规范行为的理想境界，因此，它能够体现出实践者的社会和集体统一意志，同时也能反映教学愿望。因此，教育目标在广义上拥有多元性，不仅可以纳入国家的指令，也可以是教育体系目标的解读，甚至还可能包括一些个人的教学标准。音乐教育的目标既是一种客观存在，也是一种教育潮流的理想表现。我们在这里研究的教育目标，主要是对全民音乐教育发展有导向和限制作用的国家和社会设立的音乐教育目标。

考察音乐教育的发展历程，我们可以发现音乐教育的目标始终随着教育实践的深化而逐渐形成。在不同的历史阶段，音乐教育的目标均表现出明确的时代特征和阶级性。因此，音乐教育的目标既揭示了一定的教育愿景，同时也受制于当时的政治、经济、科技、文化等发展水平和环境条件。

那些符合音乐学科的规律并富含社会文化进步观念的教育目标，对音乐教育起到至关重要的指导作用。这不仅代表了前沿教育思想，也寓含了对我们所处时代的音乐教育质量向上迈进的推进力，无疑在教学内容和手段上是科学的指导和有益的参与。假如音乐教育没有确立合适的目标，可能出现教学过程过分主观和偏颇，从而导致一些短视行为；如果目标的设定不当或不全面，也可能引发音乐教育的错误导向，甚至出现"反效应"。因此，确立适合的音乐教育目标对于整个教育实践流程有着深远的影响。

二、音乐教育目标的作用

"音乐教育目标"是教育理念在音乐教育中希望达成的状态或标准。通常，音乐教育目标被国家最高教育行政部门确定和颁布后，对所有的基础音乐教育活动都会产生"指示""导向""标准化"和"控制"的作用。此外，音乐教育目标在所有的基础音乐教育活动中，还具有导向、调控和评价的职能。

（一）音乐教育目标的"导向"作用

音乐教育的目标，是音乐教育理念（包含价值观取向）的具体化表现，它反映了不同历史时期、政治氛围及社会经济发展条件下的独特音乐教育思想与价值观。当设定音乐教育目标后，就成为国家期望和音乐教育的主要指导方针，同时也为每个基础音乐教师指明了职业道路和奋斗目标。

一般而言，"音乐教育目标"对教师及学生均有明确的指导意义，即被称作"导向作用"，这就要求他们持续朝向"音乐教育目标"迈进，并能及时修正自身可能偏移或违反"音乐教育目标"的行为，以全力投入实现"音乐教育目标"的工作和学习中。

（二）音乐教育目标的"调控"作用

音乐教育目标为音乐基础教育以及相关环节提供全面而深入的管理和优化。更宏观地讲，这个音乐教育目标也影响着义务教育的改革创新、发展规划，音乐课程的提升与搭建，以及音乐教师的培训和教育等。更详细地讲，音乐教育目标在实际音乐教学环节中，如对于教学方案的设定、教学内容的确定、教学方法的选取、教学成果的评价等，都发挥着引领和调控的作用。

音乐教育目标不仅能对受教育者的成长和发展进行一定的引导和影响，而且可以使他们按照预设的教育进程朝着最终的教育目标发展。

（三）音乐教育目标的"评价"作用

建立了音乐教育目标，它就转化为评价和衡量整个音乐教育活动及其相应环节的标准和参考。也就是说，在衡量音乐教育的改革、规划、创新、发展、课程设计、教学管理、教师配备、教育设备、教学标准、教学质量、学生的整体素质，以及音乐学习成果等各个方面时，音乐教育目标乃是紧密相关的关键元素，有时它甚至可以作为评价的主导标准或主要内容。

值得强调的是，在当今世界各地广泛进行教育改革的总体环境下，"评价"音乐教育目标的重要性，也就是全方位、深度评价学校实施素质教育成效的价值，已经在全社会范围内得到了日益广泛的认同，且有可能成为最终评定"完整教育""现代教育"或"素质教育"成功与否的关键指标。

三、音乐教育目标的内涵

教育目标被看作一种需要通过教育实践和付出努力才能达到的标准和目的。音乐教育具有多层次、多样性的特点，受到政治、经济、文化等诸多因素的制约。所以，在不同国家、不同时代、不同理论派别的音乐教育目标都展现出各自特有的内涵和表达形式。从我国春秋时期的孔子以及古希腊柏拉图等人的音乐教育观念，再到现代世界一些具有影响力的音乐教育体系，一个完整的教育目标大体上涵盖以下三个方面的内涵。

（一）音乐教育的根本目的（终极目的）

音乐教育的根本目的是通过音乐审美教育，培育出具有高贵性格和完美品德的个体。音乐审美教育是音乐教育的核心。音乐教育的宗旨在于，通过这个环节，提升学生的音乐审美能力、审美情感和审美情操，以期完善他们的个人品格。中国古代的音乐教育思想，如"兴于诗，立于礼，成于乐""善民心""移风易俗"，都是为了实现以音乐作为教育工具的目标。近代中国的音乐教育从创始之初就倡导以"改变国民的精神面貌""精神教育的重要环节"（梁启超）为基本原则。目前我国社会主义音乐教育的目标明确为：音乐教育是实施美育的重要手段之一，是为了满足培养全面发展的社会主义一代新人的需求。早期的欧洲音乐教育也以"人的教育是为了变得美好善良"（柏拉图），"改变心灵本质"（亚里士多德）为主要目标。近代各国主张以提升和发展个人品质为目标。苏联的卡巴列夫斯基强调音乐教育的核心不仅仅是培养音乐家，更重要的是首先培养全面发展的人。德国的卡尔·奥尔夫（Carl Orff）总结他的思想原则是"首要的是对人的培养"。而日本的铃木镇一表明"教授音乐并不是我主要的目标，我主要是想要培养优秀公民"。

（二）音乐教育的社会特征（社会目标）

没有任何学科能够与其所处的社会环境割席，也无法摆脱具体的民族文化传统。

音乐教育在高等教育体系中占据重要地位，特别是在特定的历史环境下，其重要性更为凸显。以中国为例，学校在推行歌曲运动中强调了"富国强兵"的改革主张。在中国每一个关键的历史变革阶段，如抗日战争以来，音乐教育在传播先进音乐、教育公众，以及激励人心等方面，都起到了非常大的促进作用。在社会主义时期，音乐教育的重要性被进一步强调，通过音乐教育进行思想教育，发挥音乐在思想教育方面的功能。进行民族音乐教育，使年轻一代了解、熟悉和热爱本民族的文化，成为音乐教育的一个主要社会目标。各国对于实现这个目标都有不同程度的关注。例如，对于21世纪匈牙利政府对民族音乐教育和文化的忽视，柯达伊音乐教育理念的提出，通过将民族色彩融入音乐教育，激发人们对匈牙利及其文化的热情，强化并保持民族意识和团结，因此柯达伊音乐教育理念提出后，匈牙利的民族音乐文化得到了迅速发展。

（三）音乐教育的基本任务（本体目标）

教育目标应该基于明了且具体的基本职责，这样的设定模式会使课程规划和课本设计更加便捷，否则就可能导致课程内容太过抽象和减弱音乐的特性。显然，作为主导的教育目标，应该指明基本的教育任务，但并不存在（也无法）一次性列出所有具体学科任务的可能性。例如，在我国的中小学音乐教育大纲中，已经明确将培养学生对音乐的感知、理解、鉴赏和演出等能力作为基本任务，这既全面又广泛。

第四节　音乐教育的功能

音乐教育不仅是美育的重要组成部分和实践手段，同时也是艺术教育的主要内容。其对推动学生全面发展及创新思维具有明显的效果和独特的效应。在所有的教育实践中，音乐教育的目标是以演奏或聆听的方式影响人们的内在精神，以此实现教育目标。无论是在儿童时期还是成年期，我们都一直提供音乐学习的机会，这主要是因为我们可以借助音乐的力量增强我们的道德品质、知识储备以及身体素质。音乐教育的主要任务是用音乐的表现力和可供鉴赏性激发人们的心灵感应，使他们能够理解音乐并积极投身于生活中，体验并且创造出美好的生活。尽管音乐创作、欣赏和传播之间存在差异，但是它们都拥有一个共同之处——就是一种充满创意的活动，而不是自我满足的行为。音乐教育肩负着社会期望，它是大众可以参与的社会活动。缺少美育的教育是不完美的；同样的，如果没有音乐教育，那样的美学教育也无法称为完美。音乐教育和其他学科的学习密切相

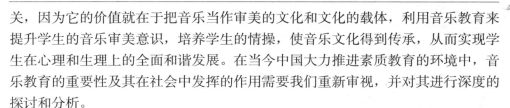

关，因为它的价值就在于把音乐当作审美的文化和文化的载体，利用音乐教育来提升学生的音乐审美意识，培养学生的情操，使音乐文化得到传承，从而实现学生在心理和生理上的全面和谐发展。在当今中国大力推进素质教育的环境中，音乐教育的重要性及其在社会中发挥的作用需要我们重新审视，并对其进行深度的探讨和分析。

一、音乐教育的美育功能

贝多芬曾说："音乐超越所有知识和哲学，成为更大的启示。"[①] 他之所以这样强调，是因为音乐对我们的赐予已超出其形态本质，深入我们的心灵深处。音乐，可谓是人类最初、最具感染力且广泛的艺术形式之一。它既能带给我们愉悦的心境，享受美的感受，甚至能激发心灵的共鸣，有助于我们的思想提升，在我们的精神世界里起着重要的作用。

在音乐教育中音乐作品被视为人们追求的审美对象，我们能通过欣赏音乐作品获得美的感受，这表明我们具备审美能力。不同的人对音乐的领悟程度有所差异，这主要取决于其和先天因素的关系。因此，处于核心地位的审美教育显示了其重要性，它通过教育和影响，来激发和不断开发我们的审美感知能力。尽管音乐美学不是一个实体现象，而是音乐的感觉，我们也需要借助想象和联想才能理解音乐作品的含义。有些人可能会在欣赏某一音乐作品时带动相应的画面，但有些人无法做到，这就需要音乐教育提升他们的审美水平以激发他们的想象力。音乐有着明显的感染力，我们经常会看到，艺术家在表演音乐作品时，随着旋律的起伏，他们的身体会有自然的律动，脸上的表情也会相应改变，这是因为音乐不仅是一种艺术形式，更是一种情感。经过长期的音乐教育，观众能更深地体验作品中的情感，对音乐的理解力也会有相当大的提升。增强社会大众的审美能力是音乐教育的主要目标。通过音乐教育培养出来的审美能力不仅有助于音乐理解，也有助于其他领域的应用。音乐教育能够提高我们的审美能力，而这不仅可以扩大我们的审美领域，还可以让我们的生活质量得到提升。音乐教育中占据核心地位的审美教育就体现了它的价值意义。

美育涉及道德观念和人生观，并为个人审美视角的自然觉醒贡献力量。借助于感性的亲身体验和有趣的育人手段，丰富的理性内容与人文价值的推广对于增强人的审美判断力、文化品位和社会创新力发挥着重要作用。荀子主张利用音乐改变人们的个性，使虚构的美好转变为真实的善良，虽然荀子坚持认为人本性恶劣，对善良的表现只是做出的假象，但他仍坚信通过音乐促进征讨，使士兵壮志

---

①李治昊．音乐当使人类的精神爆出火花：浅谈贝多芬的人格特点及钢琴作品的艺术特色[J]．北方音乐．2013(3):16;18.

凌云，让敌国胆怯。主张以礼乐并举来管理人民和国家，在人的理想教育和人生观的形成上，音乐教育作为美育的核心组成部分，与德育的内涵紧密相连。它通过音乐教育的方式，让学生享受优美的音乐作品，从而激发学生的社会理想，培养良好的品格和丰富的情感。这不仅使学生的身心得到全面和谐的发展，还实现了音乐教育的德育功能。自古以来，全世界的教育观念都认为音乐教育和其他类型的教育一样，具备重要的道德教育功能。正如《礼记·乐记》中所述："乐者，圣人之所乐也，而可以善民心，其感人深，其移风易俗，故先王著其教焉。"这就是说，音乐对于道德教育和培养有着巨大的影响力，因此古代的统治者也大力提倡音乐的教育功能，利用这一优势达到维持统治的目的。社会在不断进步，人类也在不断发展，而曾经推进人类社会前进的力量现在却渐渐跟不上历史进程的步伐，封建文化的牵制让我们带着沉重的负担走进新的时期。新民主主义革命、社会主义革命以及封建统治在中国已经不复存在，但一些封建的落后文化却像病毒般藏匿起来，随时可能爆发。由于地理、经济以及信息通信等因素，中国的某些农村尚存在思想观念无法跟上社会发展的情况，这就更加突显了教育的重要性，尤其是德育，音乐教育如春风般温暖地吹进这些僻静的乡村，带动了时代进步的浪潮。以流畅精致的音调、鲜活明亮的节拍、真挚完美的情感、和谐完整的结构可以塑造出一个生动的艺术形象，鼓舞整个民族砥砺前行，达到极高的教育价值。音乐教育在中国农村有着重要的责任——提高道德层次，树立良好的道德风尚，让过时的观点随着历史的脚步逐渐远离，让积极向上、充满活力的思想在农村生生不息，这就是音乐教育在农村的历史使命。

二、音乐教育的发展创造功能

人们需以形象思维方式去感受与表现音乐，而音乐是一种抽象的艺术形态。音乐凭借其特有的表达风格，能触发人们的情感共鸣。例如，当我们在歌唱或表演某一音乐作品时，我们会用自己对音乐的理解和感觉，以此来明白如何去更深度地解读这个音乐作品的含义。实际上，每个人沉浸在美妙的旋律时，都能非常容易地觉察到自己内在节律的存在，这可以让思维达到一种激动的境地，进一步激发人们内在的积极性和创新力，开始构思、沟通、感知和体验。每个人对相同作品的情感体验都可能不同，音乐的感性认知给了人们很大的想象自由，这也是每个个体独特创新力得以充分展现的结果。对音乐作品的呈现手法、音乐形象、艺术性和思想性进行分析，就相当于从感性的认知提升到理性的认知，即学习运用逻辑思维的过程，理性与非理性思维的完美融合为再创作活动开辟了更活跃的思维通道，也成了创新思维的一种驱动力。这就是为何在音乐教育过程中，通过音乐实践活动，能大大激发学生的表现欲和创作热情。

音乐教育是在激活人的乐观情感的同时，推动新颖观念的发展，进而提升学习者的表现水平。作为一种人类主导的美学体验，音乐实际上是由脑部调控的一系列复杂的心灵反应，它依赖于大量智能的介入，以便完整地展示它的特性。另外，音乐中的智慧成分包含多种形式，而音乐教育的进程也正是发展这些能力的过程，如在歌唱与表演的过程中，首先要保持专心致志地去读取乐谱并且演唱或者弹奏出来。这就要求对音乐符号有瞬间的记忆并将它们转化为实际的演出指令，这是一项记忆任务；其次就是二度创造环节，在这个过程中，如想象力、发散性思维等心理活动都需立即加入进来，以此增加歌曲及演奏的艺术感染力，这又是训练想象力的过程。通过观测社会生活和社会现象积累音乐知识，利用联想、幻想和创新思维构建创意方案，评价音乐则要经过想象、解读、剖析以及评判等一系列心理流程，这也是个充斥着创新思维的活动过程。所以，整个音乐教育的历程都在探索智力的创新思维。然而，当前中国乡村的信息获取相对城市来说较为闭塞，获取社会信息的渠道有限，导致学生的创新思维无法充分发挥。在此背景之下，如果我们过于强调数学、物理、化学的教育，必然会对学生的创新思维产生抑制作用，推行的结果无疑会让智育蜕变为知识传授。从根本上讲，要积极扩大音乐与智育的有机联系，在更高、更科学的层面上找到音乐教育的正确方向。

三、音乐教育的文化传承功能

　　教育作为一种社会行为，是在塑造个体的同时，传承社会文明、分享生产知识和社会生活经验的基本途径。同时，教育以及学校的音乐教育对中国传统音乐文化的保护与继承尤为关键，它们是不应被忽视甚至替代的主要承载媒介。

　　首先，音乐教育在推动中国传统文化的传承方面发挥了重大作用，并非仅限于中国，世界各国的本土音乐文化并不是天生就有的。相反，这些文化是由过去至今，经历多个世代的口传心授和多次的实践才逐渐传承下来的。这就是当前的音乐教育模式。音乐教育，作为当今中国社会中流传最广、影响最深远、形式最丰富的教育形式，其在继承和发扬传统音乐文化方面的关键作用不可忽视。

　　其次，音乐教育可以保护传统音乐文化。因传统音乐文化的独有性质，结合我国各地的民族风情和地理环境，各地音乐种类与表演方式因此存在明显区别。这些都使我们必须借助教育手段来传承这些音乐。如此一来，我国各地先民累积的丰富音乐文化成果才能代代相传。当前，我国已经着手一些试验项目，将传统民族音乐文化融入中小学教育，使更多珍贵的传统音乐文化有机会被传播和保存下去。

最后，音乐教育有助于音乐文化的振兴。对于音乐文化，我们可根据其存在形态将其归类为静态与动态两种状况。静态的音乐文化是得以保存的。这种音乐文化能够依赖具体的物质载体，如乐器、乐谱等。比如，河南舞阳出土的骨笛、曾侯乙编钟等，虽然这些音乐文化能规避因个体世代交替所带来的文化流失，然而其仅作为一种物质存在，没有现实意义。而动态的音乐形态能够借助人这个高级动物通过音乐教育将音乐文化转变为鲜活的思想，从而使音乐文化得以更好地延续。

四、音乐教育的社会交往功能

音乐超越了地域界限，成为全球通用的交流语言。音乐创作的初衷，其主要目的是催化人们之间的交流、理解和彼此的爱。音乐家，诸如作曲家、演奏者和歌手，他们的创作和表演，实质上是与欣赏者之间的对话和互动方式。音乐教育被认为是人类社会的一种意识形态，它必然和其他音乐实体之外的实体有所关联。音乐教育通过教育作为一个媒介，利用音乐作为工具，对学生进行人格意志力的培养，让他们能够灵活运用所学，最终贡献社会。在学校里，音乐活动的形式丰富多彩。学生受鼓励积极参与，当他们有足够的勇气在众人面前演绎一首音乐作品时，音乐教育的目标便达成了。在我们的成长过程中，很多人都曾是合唱团的一员，这是一种团队艺术活动。它要求学生一直铭记团队的重要性，去体验乐章的和谐。虽然许多音乐活动注重个人的发展，但是由于音乐的多样性，很多音乐活动都是在团队的环境下进行的。这需要团队合作的集体音乐活动，以音乐为纽带进行人际交流，催生我们相互尊重和理解。这种活动对于培养学生的团队精神有着极大的教育意义，也促进了人们的友好相处，这种社交能力在人的一生中发挥着重要作用。

第五节　音乐教学的方法

一、音乐教学方法的特征

随着社会的进步和科技的飞速发展，生产水平不断提升，教育科学也获得了持续的进步，音乐教学方法等教学技巧也经历了显著的变革。尤其是现代教学工具的应用以及生理、心理科学的最新成果为音乐教学方法的创新带来了极佳的环境。现代化的音乐教学方法逐步取代传统方法，成为音乐教学方法发展的主流趋势。音乐教育方法的主要特征有以下五个方面。

（一）方向性

教学方法的本质特征是内容的方向性，所有的教学方式都建立在一个清晰的教学目标之上，为特定的教学目标提供服务。

在音乐教育的过程中，教师采用特殊的教学方式以提升学生的审美能力和艺术素养。音乐训练包含了歌唱、乐器演奏、节奏感、欣赏、音乐创作，以及基本理论和技能学习。音乐教育的目的和内容决定了其教学方法的特殊性。国内学者徐碧辉在《美育：一种生命和情感教育》一文中，肯定了全新的审美教育思想，这是生命教育和情感教育的结合体，其方式大大超出了常规的知识教育。[1] 审美教育的方式应是感性与理性的完美融合。他进一步提出了"现代美育"的概念，倡导"融合式教学"，这不仅仅是传授知识，也包括培养学生的兴趣、推广艺术的精神、提高学生的道德素养，使学生在愉快的学习过程中全面掌握知识，激发学生的智慧，熏陶学生的品性，塑造学生的个性，使学生充满美和善。所以，现在音乐教育领域普遍接受的是"以审美教育为核心的音乐教学方法"，这也强调了这种教学方法的方向性。

（二）耦合性

音乐教学方法的创建起源于音乐的教学方法和学习方法的耦合。在物理学领域，"耦合"是指由两个或者是超过两个的系统，或者是两种不同的运动模式通过互动和相互影响形成了某种链接。音乐教学手法的耦合性主要在于三个部分：首先，教育过程中不只包含了教师的"教"，也包括了学生的"学"，两者互动，产生了一种相互依赖的共同活动；其次，教学手段既包括教学方法，也涵盖了学习方法，两者是相辅相成的，教学方法需要通过学习方法才能得以体现，而学习方法则是在教师正确的指导下才能获得运用；最后，"教"与"学"之间是一种互通有无、相互影响的关系，学生在教师的指导下成了紧密的合作搭档。在这个过程中，教师努力培养学生对音乐的兴趣和热情，鼓励学生在音乐的学习过程中主动创新。同时，教师还会因时制宜地调整教学计划，精心设计各种能让学生全身心投入的教学活动，营造悦耳、悦目、悦心的音乐氛围。概括地讲，过去的传统单一的教学法已被多元化、富有互动性的教育网络所取代。

（三）多样性

鉴于教学内容、学习群体、授课手段和讲解方式都有众多差异，音乐教学方法也因此丰富多样。观察这种特征，实际应用的教学方法并没有一成不变的模式，反倒应体现出其灵活多元的特性。对于音乐教学方法的优化或者改善，并不是看我们使用了哪种手法，而是应该根据各种制约因素来作出最好的选择。在音

①战红岩.中国现代美育实践的发生 [D].东北师范大学,2021.

乐的教学中，我们需要注重多种教学方法的综合运用。

（四）稳定性

教学方法设计通常要依据一套比较稳定的教学方法参照体系。然而，对于一些具体的教学内容和特殊的学生，重复利用某些教学方法不仅能准确地进行定向教学，还能有效地提高教学成果。在这种情境下，一些教学设备、方式和程序在教学方法中都是相对稳定的。

（五）现代化

推行现代教育技术如电声技术、音像设备，以及电脑辅助教学的广泛应用，极大地转变了音乐教学的形式，促使音乐教学方法产生了变化。在教学方法不断引进新科技和新技能的过程中，音乐教学方法将更进一步现代化。

二、传统音乐教学方法

（一）讲授法

讲授法是一种既久远又广泛应用的教学手段，其定义为教师以口头表达方式向学生描述环境、述说事实、阐述观念、证明理论和解析规则的教学方法，进一步可细分为以下 3 种。

1. 讲述法

讲述法在教学中的运用，旨在帮助教师以生动、形象的方式介绍特定的事物或现象。通过详细阐述事情的缘由、过程和演变，讲述法能够让学生在脑海中形成清晰的图像和概念，进而深刻体会其魅力。例如，在音乐教育中，可以运用这种方法讲述音乐的历史背景、著名音乐家的生平故事、多样的音乐风格、特定民族或地区的音乐文化传统，以及音乐与历史、地理、民俗、语言、信仰和文化交流等领域的互动。这种教学手段不仅丰富了课程内容，也加深了学生对音乐艺术的理解和欣赏。

2. 讲解法

讲解法主要适用于处理一些更为复杂的问题，如音乐学的基本知识或者音乐技艺的教学素材，这就需要进行相对全面且严谨的阐释、阐明或者论述。讲解法和讲述法的区别在于：讲述法主要依赖于叙事和描述，而讲解法则是从实际的资料中，分析事情间的相互连接，探讨其原因，解释多于叙事。

3. 讲演法

当教师开展与音乐或音乐家相关的专题讨论时，需以逻辑严谨、条理清晰的方式表达，通常采用演讲法，如探究中国音乐的文化内涵、贝多芬及其交响乐的影响力等。此方法主要应用于高等学府。总体来看，"讲解法"是教师运用语言将教材内容以确定的看法直接传授给学生的方法，稍有不慎就可能陷入机械式灌输，因此，在采用"讲演法"时，教师需要避开以下三点：首先是过早地对尚未完全发展其认知能力的学生实施纯语言教学模式；其次是随意地提供一些未经整理、缺乏解释依据的或者毫无关联的事实；最后是新的学习内容与先前的教学内容未能有效地融合。只有解决了这些问题才有能够获得全面准确的知识的可能。然而，我们也必须接受，"讲授法"在培养学生的创新能力和解决问题的能力方面存在局限性。

（二）欣赏法

欣赏法主要以欣赏活动为核心。在教学过程中，教师可以创设一定的情境，运用一定的教学素材及艺术手法，引导学生通过音乐来体验、分析、评判事物的真善美，熏陶情感，培养学生浓厚的学习兴趣、适当的学习态度、高尚的审美理想以及鉴赏能力。

欣赏法的特点在于能够通过欣赏实践活动激发学生的积极情绪反应。在实施这种教学模式的过程中，有四个关键因素需要考虑：首先，教师需要引发学生对欣赏活动的关注度和热情；其次，力图使学生产生强烈的情感反馈；再次，教师需要引导和组织学生参与体验、陈述和评价等欣赏活动，以帮助学生强化审美体验；最后，在进行欣赏活动时，教师需要注意学生的个性和知识能力的差异。

欣赏法作为教学方法的一种，在音乐教育领域扮演着重要的角色。欣赏活动不仅需要通过音乐本身进行聆听、联想、想象、模拟、剖析和评价，也可适当运用如诗歌、舞蹈、戏剧、绘画等其他艺术形式增强欣赏的效果，进而激发学生学习的积极性，拓宽学生的视野。

（三）练习法

指导学生在教师的引导下重复完成动作或行为以形成一定的技能和技艺，提升创新能力的教学方法叫作练习法。它在音乐教学中作为一个基本手法被广泛地使用。由于音乐教学涵盖大量技能和知识点，练习法在教学中得到普遍运用。

在音乐教学的过程中，常用的训练方法包括视唱和听力训练、乐谱阅读练习、唱歌和演奏技能的训练、音乐创作练习、身体语言和肢体动作的练习、各类音乐表演形式的练习、音乐鉴赏和听力理解的训练，以及包含所有这些元素的综合性训练等。

在音乐教学过程中，利用练习法时需要遵循如下 6 项基本原则。

（1）让学生清楚理解练习的目的和标准

不论是朗读、演唱，还是听力训练、乐器演奏，各有其特殊的目的和标准。

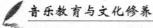

只有当学生明白为何需要完成这个练习，以及达到什么样的标准后，才能主动积极地投入练习中，从而提升练习的效果。

（2）掌握适当的练习方法

各类音乐训练都有自身特有的过程和方法。合适的练习方法可避免无目的的尝试，提升效率。初始阶段，教师要向学生解说并展示正确的方法，保证学生能理解并运用。学生的练习需要准确，并在教师指导下对不正确的地方及时进行纠正，从而强化适当的练习方法。在学生熟练掌握正确练习方法的过程中，更要关注培养其自我反思的能力，从而持续优化并提高自己的专业技能。关键在于先追求精确，然后再追求熟练，这便是掌握正确练习方法的原则。

（3）训练过程中，要充分考虑到系统性和频繁性，步步为营，递进提升

基于教学内容和学生的接受水平，需要按照由浅入深，由简至繁，由单一到多元，从模仿、半独立至全独立的练习再拓展至创新的练习方法。刚开始，训练的速度可稍微慢一些，然后随着基本技能的熟练掌握，适当加快训练速度，确保学生的技能和技巧得到实实在在的提高。

（4）练习的频率以及时间的设置应该合适

音乐的技巧和能力的培养需要充分的练习频率和时间，然而，这取决于具体的教学主题以及学生的年龄特征，并不是多多益善。通常建议持续稳定的分段练习效果超过密集练习效果，这样可以防止因过度训练而导致大脑疲劳，产生抑制效果。

（5）训练方式必须具有多样性

不论是单独的、团队的还是集体的练习；不论是口头的讲解、文字的记录还是动态的演示，所有这些都需要根据教学的实际情况做出适当调整，以激发学生学习的积极性，增加训练的趣味性和成效。

（6）必须提供反馈

每当学生完成练习时，教师需要进行复查，找出问题并立即改正。需要培养学生的自我评估、自我调整的能力和习惯。

（四）谈话法

谈话法，又叫对话法或者提问法，是一种教师和学生通过提出问题进行口头交流的教学模式。

这种教学方法有助于激发学生的思维活动，并培养学生的独立思考能力和表达能力，同时也能引发和保持学生的专注力和学习热情。此外，它也是一种有效的教师—学生互动方法，有利于反馈教学的进度并及时进行调整和优化。

教学中的谈话法通常分为三种：启蒙谈话、对答谈话和指导谈话。启蒙谈话主要用于引导学生学习新知识，鼓励学生结合自身的知识和经验进行独立思考。

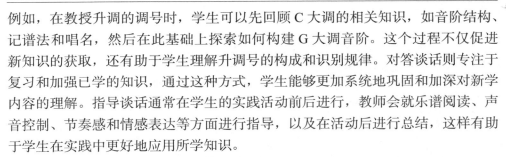

例如，在教授升调的调号时，学生可以先回顾 C 大调的相关知识，如音阶结构、记谱法和唱名，然后在此基础上探索如何构建 G 大调音阶。这个过程不仅促进新知识的获取，还有助于学生理解升调号的构成和识别规律。对答谈话则专注于复习和加强已学的知识，通过这种方式，学生能够更加系统地巩固和加深对新学内容的理解。指导谈话通常在学生的实践活动前后进行，教师会就乐谱阅读、声音控制、节奏感和情感表达等方面进行指导，以及在活动后进行总结，这样有助于学生在实践中更好地应用所学知识。

采用谈话法时，必须关注以下事项。

（1）强调问题的提出必须具有针对性

问题应该清晰明了，语言简练，这能够帮助学生拓宽思维，提高分析问题和解决问题的能力。

（2）需要顾及问题的难度

提问时应从简单到复杂，从易到难，以符合学生的发展规律。

（3）必须掌握适当的提问时间

也就是在学生内心寻找答案但尚未找到，极度渴望发言但无法表达时进行提问。

（4）我们需注意问题的关联性

只有当问题相互呼应并层层深入，最终才能以自然和顺的方式解决问题，让学生感受到满足和成就。

此外，在备课过程中，教师不仅要准备正确答案，还应预见学生可能提出的问题和答案。同时，教师需考虑如何有效评估并指导学生的答案，旨在增强学生的自信心和能力。比如，在介绍巴赫的《G 弦上的咏叹调》之前，教师可以提问："这部作品是由小提琴还是大提琴演奏的？"很可能许多学生会认为是大提琴。此时，教师应该避免急于下定论，而应进一步引导学生通过听小提琴和大提琴的音色来识别，并介绍小提琴的四根弦的名称。然后，基于此解释这部曲目是在小提琴的 G 弦上演奏的，其音色饱满、沉稳，与大提琴的音色有相似之处。到这步，问题可以得到完美的解决，学生的学习印象也将无比深刻。

另外，应当注意提问的方法以及对学生的要求。比如，教师应先向全班学生提出问题，然后指定个人进行回答，应为学生留出思考时间，应培养学生独立解答问题的习惯（也就是不看书，不依赖他人提示），要求学生语言表达完整且明确，应适时予以确认、纠正与添加。

（五）发现法

在教师的引领下，发现法是一种以学生个人对音乐的感知和体验，结合自我思考和探求音乐知识作为主体的教学方法。这种方法经常出现在音乐欣赏、乐谱阅读以及演奏的教学过程中。发现法能有效地提高学生的独立思考技巧，发展学生的发散性思维和创新性思维，因此，发现法拥有极大的优势。使用发现法的教师在教学活动中，需要结合谈话法和讨论法，始终以激发学生的学习热情为中心，尊重学生的情感经历，并在课堂中鼓励学生提出各种不同的见解和构想，从而为学生未来的学习构筑稳固的基础和培养良好的学习态度。在运用发现法的过程中，以下三点是必须重视的。

其一，让学生接触的作品及探讨的问题符合学生的理解能力，激发学生的学习热情。

其二，我们必须重视学生的情感感受，并激励学生提出各自的观点与见解。

其三，要与谈话法、讨论法结合运用。

（六）讨论法

讨论法要求教师依据教学需要，提前确定讨论的话题，指导学生相互对话、共享知识。这种方法不仅可以调动学生的主动性，还能充分激发学生的热情和创造力，同时通过讨论，也可以提升学生的思考能力和口语表达能力。在采用讨论法时，要注意以下五点。

其一，讨论的主题应能激发学生的兴趣及创新思维，同时也应有助于学生更深入地学习、理解音乐作品以及相关知识和技能。

其二，讨论的内容要集中，最理想的方式是围绕一个主题进行深入探讨。

其三，身为一名教育工作者，教师必须公平公正地参与到对话中，同时也要巧妙地帮助学生自主寻找到正确的答案。

其四，讨论完毕后，教师有责任进行概括，其中涉及的所有看法和提议，必须进行公平且准确的评价，鼓励学生发表并坚持自我独立的观点。对于那些表达观点的学生，更应加以热情的鼓励。

其五，需要和谈话法、练习法及讲授法一同运用。

（七）演示法

教师在教学过程中，常常通过实景演示、示例展示、直接操作教学工具等方式，帮助学生获取感性认识并深刻理解学习内容，这种方式就是演示法。这种方法应用广泛，能有效提升学生的音乐学习效果。

在音乐学习过程中，主要采取四种演示手法。一是通过实际的听觉体验和动作观察，如运用由人声或乐器发出声音的唱片、音频、视频和电影等。这个方法的优点在于能够超越时间与空间的束缚，将静态的曲谱转换为动态的声音和图像，让抽象的概念和原理变得形象且生动。二是教师示范，包括范唱、范奏、律动以及演唱、演奏等技术动作的分解等。三是利用学生的演唱、演奏画面反馈和问题分析，以有效提升其水平。四是以实物、模型、图表、图像等作为演示工具，帮助学生更直观地学习知识。例如，让学生自己制作乐器并使用它们来配合音响进行演示，这就是一种很好的了解乐器性能和乐团编制的方法。

（八）情境法

情境法坚持对情境的理解和反应，最大限度地利用可视化的途径，创造富有生气的学习环境，激发学生的学习欲望。近年来，情境法已经成为音乐教育领域常见的教学手段之一，因为它与音乐教育的特质非常吻合，并融情、言、行为一体。在音乐教学过程中，学生的音乐认知和理解常常需要通过情境这一工具，借助于生动的视觉图像唤起学生的共鸣，然后通过歌唱、演奏、体态语言等形式表达情感。美国当代知名音乐教育家卡拉博·玛德琳娜（Karabo Madelena）推行的音乐教学法，就是将抽象的音乐理念和复杂的音乐规则化为具体化、直观化、戏剧化和个性化。她设立了一个特色鲜明的音乐教室——科恩法音乐教室。教室里五线谱无处不在，地面铺满五线谱，墙上挂满五线谱，桌上、身上、手上也都有五线谱，甚至教师的手提包上也有一张醒目的五线谱。走进教室的学生仿佛踏入了一个充满音乐元素的奇妙世界。四周的墙壁上挂满了各式各样的谱表，它们被用剪纸制成的五线谱音符、拍值尺和时值尺，以及形态各异的音符帽装饰着。在这个音乐世界里，学生得以自由地探索和享受与五线谱相关的各种寓教于乐的游戏。

作为中国的一名语文教师，李吉林是情境法的发起者，而且这个方法也能在音乐教育中发挥实际效用。情境法在音乐教学中的运用包括：通过图像再塑情境，利用角色游戏来体验情境，借助语言来描绘情境，以及用音乐来营造情境等。借助这些方法，学生可以深入地体验和感知与教学内容相关的情境，从而产生相应的内心体验和情绪。这样既能增强学生对教学材料的理解力，又能激发学生用音乐来表达自我，同时也能影响学生的个性塑造。情境法的关键在于激发学生的情绪，然而为了取得最好效果，必须将它与其他教学方法融为一体。

三、发展创新型音乐教学方法

在长期的音乐教育过程中，我们提炼了大量实用的教学方法，这些传统的音乐教学方法值得我们去发扬，如在声乐教学中，音乐的知识学习，演唱技艺的磨炼，以及一些富有乐趣的游戏方式的引入。随着社会的发展，更新的音乐教育观念引领了音乐教育的巨大转变，广大音乐教师因此总结了大量与学生音乐学习心理相一致，并充满实效性的教学方法，这对于培养学生的综合素质产生了积极的影响。基于"音乐教育为培养人的综合素质服务"的理念，加上最近几年音乐教学方法的改革，笔者认为，切实实施创新性教学法、参与性教学法、开放性教学法，以及现代信息技术教学法的普及，将会更有效地推动学生的全面发展。

（一）创造性教学法

根据心理学的观点，创造性的定义根据一定目的，运用已有的信息，形成新奇、独有的且包含社会与个人价值的思维产品的特性。在此，"思维产品"的含义是以不同方式呈现的思维成果，不单只是新颖的观念、思想或者理论，同样也可以是创新的技术、工艺或作品。

1. 创造性教学的理论依据

把创造性作为个人智能系统的主要构成因素，这是当代心理学发展的特征之一。著名的美国心理学家罗伯特·斯滕伯格（Robert Sternberg）认为，人类智慧实际上是非常多样化且复杂的。相较于传统的智慧观念，其仅专注于对智力行为的单向理解。因此，他提出了"成功智力说"。他强调，"成功智力"决定了个体的现实生活质量，包括分析、创意思考与实践运用三种不同类型的智慧。然而，我们的智商测验和学校考核仅仅衡量的是分析型智慧，也就是所谓的"表面的"智慧。在真实的日常生活中，人们若要达成自身设定的目标，就需要这三类智慧平衡发展。这样的话，"成功智慧论"就大大地动摇了传统教育的理论基础，同时也给创造性教学提供了理论支撑。

（1）创造性是智力的核心

智力是由感觉、记忆力、思维、想象力、语言表达和操作能力等多个元素组合而成的，其中，思维被认为是构成智力的关键元素。因此，教学的主要任务是发展学生的创新思维能力。创新思维行为是个体在面临问题时能重新建构、调整已有信息，揭示其内在的联系，形成新信息的复杂反应，它是一种具有独特性、创新深度、灵活性和反思批判能力的创新思维行为。

（2）创造性包括非智力因素

原有的知识积累和逻辑推理是构建创新性思维的基石，但在实际创新过程中，思维常常超越分析型并跳出线性递进的框架，以跳跃式的顿悟和灵感的形式，在问题情境中直指思维成果。在创新思维中，直觉和顿悟扮演着关键角色。爱因斯坦曾言，他对直觉有着坚定的信仰，他认为在科学研究和艺术领域中，直觉与顿悟有着显著的统一性。这就表明，创造性是由智能与非智能元素共同组成的综合才能，它们既各自独立行使功能，又相互依赖。所以，采用单一的途径来培养学生的创新力，是与创造性教学规律相违背的。

（3）每个学生都具有创造性

从根源性的角度来理解，我们的教学信念主要通过不间断地强化和激励学生发展智力，去培养一批批学习成绩出色而在职业生涯中表现不平庸的人。这也表明，每个人的创造性并非天赋，而是由后天环境决定的。人人皆有无限的进步空间，后天的教育应提供给学生有利于其创新发展的环境。因此，每个学生都具有无与伦比的创新能力。教师应视每个学生为充满希望、拥有无尽创新潜力的个体，并推动学生的创造性持续进步和发展。

2. 创造性教学的原则

（1）主体性原则

人的核心属性是主体性，这种特征使个体能够在多元的实践活动中彰显出自我、积极的作用，并且通过与自然环境、社会环境和自我之间互动，实现了对主观和客观环境的改变。在这之中，创造性是人的主体性的最高表现形式，因此，我们必须在教学活动中遵守这一原则。传统的教学方式存在的最大问题就是将学生看作应试的工具或者知识的接收器，学生的需求，如求知欲、情感、交往乃至审美，在此类的教学模式中被认为是错误的，个性的自由遭受了限制。创造性教学提出，教学应当激发学生的自我意识和主体意识，使课堂充满活力，推动学生积极、生动地成长，进一步培养学生具有与时俱进的创新特性。

（2）民主性原则

民主性原则意味着承认每个人都有发展创新力的可能性，而不仅仅是一些天才才具备这种能力。在教学活动中，教师应以提升每个学生的创新能力为目标，确保每个学生都有平等且公正地获取充分发展创新力的机会。因此，为了达到创造性教学的目的，教师需深信"每个学生都有创造性的潜质"，并通过持之以恒的努力，尽力使每个学生的创新潜能都能得到充分释放。坚信每个学生都有潜在的、无限的创新性，教学应是推动每个学生的创造性得到充分且自由的发展。

（3）差异性原则

教师需要关注的是，当指导学生提升创造力的时候，要充分理解并尊重学生在创新成长道路上所表现出的个性化特点。尽管每个学生都有无限的可能性去展现其创新才华，然而这些潜能往往会在不同领域或技能中被发现。所以，在培养学生的创造性过程中，教师应当依据学生的个性和特质进行教学。只有明确了学生的独特之处，他们的创新思维才会得以强化与发展。

3. 创造性教学的基本策略

（1）树立新的创造性教学观

教师的教学理念对教学活动的效果，即是否能够培养学生的创新能力，起着直接的作用，因而，教师有责任激发学生采取创新的学习方式。在具体的教学内容设置上，教师应积极搭建问题情境，选择一些颇具争议性的话题，以促使学生主动进行探索，而非仅仅是接受知识的灌输。在教学方法的运用上，教师可以试着使用发现法、探讨法等方式，引导学生自行探寻问题答案，鼓励学生批判性地学习。在教学评价方面，应重视过程的评价以及评价的发展性功能。

（2）改革课堂教学方法

我们需要培养和提升形象化的思维。根据脑科学的研究，创新性的活动需要逻辑思维与形象思维同步携手，其中，形象思维具有关键的作用。可是，由于我国的传统教学方式，学生的直觉思维和形象思维常常被忽视，加上学习的内容和过程常常与学生的实际生活无法联系，这一切对学生创造力的培养都构成了阻碍。

（3）大力培养创造性教师

首先，教师的创造性在于他们善于理解和使用最新的教学理论，并将它们以创新的方式用于教学实践。"教学有法，但无定法，贵在得法。"虽然教学实践有其一定的逻辑，但不可被死板的框架所束缚。因此，教师需要以创新的方式应用科学的教学理论，在复杂的教学实践中培养和发展学生的创新性。其次，教师的创造性也体现在他们的教学智慧上。这是指教师对于课堂教学突然出现的情况的快速、适当的处理和应对能力。实际的课堂教学中常常会出现突发情况，教师需要迅速地采取有效的措施，解决教学的矛盾，创造出有利于推动学生创新发展的课堂教学环境。

（二）参与性教学法

自新课程改革以来，参与性教学法成了人们高度重视的教学方法之一。推广参与式教学，是教育进步的必然发展路径。在 21 世纪，社会需要的是具备创新能力的人才，而独立自主能力正是创新素质的一个重要体现。参与性教学法的真谛在于培养学生的自我学习能力。

1. 参与性教学法的定义

参与性教学法要求学生在教师的指导下，应用他们已有的认知体系去领悟和学习新的知识。这个流程需要学生的全程参与。在教育发展的轨迹中，长期偏向以教师为中心的行为主义教学模式，这一理论强调教师在课堂上的权威性和对学生的管理。受到这种思想的驱动，教学变得像是教师的独角戏，学生成了被动的听众，他们只能接受单向的知识输入，没有积极参与，也没有深入思考的过程，造成了现在应试教育的局面。随着教育观念的不断进步，把学习者放在中心的教育理念受到了越来越多的重视，也因此成为全世界教育改革的主要策略。

实际上，学习关乎于参与，就如同毛泽东同志在《实践论》中指出的："你要知道梨子的滋味，你就得变革梨子，亲口吃一吃。"这里的"吃"就意味着参与，如果没有这样的参与行为，就无从了解梨的味道。当然，参与的方式有很多种，例如听也算是一种参与的方式。

2. 参与性教学法在音乐教学中的作用

（1）促进个性的发展

参与性教学法有别于我们习惯的共性教学。在这种模式下，教师会把学习的主控权交给学生，让学生有足够的机会来表达自己的看法。正如苏霍姆林斯基所主张的，给予学生自我运用的时间，对于培养学生的个性具有关键的作用。音乐教学的执行过程，其本质是学生知识和情感的出发点。学生不只是知识的"容器"。换言之，每一个生命都独具特色。学生的各项技能都是在教师的引导下，通过主动投入参与而形成的。例如，在音乐表现上，教师可以采用更为宽松的策略，以促进学生个性的逐渐成熟。善于歌唱的学生可以用唱歌表现，擅长器乐的学生可用器乐示人，同样可以借助舞蹈来表现自我，还可以通过非音乐的艺术方式来表现。如此丰富的参与方式，对于学生个性的进一步发展，无疑构筑了一个广阔的舞台。

（2）促进思维的活跃

当代教育的宗旨在于唤醒学生的思维能力，传统的教学手段显然不足以激活学生的思维。如果学生在学习过程中仅仅是机械式地复制教师的思维方法，而无法自行思考，长此以往，学生的思维必然会受到束缚。参与性教学法强调学生在整个教学过程中的参与，即学生运用他们已有的知识来解决问题，这当然也涉及学生思维的参与，因此有助于推动思维的活跃。

（3）增强学生的自信心

传统的教学模式主张以听课为主的教学方法，这实际上是对学生的被动输入，一次调研已经揭示了这一情况。该调研询问学生对教师的喜欢程度，结果表明，学生更青睐那些能尊重他们的教师。在教学交流中，教师的角色已经不再是原来那个站在讲台上居高临下灌输学科知识的角色了，而是变成了学生的指导者和共同参与者。学生因此感觉自己是学习的主人，他们的付出被教师所珍视，从而培养了学生的独立性和解决问题的能力。

3. 参与性教学法的运用

（1）创建宽松和谐的教学环境

改变教师的传统观念以激发学生在音乐教育中的主动性是至关重要的。我们应将学生视为生动且富有个性的个体，而非仅仅是接受知识的器皿。长期以来，"教师至高无上"的信条对学生的信任和尊重产生了重大影响，在教学过程中，学生的参与机会受到了削减，教师权威的压迫甚至导致学生自尊心受损。要使学生积极参与到音乐学习中，我们需要营造一个愉快和谐的学习氛围。教师应该挑战传统的学生观，撤离"权威"的讲台，走近学生，同学生一同探索音乐的魅力，体现对学生的信任和尊重，并为学生提供参与的机会和平台，这是实现学生参与性学习的关键因素之一。

（2）面向全体

教育环境应该是具有包容性的，不仅仅适应一部分人。我们必须让所有学生有参与教学的权利，以促进他们自我发展、独立和创新思维的培养。虽然所有学生都有权参与教学，但我们也要意识到学生之间的差别，不能等同对待。必须根据每个学生的个性，设定具有层次差异的目标、方法和评价标准，以便让学生在学习过程中能体验到成功的快乐。

此外，我们应该对参与手法有一个更加宽泛的理解。当前的教学趋势，倾向于认为只有与音乐一起动起来，热闹非凡，才算是积极参与。这种观点并不全面，参与实际上有动态和静态两种方式，安静地听教师讲课，思考问题也是一种参与方式。这只是在形式上的参与，我们更应该着眼于深度参与，也就是思维的参与。唤醒学生的音乐思维能力才是真正的参与。现阶段的音乐教学已经开始重视学生的参与，如组织学生小组讨论、音乐表演等，但总体来看这仍然是表层参与。为了使学生在音乐实践中获取更多能力，关键在于如何激发学生的音乐思维。

（3）注意参与的深度和广度

如今，参与性教学方法已经得到了绝大部分教师的认同，他们正在努力调整"以教师为中心"的课堂模式，以学生为主体的教学越来越流行。然而，我们也应该认识到，在引导学生进行音乐学习的过程中，我们往往只是停留在事物的表面，而缺乏深度的研究。

如何让学生有更深层次的参与呢？关键在于教师要全心全意去发掘教材的内涵，提出能引发深度探讨和研究的问题。

（三）开放性教学法

现代音乐教育应当摒弃笼统保守的教学方式，转而走向更为开放性的教学模式。在设定教学目标、确立教学内容、安排教学流程以及进行教学评估等多个方面，都应运用更为开放的形式。

1. 教学目标的开放性

（1）音乐知识与技能的目标

教授音乐理论和技能是音乐教育的主要目标之一，这是一个始终不应放弃的目标。然而，我们需要明确，音乐理论和技能的教授并不能成为音乐教学的唯一目标，而应视为开放性的一个主要目标。在制定具体的音乐理论和技能的教学目标时，应确保教授的是最基础的音乐知识和能力，而避免过度专业化。

（2）音乐情感的目标

音乐所含有的情感目标，是根据音乐所体现的情感艺术特性而设定的，故而在音乐教学过程中，应优先考虑学生对音乐情感的反应。在《思维·情感与音乐教学》一书中，审美情感是由艺术思维驱动的，音乐的情感体验则是由音乐思维完成的。也就是说，音乐作为一种依靠听觉来表达创作者对美的深刻理解和情感的艺术形式，它通过旋律、节奏、音色、和弦等元素结合诗歌、曲式、体裁等多样的表现形式来传递创作者独特的审美体验。音乐不仅是对情感的表达，也是对思维的展现。音乐思维能力的培养，基于对音乐知识和技能的深入理解。在教学过程中，培养学生的音乐思维与丰富他们的情感体验是互补的，这两者并不相互排斥，而是相辅相成的。

现阶段，我们只把对音乐的情感体验作为音乐教学中对学生情感培养的全部，实则这种观念是失之偏颇的。除了从音乐中收获审美情感，还应包括对音乐有兴趣爱好，以及其他情感目标如动机、兴趣、情感、意志和性格等。

2. 教学内容的开放性

对于教学内容的开放性来说，不仅限于音乐方面，同时还需要与相关的文化内容相结合，以实现在其他方面的拓展，从而形成一种全面的音乐教学模式。要想实现这种教学内容的开放性，可以通过创新性地使用教材，或者是整合各类音乐资源。

3. 教学过程的开放性

教学的过程，按照中国音乐学院教授谢嘉幸的理解，既超越了传统的只靠教师一方传授知识的单向灌输模式，也非仅仅是学生在自我提升过程中自我潜能的挖掘。他认为，教育应该是一个激发创造力，焕发新观念的过程。这种对于教学的全新认识，突破了"师者，所以传道受业、解惑也"的旧有传统模式。显然，这种产生创造性"新质"的过程一定是一种开放性的过程。

首先，教学过程的开放性在于它是一个教师和学生一同参与的过程；其次，它是一种激励学生去研究音乐的途径，并且最终将课堂教学、家庭教育、社会实践三者融合的教学方式。

（1）改变教师的职责，让教师和学生一同感受音乐的魅力

在《学会生存》这本书中，联合国教科文组织着重强调了教师身份转化的必要性，他们的工作重心逐步从单纯的传授知识转移到引导思考上，更多的是指导者、互动交流者和问题指南者的身份，而不再只是事实和真理的主宰者。在这样的"教"与"学"过程中，师生之间的权责关系也随之调整，学生正逐渐扛起掌控学习和主宰课堂的重任。在获取新知识的过程中，尽管教师的教导势在必行，但是真实的学习过程必须由学生自我驱动完成。学生自主学得的知识和技能，与教师所赋予的相比无疑更为深厚，这也进一步强化了教师应由传统的教书匠转型为学生学习的合作者和交流伙伴。

（2）提倡探究音乐，促进教学相长

音乐教学的过程，实际上是师生共同探究的过程。所以，我们需要打破只有教师一言堂的模式，倡导教师和学生一起研究音乐，以促进相互学习。在这个互动的过程中，通过共同探索研究，让每一方都有所收获，进而推动教学相长，达到"教"与"学"双方的共赢。

（3）走出课堂，实现学习的开放

在学习过程中，课堂的学习空间是有限的，但课外的学习空间却是无限的。将教学活动拓展到社会和家庭，是开放性音乐教学的显著特点，这有助于充分调动学生的积极性，并帮助学生掌握自主学习的能力。随着信息社会的发展，课堂所提供的知识往往无法满足学生的学习需要，因此，培养学生获取和处理信息的能力显得格外重要。

这种教学过程是一种开放的过程，在其中，学生的主体性得到了充实和完善，而且学生的综合能力也得到了协调发展。

总的来说，开放性教学法不仅为学生提供了接触音乐的途径，唤醒了教师和学生的音乐思维，还为思考和发展创造了更多的可能性，让音乐教学充满了更多的活力。

（四）现代信息技术教学法

通过电视、电脑、多媒体和网络等现代信息科技，我们不仅拓宽了获取信息的途径和领域，还实现了信息资源的显著增长。这些技术的发展为个性化、积极主动的学习以及互动式教育提供了必要的支持，特别是在音乐教学方面，使之变得更加生动有趣和充满活力。

1. 现代信息技术教学法的含义

现代信息技术教学法是指通过在教育过程中整合现代信息技术工具和数字化资源，以增强教学效果、提高学习效率和促进学生全面发展的一种教学方法，是一种将计算机、互联网、多媒体、智能设备等作为教学工具和资源，来设计并实施课堂教学的教学手段。在教学活动中，人们经常使用的现代信息技术主要包括多媒体和网络技术等。

（1）多媒体技术教学法

多媒体技术教学法是指利用视频、音频、文字、图片、动画等各种媒体技术进行教学的方法。

常用的多媒体教学方法，经常会采用课件。课件指的是专为教学或学习过程设计的计算机程序以及相关的文件信息，通过文本、音频、图片、视频剪辑等多种多媒体工具创造的教学软件。

通过 Power Point 创建了富含大量图像和动画的音乐教育幻灯片，并在教学过程中纳入音频和视频资源，实现了视听结合，进而有效地提高了学习效率。

（2）网络教学法

网络教学法是一种利用互联网进行教学的方法，它涉及两种网络类型：广域网和局域网。局域网专门用于将某一机构或学校内的计算机设备连接起来，形成内部网络。而广域互联网则是可以连接不同城市和区域的计算机，具备更大的信息价值。

在教学过程中，构建用网络创建的"主题知识网站"是一种最常见且实用的模式。主题知识网站就是在网络环境中，围绕某个主题，将相关的资料根据需求进行知识重构，形成一个充实的资料库。进一步设计出不同层次的问题，以引导学生通过主动探索来学习音乐。这种方式为学生提供了数量众多的信息资源。

2. 现代信息技术教学法在音乐教学中的作用

现代信息技术教学法是一种集成的教学方法，它具有比传统的教学方式更直观、更迅速、更有效等诸多优点，并为开放型的教育奠定了基础。

（1）有利于提高音乐学习兴趣

音乐教学历来多依赖于黑板、钢琴、录音机和教科书，教学方法略显枯燥。但现在多媒体信息技术的兴起，将音乐的声音、视觉、文本甚至听觉和视觉的符号都整合在一起，从而增强了教学的现实感、直接性和示范性，让抽象的音乐有了形象，复杂的音乐理论更加生动。这些都有利于激发学生学习音乐的热情。

（2）提高音乐教学的效率

在音乐教学过程中，教师的范唱可以起到很好的教育效果，通过使用多媒体技术建立一个视听结合的环境，这种审美效果便能被进一步提升。

（3）丰富信息资源

当代信息技术的主要优点之一便是拥有丰富的信息资源。以前，我们的认知只能依托有限的书本知识，现如今，我们能够通过互联网获取大量的信息。而且借助于搜集、分析、处理信息的过程，也提高了学生解决问题的能力。

（4）有利于培养学生的合作能力

交互性无疑是现代信息技术最显著的特点之一。只有拥有这样的交互性，我们才能实时反馈信息，促进师生之间的双向互动，可以针对学生的学习全程进行个性化指导，更有可能实行因材施教。

现代教育思想倡导研究型学习，而现代信息技术为此提供了极大的便利性。利用高科技的信息技术，学生拓宽了信息获取的途径，真正做到了开放和自主学习，这种方法可以获得极佳的学习效果。

3. 在音乐教学中采用现代信息技术教学法

（1）将教材内容形象化

把教材内容转换为形象的展示，是最常使用的方法之一。借助现代的信息科技，我们可以合并声音、图像和文字，同时也能把动态和静态，以及情感和场景整合在一起。

（2）实现人机互动

一些音乐课借助计算机进行，一人一台计算机，基于自我学习，实行团队协作学习。

（3）提供自主的学习方式

因为现代信息技术有着较高的信息保存能力，所以大幅度地扩大了学生的知识领域。在教学过程中，教师能够将必要的学习内容的资料聚集于一处，允许学生自我挑选并整理这些信息，最终实现对音乐的探索研究。

虽然现代信息技术教学法有着很多传统方法所不曾拥有的优势，但它也有着自身的不足。例如，它不利于教师和学生之间的情感交流，某些设计要求花费大量的准备时间，以及由于信息过多而干扰学生的思维。在运用这一教学方法的过程中，我们需要基于教学的实际内容选择恰当的现代信息技术，并且需要有效地与传统的教学方法结合，这样才能使其效用得到最大化。

第三章　音乐审美心理

第一节　音乐审美心理存在的范畴

一、音乐审美心理存在的材料范畴

（一）音乐材料的认知属性

认知是人们通过一系列心理活动所获得的知识和信息，如感觉、知觉、记忆、判断、想象等。音乐就是一种依托声音的艺术，其内核取决于音乐声音的实质性要素。这种要素也使理解和欣赏音乐必须依靠的就是人类的听力感觉。音乐的美感和创作，在任何情况下，都离不开人的听觉。音乐所寄托的情感，也只有通过听觉才能被传递和解读。这主要是因为音乐是依赖声音来传递信息，而非依赖可见的外在形态，因此，人们必须借助听觉——这个主导的感觉器官，去理解和体验音乐。虽然音乐素材只能直接刺激听觉，但能让听觉产生独特的感受，并无论是否传递音乐信息，都在一定程度上吸引人们的注意力。人的耳朵可以灵敏地接收各类声音信息，通过特定的训练，能提高人们对声音动态瞬时特性的感知和分析，如声音的明暗、刚柔、高低、长短、强弱、快慢、舒缓等，并通过神经输入大脑，从而引发情感反应。听觉是人们欣赏音乐的主力，视观赏者的艺术修养、生活阅历和审美修养，能达成音乐美学的多元化。就像马克思说的："只有音乐才能激起音乐感；对于不能分辨音调的耳朵，即使最优美的音乐也是无意义的，音乐对其来说无法构成对象。"[1] 因此，对于音乐这种依赖听觉的艺术，理解和认知上的主观性极度关键。

此外，音乐材料的认知属性如记忆、想象等，也与音乐的审美息息相关，大脑对事物经验的记录、储存、再现和认知便是记忆。人们耳朵听过的歌曲、旋律等，也会在大脑中留下不同程度的印象，在一定条件的刺激下还能够准确恢复。若抽取其中一段音乐材料激发人们大脑中的记忆，其记忆便会加深。想象是对脑

---

[1] 卡尔·马克思.1844年经济学—哲学手稿 [M].北京：研究出版社，2021:72-76.

海中现有图像的加强和改良，从而形成新的形象，具备一种预见功能，并能预见活动的结果，引导人们的活动路径。在音乐审美活动中，对一段音乐材料的想象，同样能够加深人们对这段音乐的再理解和再认识。

（二）音乐材料的审美属性

构成音乐声音的元素和我们日常生活中听到的声音有显著的区别，并且也与我们进行思维交流时用的语言不一样。我们在日常生活中听到的声音种类繁多且混杂，这些声音基本是某一实物或其动态过程的象征。比如，汽笛声音通常代表汽车或轮船，呼呼声是风的象征，哗哗声则象征着水流，等等。现实中的客体、特征、状态、活动等相互之间的关系，是通过各种语言词汇融合在一起而建立的时代、空间、社会群体等。声音在音乐领域的运用，并无物质象征或符号的实体化，其源自人类在无尽的历史长河中，从自然界中精选并提炼出的声音。这些声音配备了审美属性，经过连续的抽象及概括，在各类社会环境和文化背景中构建了有序的体系。因此，这种声音在精神和心灵上能带给人们安慰、愉悦，以及道德情操的升华，从而提高了人们的审美能力和趣味效果。

作曲家的音乐创作充满了他们深思熟虑和创新的过程，其呈现的声音也是存在于自然界中的。这个充满了深思与创新的过程，实际上就是一个富有审美的过程。因此，他们所创作的音乐声音都带有审美属性，是通过人的脑力劳动塑造出的音效，是一种充满创造性的声音。人们在自然界中获得的声音是复杂多样的。在进行音乐创作的过程中，人们会遵循一定的规律和次序来安排各种声音，随后再在其中增添另一个同步进行的声部，由此产生复调音乐；同时，主旋律音乐在其演变过程中也逐步建立了传统的曲式。这些都是源于自然音效的持续创新所产生的特有音乐素材，与单纯的音乐有着本质上的不同。

总体来说，音乐材料并非音乐，从总体上定义，是一种独特形式的声音，这种声音并非自然或语意化的，而是带有审美属性，标志着它是基于创新性的。这种创新性融入了诸如模拟、象征、暗示以及表达等多种表现方式。在表现形式方面，音乐受到了理想化的规范，并且生成的情感元素是由情感被熏陶所引发的。音乐不只拥有一些抽象要素，还有明显的具体特质，它虽然超脱了日常生活，但却与人们的心灵世界融为一体。所以，音乐材料是一种表现性的审美声音。不同时期和不同背景下的音乐材料具有不同的含义，例如古典音乐和现代音乐，都离不开这个基本原则。

二、音乐审美心理存在的人格范畴

（一）音乐审美的性别与人格

在音乐学习中，男生与女生不同的性别差异在音乐审美中也能有明显的体现。比如，在瓦伦汀的音调实验中，男性和女性展示了显著的不同。男性在音调判断上更倾向于理性和个性化，而女性则更偏爱感性和非音乐联想。这主要是由于男性的认知整合和抽象思维能力较强，女性的形象思维和联想能力则相对更丰富。心理学家刘易斯（Lewis）的一项研究证实了这个观点，他在多种音乐形式中发现，6个月大的男婴对断续音调更专注，而女婴更喜欢复杂和独特的爵士乐段。这表明从性别角度看，女性在音乐感知发展上提前于男性。在麦吉尼斯（Mcguiness）的音乐测试中得出的研究结果也类似，男性对声音强度的感知更强。此外，其他关于节奏感觉测试的研究结果也显示，男性的节奏感较女性明显，但女性在音乐表达上更具优势，并且对音量变化的感知更为敏感。

在音乐审美心理中，男生与女生也表现出明显的差异性。这种差异性主要是受生物学和环境因素的双重影响，虽然生物学因素为心理性别差异的产生提供了物理和自然的根源，然而真正具有决定性的是后续的教育因素。男生和女生无论在生物条件中显示出怎样的优势和不足，良好的环境和科学的教育方式都可以帮助男生和女生分别发挥出音乐心理的各项优势，控制和弥补其他方面所显示出的欠缺和不足。因此，在实际的教学活动中，教师应运用扬长避短的核心策略，极尽可能地挖掘出男生和女生各自的心理潜力，同时也要培养男生和女生共同拥有的优秀品质。

在美学上，审美人格指的是个体在精神层面拥有的审美特征，它达到了美的最高境地，呈现出了和谐、个性、自由、超越和创新等基本特性。其中，和谐意味着人格的各个组成部分之间能够达成平衡和统一。每个人的审美人格都有着显著的不同，这些差异来自个体独特的精神特性，以及与他人的精神属性组合的不同。审美人格的自由性是其关键特点，表明人们在身心上没有受到任何阻碍和压迫。审美人格的超越性则反映在超越对实际和物质需求的追求。审美人格还表现出一种不断创新、追求新事物的强烈特征。审美人格对个体的发展状态有期待和预设作用，它寓含了人们预期的所有美好发展方向以及人格发展的最高境界。简单来说，拥有审美人格的人代表着多种优良素质的综合。素质越高的人，其人格之美的层次就会越高。

审美人格既是一种存在状态，又是一个长期形成的过程。当审美人格是一种存在状态时，会给他人留下一种良好的印象，但又不会有明显的表现形式。因此，当审美人格被看作一种存在状态时，也可以将它作为一种"形成"，也就是说，审美人格是一个层次性不断递进的过程。所以，审美人格也有不同程度的体现，而非绝对的全有或是全无。从静态来看，审美人格是人格属性的一种目标、状态、结果、境界；从动态来看，审美人格又是一个不断形成的过程。总结来说，审美人格是一个不断变化和发展的过程。

（二）音乐审美的内隐社会认知

来自美国的心理学者格林沃德（Greenwald）提过一个划时代的新概念，他称为内隐社会认知，它是社会心理学中的重要构成部分。这个概念实际上涉及一个人在社会认知过程中的行为和判断，即使这个人回忆不起某段以前的经历，这个经历仍然在潜移默化中对他的行为或判断产生影响。这是一种深层次的复杂社会认知活动，是一个人在无须积极努力、无意识情况下的自然反应。有了内隐社会认知这个概念后，社会认知的研究也迈开了全新的步伐。

内隐社会认知具有以下 4 个特点。

1. 社会性

内隐性社会认知涉及个体对个体及其人际关系等社会元素的理解。此一知识理解过程囊括了丰富的社会历史价值与文化含义。

2. 积淀性

内隐性社会认知代表了一种社会认知结构，形成于社会历史事件和人们生活经验的长期积累之上。

3. 无意识性

内隐性社会认知是一个隐形的、自动的和无意识的过程，它在发生、发展和结果上通常不具有明显的表现形式。这种认知操作在人们之间潜移默化地进行，不易被直观察觉。

4. 启动性

内隐性社会认知根据人们过去的经验和已有的认知结果，对新的社会现象认知进行不断加工和完善。

研究指出，在音乐审美领域，内隐社会认知主要可以从以下两个方面进行探讨。

其一，音乐审美的内隐态度深受个人的内隐社会认知影响。在音乐审美过程中，不同的个人经历和认知背景导致他们对相同音乐材料的认知和评价有所差异。以《东方红》为例，年轻人可能更注重音乐旋律本身，体验各自独特的感受；而对于老一代人来说，这首歌可能触发与旋律相关的深刻记忆，使他们的聆听体验不仅限于旋律本身，而是包含了对过去岁月的回忆和情感联想。

其二，音乐审美中的内隐刻板印象。所谓的内隐刻板印象，就是指那些不能通过内省来确定的过往经验，在一定程度上影响着个体对一定社会群体成员的特性的评估。在音乐审美活动中，过往经历对人们对当前欣赏的音乐作品的评价有着重要影响，往往会形成一种刻板印象。以《白毛女》为例，人们对其中人物杨白劳的印象通常是消瘦、可怜、憔悴和贫穷，而对地主黄世仁的看法则是蛮横、富裕和专横。这些固定的形象不仅帮助欣赏者在心中构建人物，还促进他们更快地融入音乐的背景，深入理解作品要表达的主题。

（三）音乐审美的 A 型人格与 B 型人格

在研究心脏病时，美国学者弗里德曼（Friedmann）及其同事将人格分类为 A 型和 B 型两种。这两类人格各具不同特征。

1.A 型人格的主要特点

对于 A 型人格，其特点包括身体健壮，性格急躁，对时间有强烈的紧迫感。这类人倾向于高效率的工作，常试图同时处理多项任务。他们的成就感和上进心强烈，具有坚韧不拔的精神。A 型人格的人在生活中节奏快，常常处于紧张状态，他们对时间有强烈意识，竞争心强，对工作和生活都抱有认真负责的态度。

A 型人格的个体经常为自己在工作和生活中设定极高的目标，并为之不懈奋斗，以期获得内心的满足和外界的正面评价。当无法达成这些目标时，他们可能会感到自尊心不足，内心产生危机感，尤其是当他们的自尊心受到挑战的情况下，这些个体往往会采取非常激进的行动，如无限制地加班加点、疯狂地工作提速等。这一人格特征还体现在他们出色的时间管理能力上，也正是因为这一点，导致了他们经常会对自己的成就感有所不满，经常承受较大的情感压力，幸福感较低，甚至可能出现抑郁症状。在音乐审美方面，A 型人格的人倾向于偏好节奏较快的音乐，他们在审美过程中反应迅速，不会花费太多时间深入理解旋律的深层含义，而更多的是基于自身的主观印象进行判断。

2.B 型人格的主要特点

B 型人格的个体通常表现出温和而稳定的性格特征。他们在时间管理上不急躁也不懈怠，对生活和工作持有一种满足感，偏好悠闲的生活节奏。在工作环境中，这类人格的人表现出深思熟虑和耐心的态度。他们处理事情时既不急忙也不拖延，并且能够接受多样性，不会过分关注他人的进度或节奏，而是倾向于按自己的方式生活。B 型人格的人虽然可能看起来普通，但他们具有强烈的自信心。他们认为自己本身就有价值，无须任何外在行为来证明这一点。此外，他们通常对他人持友好态度，喜爱享受休闲和娱乐活动。

在音乐鉴赏的领域中，拥有 B 型人格的人通常偏好节奏平缓的音乐。他们在对音乐旋律等元素进行审美时表现出较慢的响应速度，并且倾向于花费更多的时间来深入分析和体会音乐中蕴含的深层含义。这种方法使他们能够逐句逐节地、更深刻地体验音乐。然而，这种全面的审美方式有时会导致他们过度深究细节，从而难以形成独到的审美观点。

三、音乐审美心理存在的文化语境范畴

所有艺术门类都有其独特的文化视角，这构成了理解并掌握艺术的关键因素，也是引领审美行为发展以及提升美的感知的重要部分。具体来说，艺术品中的文字环境就是所谓的语境，它是较为固定并且不易发生重大变动的。这个语境不仅与某一语言形式相关联，而且也与其使用的时间、地点、社群、文化和历史背景密切关联。因此，在对音乐进行研究过程中，我们不能仅关注语境自身，更应将其置入更大的社会文化框架和小情境中深入探讨。

目前，对于文化背景的研究正在逐渐转变为审美的核心主题，这一时期更加强调历史、社会、经济和政治思维以及文化的传递如何潜移默化地塑造着"审美行为"。因此，在我们运用生物科学、心理学的研究结果时，需要考虑到人类的"文化元素"，并且重视在各种文化环境中人们对美感的自知之明。

（一）音乐审美心理存在的本体文化语境

将文化语境融入音乐审美，是一种拓展艺术意义和表达空间的方法，不仅有助于文学研究，也塑造了艺术各元素间的相互关系。艺术符号和构图需要文化背景的支持才能有效表达其内涵。艺术系统是由众多上下文关系构成的，这些关系对艺术符号的内在含义以及人们的理解和判断起着规范和指导作用。在特定文化语境下，各元素共同构成作品的整体，如细节、篇章和节奏的组合，以及结构所营造的气氛，这些都共同塑造了形象或表达了特定含义。关键元素的变化会对整个文本系统和其语境产生影响。

从音乐声学本体的视角考察审美心理属性就是音乐审美的基本文化背景。在参与音乐审美过程时，音乐素材的组织、韵律、节奏等各个方面，都融入了某种文化意识。比如，贝多芬的《命运交响曲》，在乐曲的开始部分就用急促的节奏、充满力量的旋律来营造气氛，让人们在聆听之后，会自然而然地产生一种紧迫感，再联系后来的语境以及贝多芬在创作这首乐曲时所处的时代，就可以理解为强有力的叩门声，如同命运在敲门。

所以，在审美活动中，人们既可以通过音乐本身的语境去理解和分析，还可以通过对语境中符号、形式内涵的比较，以及音乐所处时代相对一致的文化历史观念与审美观念去探析。从这个层次上来看，尽管音乐的文化背景在某种程度上限制了人们对音乐艺术的理解，但同时也从这点上扩展出人们对文化中的音乐音响的理解。对于不同的文化区域的音乐音响形态以及知识的体验和掌握，它们都能丰富和填充我们的审美经历，从而提升音乐审美活动的质量。

（二）音乐审美心理存在的主体文化语境

文化观念与个体观念之间存在紧密的联系。通过理解不同文化背景下的语境，可以更深入地洞察各民族和个体的思维模式。社会文化的差异和独特的文化底蕴促使人们偏好不同的艺术表现形式。在这些艺术表达中，人们的观念和艺术理念不断地受到文化影响和更新。同时，艺术作品的创作受到时代背景、外部环境及其他客观因素的影响，使作品承载了鲜明的时代特色。鉴于人在审美活动中扮演的核心角色，因此在音乐审美中，探讨审美主体的心理和文化语境显得格外重要。

在音乐审美过程中，审美主体的文化背景会直接影响人们对音乐旋律及其他审美对象的感知、评价和判断。音乐艺术的语境与审美情境如何相互协调，是具体审美活动中的一个重要问题。如果音乐艺术与审美主体间的文化差异不大，那么这种协调主要取决于审美主体的能力、心态以及周围环境因素。而在存在一定文化差异的情况下，音乐艺术的语境可能会影响艺术符号和形式构图的意义，从而在具体审美情境中表现出不同的变化。当一个从小接受当地传统教育和熏陶的东方人，在突然欣赏极具西方特色的意大利歌剧等音乐时，审美者由于自身文化语境与审美对象之间有一定的隔阂，所以在审美情境中不能很好地适应审美活动，还可能会出现某些审美偏差。由此可见，在音乐审美活动中，审美主体的文化语境对审美活动有着重要意义。

（三）音乐审美心理存在的相关文化语境

音乐审美心理的不同文化语境除了以上两个方面，与相关的文化语境也有一定联系。特别是东西方的音乐差异导致音乐审美观念根植于相应的文化背景，具体表现在以下两个方面。

1. 技术层面

从技术上观察，西方古典音乐具有丰富的理论支持和详尽的规则，同样众多的文献和记载也使其传播变得十分顺畅。另外，西方古典音乐着重于和声的运用，中国的传统音乐则更倾向于线条的表现。西方古典音乐对节奏的掌控要求较高，与此相反，中国的传统音乐对于气韵的把握更加注重。两者在技术层面上的最显著差别在于音色和演奏方法的不同。

2. 艺术层面

中国传统音乐着重于体现儒、道、佛思想，强调的是在音乐创作过程中融合了个人的悟性和智慧，更具有主观性。相比之下，西方古典音乐更注重音乐的美感和功能性，表现得更客观。在音乐艺术的领域内，中国传统音乐与西方古典音乐的艺术境界各具特色，中国传统音乐表达了广阔深远的艺术境界，体现了"情感"与"景象"的交融，将主观和客观相融合，表现出了"和谐"的精神之美。而西方古典音乐则满含着庄重严肃的艺术态度，强调主观与客观的冲突，常常赋予音乐喜剧或悲剧的基调，展示了一种艺术精神的"壮美"。

因此，在对音乐美的理解上，西方人倾向于欣赏交响乐，舞台上的乐师和乐器多多益善，更显得庄重和豪华。而中国人无须采取此类手法也能取得相同的艺术效果，单手弹拨一把琵琶就能勾勒出"垓下之围"的悲壮画面，一架古筝独奏便能奏出春江潮水般连绵不断的旋律，一人吹箫即可唤起关于千载兴衰的幽思。总的来说，面对中西音乐文化的异同，欣赏者都会表现出不同的审美取向。

四、特定文化语境中的音乐审美心理

（一）音乐文化中"善"性的心理塑造功能

1. 音乐文化中"善"性心理塑造的高效性

音乐不仅是一种听觉的盛宴，也是心灵的慰藉。它能舒缓我们的神经，平息内心的焦虑，帮助我们以全新的心态和视角审视生活。通过音乐的力量，我们能够保持头脑的清醒，重新定义自己的生活方式，更好地面对日常生活中的各种挑战。

在17世纪的法国，古典主义喜剧作家莫里哀也同样有这样的看法，他深信如果每个人都能学会音乐，世界和平的时代就在眼前。莫里哀的这一看法虽然过于理想化，但是也可以看出音乐对人们心理和情感的重要熏陶作用。当人们沉浸在音乐旋律中时，其情感会经历剧烈的冲击，唤醒内心深处的"善良"感知，从而实现精神层面的和谐。

2. 音乐文化中"善"性心理塑造的创造性

对于音乐文化中"善"性心理塑造的创造性作用，爱因斯坦最具有代表性。在《自述》一书中，卓别林描绘了一个非凡的早晨，爱因斯坦通过钢琴演奏道出了相对论的故事。那天早上，爱因斯坦依然穿着睡衣，走到楼下吃早餐，然而他的主要关注点并不是餐盘里的食物。对于妻子的关切询问，他如实回答："我心头涌现出一个绝佳的构想，并随即来到了钢琴前。而我在弹琴的同时，彻底记下了脑海中刚刚奔腾的火焰。"他接着在钢琴前奏弹并且思考了大约半小时，然后请求不再被打扰并回到了自己的房间。在那里，他几乎将自身封闭于房间内。两周后，当他走出房门，脸色看起来疲惫而苍白。他摊开手中的两叠满是文字的草稿，对众人宣告："看，这就是相对论。"可以说支撑着爱因斯坦伟大形象的除了科学，还有音乐。他对音乐的挚爱为他的科学研究提供了源源不断的启发。他曾说："每当我面对疑难复杂的问题时，我会选择拿起小提琴演奏以清醒我的头脑。""如果我在年轻的时候没有受过音乐的熏陶，那我在任何领域都无法取得任何成就。"在音乐的伴随下，爱因斯坦创造了一个又一个的奇迹。

3.音乐文化中"善"性对道德直觉能力的培养

音乐在道德中的作用一直被人们重视。孔子一度表述过："移风易俗，莫善于乐。"（《孝经》）荀子持有的观点是，音乐有着"广教化，美风俗"（《荀子·王制》）的作用。在古希腊时期，音乐则被誉为"道德的启蒙者"。

音乐作为一种艺术形式，不仅仅是声音的组合，更是对情感的表达。它具有一种特殊的力量，能够触及并激发听者的内心世界。当人们沉浸在音乐中时，他们的心理状态会随着音乐的情感和想象力不断地进行调整，从而获得一种心灵的自由。这种积极的情感体验使音乐成了人类情感表达和心灵沟通的重要媒介。通过音乐的美感，人们能够学习到审美，进而在生活中辨别美与恶。正如西方现代美学的先行者席勒所明确提出的："要让感性的人转变为理性的人，首要任务就是让他具备审美的能力，除此以外的其他方法都是行不通的。"[1] 因此，只有拥有正确的审美价值观，人们才有能力正确地判断对错，并控制自己的道德行为。

此外，音乐拥有一种强大的力量，能够激发人们对社会生活和人生的热情。在音乐的滋润下，人们不仅可以提升自身的道德情操，同时也可以释放工作和生活中的负面情感，通过艺术的欣赏和创作找到感情的寄托。音乐感动人心，不仅让人们更加热爱生活，更加珍视人生，也帮助人们在众多的烦恼和束缚中得到解脱。

（二）音乐文化中"韵"虚化心理的教育对策

1.虚与实结合

在艺术的世界里，无论是电影、绘画还是音乐，它们所表达的通常是抽象的概念。这些概念，如意象和精神，需要通过个人的感受来领会，属于一种"虚"的表达。而与之相对的"实"，则指日常生活中的感官体验，如视觉上的画作、听觉上的音乐旋律、味觉上的食物味道等。艺术的真谛为在"虚"与"实"的互动之中，它通过审美体验传达深层的意境和精神内涵。

艺术通过虚与实的结合来创造独特的境界，其中"实"体现在音乐的旋律和歌词等具体可感知的部分，而"虚"则表现在音乐引发的内心情感和脑海中的画面。这种虚实结合不仅丰富了听觉体验，还拓展到了视觉和心灵层面，使聆听音乐成为一种全面的感官和心灵享受。与有限的"实"相比，"虚"的体现更具个性化和多样性，因人而异，为艺术增添了无限的可能性。不同的人在感悟音乐时会根据自身不同的经历，产生不一样的感受，"虚"具有无限性。在《音乐哲学》一书中，现代哲学家恩斯特·布洛赫（Ernst Bloch）提及，音乐虽然是最后发展

①席勒.审美教育书简 [M].冯至，范大灿，译.北京：北京大学出版社，1985:135-139.

起来的艺术形式，但在所有艺术种类中，唯有音乐最具"无限"的特性，也就是超越时空的自由，因此它最能表现人们对未来的"理想精神"所做的设想。

庄子在音乐审美中提出了"不是仅用耳朵去听，而是用心感受，不仅用心感受，更是借由气去体验"的观点。这意味着，当我们欣赏音乐时，需要逐层深化对作品的理解：从最初的感知、联想，经过情感体验，最后升华为对音乐作品的感悟和理解。中国当代美学家李泽厚也提出了类似的观点，"听觉与视觉的愉悦""心灵与意识的愉悦""意志与神性的愉悦"，都是一个由浅入深，逐步推进的过程。这个过程需要由"实际"的层面逐渐进入"虚无"的境地，实现"虚实相融"。这主要体现在以下 3 个层次。

（1）表层欣赏

这种欣赏体验停留在人类的听觉层面上，仅仅只是"听到"。音调的排列组合形成了不同的旋律，而这些旋律对人体听觉器官的刺激产生了听力，从而形成了简单的刺激反应模式。在这种层面的音乐欣赏中，听众可以辨别出阳光的大调和忧郁的小调，同时，他们可以凭借这种粗略的听觉感知，初步品味音乐中的乐理技能。

（2）情感体验

在品味音乐时，欣赏者会根据音乐作品所表现的旋律、音质、和弦、复音和曲调等元素，主动激发自身的感情和想象力。从全局视角去感知音乐所传达的含义，这可以称作对音乐"虚"的处理。正因为这种无限性，欣赏者有机会在这看似无边的领域里尽情释放心灵的创造力，努力把握音乐想要展示的关键点。比如，在欣赏《二泉映月》时，二胡凄凉婉转，情感丰富的人在听的过程中就能感知悲戚，仿佛看到了一个充满悲剧的人生。

（3）理解作品

在音乐欣赏的最高层次，就是能够超越音乐的表面形式，对音乐的含义进行解读。在这个层面，还需要基于"实"达到更深的理解，如熟悉作曲者的生活经历，了解创作时的历史环境，以及考虑社会文化的影响等。在音乐欣赏过程中，欣赏者看到的不仅是想象的画面，还有抽象的概念。比如，在听贝多芬的《第三交响曲》时，其旋律激荡人心，但是如果要了解这首交响曲具体体现的是什么，就需要结合贝多芬在创作时的时代背景。交响曲全程倾诉出"民主、自由"的主旨，这也恰如其分地体现了贝多芬想要传达的主题。因此，只有在清楚了作者的创作经历之后，欣赏者在欣赏过程中才能有更深厚的情感体验。

2. 模糊与清晰结合

音乐艺术的自由性一直是其独特的标志。对于作曲家、歌唱家，甚至音乐爱好者，他们往往难以在"自我"与"他我"之间达到完全的融合。也就是说，当他们面对同一部音乐作品时，每个人因为个人的审美体验和生活经历的不同，理解和认知作品时都会和创作者存在一些差异。例如，在解读柴可夫斯基最后三部交响曲的第四章时，有人会认为这象征"欢喜无法阻挡的蔓延并最后征服了命运"，但也有人解读为"一只骷髅身披节日的盛装，在街头露骨地炫耀"。

模糊与清晰，是确定性的不同标准。原本确定性的音乐也会因为区域或时期的差别，而赋予新的解读，这就是"清晰"转变为"模糊"的变化。此转变过程，空间的拓宽使从作曲家传达至广大的欣赏者，从一个国家传达到全球，从一个时代传达至未来的多个时代，在层层局限的突破后，最后再次落地在某处被明确化。还有许多音乐创作的过程，都源自创作的冲动与灵感的诞生。创作者的思维、情感、想象等相互交融碰撞在一起，由此产生各种模糊的创作意识。在这种复杂且剧烈、不断发生变化的心理活动中，创作者始终试图掌握一些尚未明了的形象，进而推敲和探究应如何利用这些形象来表达自身的感受，它们将如何以何种方式展示给大众，其所蕴含的含义又是何种等。创作者都在一步一步地摸索中为作品建立一个核心。当感性与理性结合后，思维的灵感得以迸发，在模糊的世界中进行拓展，然后用理智的头脑抓住其中的精髓。

作为欣赏者，即便音乐作品中有许多不确定性，甚至是出现了许多与作者创作本意相反的意图，这也并不代表作者是在天马行空，即便作品意图模糊，但也始终都有一个核心点。例如，贝多芬的《欢乐颂》在全球得到了广泛的传播：当庆祝中华人民共和国成立 10 周年的时候，我国也演绎了这首音乐，在春节晚会上，同样唱过这首歌，用以向伟大的祖国献上祝福；在 1989 年 12 月 23 日，伯恩斯坦指挥了若干个国家的管弦乐队来共同演绎这首歌曲，以纪念柏林墙的倒塌。

3. 整体与局部结合

我国知名美学家宗白华教授曾经指出，作为中国人，我们视一切事物为一体，保持着相同的心跳；静态中我们坚守阴的原则，动态中则回应阳的振动（《庄子》"静而与阴同德，动而与阳同波"）。我们的生命韵律就是宇宙阴阳，虚实的倒影，因此，它在质上就是虚灵和时空的统一，就是生命力的永恒涌动（《艺镜》）。音乐是由局部和整体共同结合起来的，通过表面的特征和局部的抒发，表达自己在天地之间将宇宙万物视为一体，表达对生命的感悟和追求。把握音乐的内涵需通过对音乐作品的旋律思考和情境的直观感觉、体验和感悟，以便对世界和人生有全面的认识和理解。在人与自然、宇宙的和谐关系中，儒家和道家的立场是一致的。儒家强调音乐与人生、人心以及音乐与道德、社会、政治的全面关联；道家则主张音乐与人的内在、自然以及生命之维持等方面的全面关联。

第二节　音乐审美的心理结构

一、音乐审美的认知结构

（一）音乐审美的认知过程

在审美的心理活动中，人们形成和发展了一种逐步处理信息的过程，也就是说，由审美对象给予审美主体的影响，在审美注意、审美期待以及审美态度等积极的心理状态及其感受的驱动下，能够充分地激活和应用审美的感知识别，对审美对象的形式特征和内容属性进行关注，同时展开审美想象，从而引出审美的理解，进一步体验和明确审美对象的审美价值的一种过程。

1.音乐审美感知

音乐审美是以感性为基础的一项认知活动，其中包括音乐审美感觉、审美知觉。

（1）审美感觉

音乐审美感觉就是人脑直接作用于感觉器官，对审美对象所产生的最为直接的反映，这是审美心理活动最开始的环节。例如，当音乐开始播放，我们的耳朵能够捕捉到音响、节奏和音调等音乐审美要素的各个方面。只有全面理解每一个审美要素，我们才能对音乐审美体验的全貌有深入的领悟，并由此形成审美感觉。音乐审美感觉的产生会引起个体感官的愉悦，如在聆听一段乐曲时，乐曲的音频、节奏等个别属性都能引起人们"悦耳"的感官感受。体验由人们的感觉器官产生，但对音乐的全部理解尚未取得，如原始人对节奏刺激的某种反应。普列汉诺夫在讨论节奏的起源时表示："人对节奏的感知和喜好使得原始社群的生产者愿意在他们的工作进程中按照一定的拍子，用均匀的哼唱和身体上的物件发出节奏化的声音。"[1]这种节奏化的规律可以与呼吸和脉搏的节奏联系起来，这是人类最初感知节奏的地方。此外，人类劳动中所做的重复推拉动作也可以产生简单的节奏。

（2）审美知觉

对音乐的审美知觉是指人的大脑对于感官所接触到的审美元素，如乐谱等各种要素的直接反映。审美知觉是在审美感觉基础上，通过对信息的处理和整合而

---

[1]普列汉诺夫.论艺术[M].上海：三联书店，1973.

形成的。一般来说，当人们在美妙的音乐刺激下，会将音色、响度、节奏等各种单一的审美属性联结在一起，构成一个完整的形象，并全面理解其中包含的意义和情感，进而做出合适的解读，这就构成了音乐的审美知觉。

2. 音乐审美记忆

大脑对于审美对象的识别、维持、再理解和记忆就是音乐审美记忆，这成了审美心理活动进行的基础和前提。不论是任何形式的审美激发，都必须基于大脑里已有的知识体验，然后通过有益的结合才能被吸收并被领会。所以在审美活动中，学习者的知识基础越丰富，他们构建的审美图像就越丰富，审美过程也更加流畅。特别是在音乐审美中，情绪记忆与预期的联系尤为紧密，其中情绪记忆指的是对过往情感体验的再次回忆。

3. 音乐审美联想和想象

在审美过程中，个体对美的事物进行处理和创新的行为，被称为音乐审美联想，这也就构筑了全新的审美形象。音乐审美联想是审美活动中重要的心理活动。在音乐中进行审美联想和想象，能够让审美对象变得更为生动鲜明，提升我们的审美体验，对于美感的产生、发展和深化具有极其重要的作用。在音乐审美活动中，若缺少了审美联想和想象，音乐就会处于一种静止的状态。所以，审美想象的存在正是刺激了审美对象的活性，引领人们深入内心交流的审美领域。而且，审美联想和想象进一步丰富了审美对象的内涵，让人们在有限的形式中感受到无尽的隐喻。

4. 音乐审美理解和评价

（1）音乐审美理解

音乐审美理解也是以音乐审美感知为基础的，通过审美联想和想象，全面理解审美对象的含义、内容以及其象征的意义，这是对音乐内部活动进行理性认识的过程。

尽管将音乐审美理解视为一种认知活动，但这并非一种概念的认知，而是对具体形象的感受和体会，它为人们提供欣赏和领悟的机会。一个人对音乐的审美理解通常有两个层次，一开始是对音乐的表面理解，然后逐渐深入理解音乐。表面理解就是对整个音乐的直观感知，为更深入地理解搭建基础。深层理解则是基于表面理解，对音乐进行深度的探索和理解，揭示音乐所包含的意义和主题。在这一过程中，人们要对审美对象的内容进行"细读"，在"细读"的过程中不断发现、感受、体会。音乐审美理解的深度取决于审美主体的能力，以及审美对象所具有的独特性质。

（2）音乐审美评价

音乐审美评价是主体在音乐审美实践中，对审美对象的感知、解读和体验之

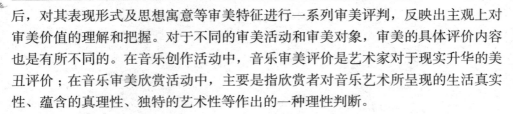

后，对其表现形式及思想寓意等审美特征进行一系列审美评判，反映出主观上对审美价值的理解和把握。对于不同的审美活动和审美对象，审美的具体评价内容也是有所不同的。在音乐创作活动中，音乐审美评价是艺术家对于现实升华的美丑评价；在音乐审美欣赏活动中，主要是指欣赏者对音乐艺术所呈现的生活真实性、蕴含的真理性、独特的艺术性等作出的一种理性判断。

（二）音乐审美的认知策略

按照认知心理学的理解，人的心理如同一个活跃的体系，这是一个拥有自我控制中心的信息系统，内部有许多子系统，像是感受模块、效用模块、行为模块、存储模块、自我调控模块、驱动模块以及情感模块等。美感作为一种心理体感活动，自然与这些子系统紧密相关，需要各自协调配合。从认知角度去分析美感，就需要考虑到审美的动态性、层递性与反应不平衡性、差异性等方面，尤其是斯滕伯格从内隐的角度提出了认知结构若要从理解的视角去解析美的感知，我们必须考量到美学的动态变化、层次逐级关系，以及反应的不均衡性与差异性等因素。尤其是斯滕伯格从内隐的视角提出了认知结构由认知成分亚理论、认知经验亚理论以及认知情境亚理论组成，他特别强调了知识获取的元素以及社会文化环境对认知的影响。

根据认知理论，审美认知涉及审美主体在接触审美课题时对信息进行的处理行为，包括一系列的调整和转化。它不仅是一个信息加工的过程，也是一种特殊的能力。然而，这种能力并不孤立存在，它不能独立地促成审美活动，也不能直接使审美主体体验到美感，尤其是在面对审美主体未曾了解过的异文化艺术作品时。审美认知的过程深受文化认知的影响，这导致审美主体形成特定的认知策略和编码机制。这些策略和机制，在不同审美情境下的运用，影响着能力的表现、注意力的集中，以及主体的主观能动性。在音乐审美领域，这些认知策略特别重要，它们不仅决定了审美主体的能力表现和注意力的集中，还影响了人们主观能动性的发挥。无论是将美感视作快感、冥想，还是作为生命体验的一部分，审美体验都需要这些策略的运用和能力的调整。

在欣赏音乐的过程中，认知策略主要涵盖了快速预览、逐点分析、整体总结及保持恰当的心理距离等方法。快速预览是对音乐乐谱、歌词等进行初步的速读和查看，初步了解音乐的整体性内容，为音乐的深度挖掘和研究奠定基础；分析与总结的目的在于对音乐旋律的主观把握，同时也有利于全方位理解审美对象内含的内在寓意及风格。审美距离是审美认知与审美主体观念的间隔，它是审美态度对实际人生的超脱，特色就是，事物的审美提示在心理活动的中心，而事物的实用性、科学知识价值等特性则被认为是非审美的元素而被排除在外。感官强度越大，这种心理距离就越会扩大，美感越强。审美主体在审美过程中，必须与审

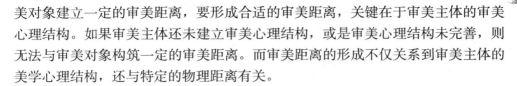

美对象建立一定的审美距离，要形成合适的审美距离，关键在于审美主体的审美心理结构。如果审美主体还未建立审美心理结构，或是审美心理结构未完善，则无法与审美对象构筑一定的审美距离。而审美距离的形成不仅关系到审美主体的美学心理结构，还与特定的物理距离有关。

（三）音乐审美的认知能力

审美认知能力不同于其他认知能力。审美认知能力得以形成的基础是一般认知，这个过程包含了接收、编码、转化、储存和提炼之类的审美信息加工程式。和其他的认知活动不同，在全部人类生存领域里，常规的认知活动是内含在其中，但审美认知主要表现在审美活动中。审美认知是根据已有的审美认知结构，欣赏和理解在审美环境中与审美主体产生联系的对象，其所包含的审美心理活动包括个体对美的感知、判断、推理和评价，不仅仅局限于某一个环节。从审美心理学的角度来看，审美认知是一个结构化的审美心理知识系统，并且是在审美活动中形成并对未来审美活动产生影响的个人审美认知设置。审美认知主要负责在审美环境中进行信息整合和加工，是审美活动的心理机制的认知机制。

（四）音乐审美的认知经验

音乐审美认知经验是通过音乐作品而唤起的一种特殊体验。我们听到一首音乐而没有陌生感，正是由于音乐形式的基本构成要素在大脑中形成熟知的要素。音乐虽然有着新的表现形式，但也是根据要素进行了新的排列和组合，因而会有似曾相识的感觉，从而激发人们进一步向更深层次的音乐意义进行追求，激发音乐兴趣。这主要是因为在我们聆听音乐的过程中，我们的音乐审美经验已经成为我们的习惯，激发了我们对音乐深度理解和认知的信念和推动力。换句话说，音乐的审美经验为我们对音乐含义的深度理解提供了必要的帮助和依据。例如，浪漫主义音乐的特点是独特、个人化、情感张扬、情绪饱满、节奏自由以及和声的丰富色彩，音乐中的装饰部分自由奔放。而古典音乐的特点则是理性、精确、内省。只要有了一定的音乐审美经验，音乐爱好者就能精准地识别出任意风格的音乐，并能辨析不同音乐创作者的音乐作品的独特属性。这也是因为音乐审美经验为音乐作品的分析和鉴赏提供了理论支持。另外，音乐审美经验还能将我们对未知的音乐审美对象转化为极度喜爱和感兴趣的对象。

音乐创作的价值通常体现在两个层次：一是创作本身的价值，二是审美主体通过鉴赏、分析得出的价值判断。无论从哪个角度看，都离不开音乐审美经验的引导和助力。音乐审美经验中的音乐成分会辅助审美主体识别音乐创作本身的价值；同时，音乐审美经验中的非音乐元素也能帮助审美主体理解音乐创作以外的价值内涵。拥有丰富的音乐审美经验的人，可以深入挖掘音乐蕴含的价值，并创造出作者未曾觉察的价值元素。例如一部节拍轻缓的音乐作品，由于审美主体的性格、喜好、兴趣等个体差异，他们的感受也会有所不同，如有些人感触到了音乐的温柔，有些人体验到了音乐的缓慢，还有的人感觉到了音乐的宽广与壮观等。这些不同的音乐体验不一定全部符合创作者所表达的含义，但这正是不同审美主体的个性主观差异引起的不同感悟。

在享受音乐之美的过程中，对音乐的审美感知经验不仅满足了人们对美的渴望，而且提高了欣赏者的音乐鉴别和评估能力等。

二、音乐审美的美感结构

音乐审美的美感结构是在欣赏者欣赏音乐时产生的，与音乐美学认知密切联系，它是个体基于外部因素是否满足其美学需求的心理感受。音乐审美的美感结构从产生和表现形式两个方面可以具体分为以下三个部分。

（一）音乐的直觉美感

音乐的直觉美感是在审美注意和审美感知基础上产生的一种美感体验，这种美感总是能及时而又短暂地呈现出来。比如，当人们听到那些活泼的节奏和动听旋律的音乐时，他们会不自主地产生摇动身体的冲动。这一因音乐产生的情感体验就是我们所称的直觉美感。这种美感具有很大的情境性和直觉性。情境性是指这种美感是由对审美的感知，也就是耳朵对声音的敏锐反应引发的。如果音乐或者个体没有了这种刺激，那么相关的美感也会消失或改变。直觉性则是指，这种美感的产生是如此之快，根本不需要我们用理智的方式去思考音乐的旋律。因此，教师在教学过程中，可以在学生听音乐时，利用音乐的旋律变化、力度的改变以及节奏的转换来引导学生，同时结合学生自身的情感经验，去体验音乐传达的某种情感。

例如，我国作曲家李焕之打造的交响曲《春节序曲》在开端便是以管乐和打击乐的热烈欢快的合奏，将听众置于充满春节喜庆的氛围中；交响乐《北京喜讯到边寨》在强烈的舞蹈节奏的推进下，由弦乐器和木管乐器发出的快速却又豪迈的旋律，让人们获得满足和欢乐的美感；在《中国人民解放军进行曲》中，突出的出场音乐，坚实的音调，规整的节奏，能带给听众一种壮美、豪迈的艺术体验。

（二）音乐的形象美感

音乐的形象美感是对音乐审美对象与形式蕴含的意象的品位、领悟以及获取的满足感与体验感，它具备稳定、深沉与长久的特性。音乐形象美感与音乐音响本身，因为模拟客观事物的形象所具有的形象性，以及音乐审美者内在的表象所具有的形象有紧密的联系。每一首歌曲、曲目都包含着不同的情感，且赋予的音乐音响形态和历史背景各具特色，只有让音乐的感受者从内心真实地感知到音乐音响中的运动态势和动力感，以及了解音乐的情感，音乐审美的形象美感才能得以更好地显现。例如，贝多芬在《命运交响曲》中，其主题表现就极其形象。审美者在欣赏音乐时只有对这一主题的思想内涵和音乐音响的特征有良好的体验感，才能领悟到自立自强、同"厄运"做斗争的艺术形象。又如，我国的国歌及《中国，中国，鲜红的太阳永不落》等乐曲，其独特的节拍和节奏，不仅能够表达出"优美雄壮"的心理感受，还能在音响形象中表达出对祖国的感性认知，激发审美者不屈不挠的进取精神，引发音乐审美者与作曲家的心理共鸣。在音乐形象美感的享受中，音乐审美者潜移默化地受到陶冶和教育。

（三）音乐的理性美感

音乐的理性美感，是以音乐审美理解和审美评价等复杂审美认知活动为基础的审美情感。其与音乐音响本身的象征和暗示客观事物规则与原理的抽象性，以及音乐审美者的情感与思维理念上的哲学性有着紧密的联系。法国艺术家罗丹曾经说过"艺术即感情"，因此音乐之美就是一种特殊的理性情感表达方式。这一情感特征可以有效地激发音乐审美者在音乐音响的特殊氛围中追求自由的思想、清晰的观念、情感的归属等，而使音乐审美者体验和获得音乐的美感。

通过总结可以了解到，音乐审美中的美感结构的形成与音乐所表达的情感状态和特有方式密切相关。这种美感结构在音乐审美过程中不仅是审美体验的产物，同时也是影响审美体验的关键因素。审美者在音乐审美活动中所感受和获得的内容，大多与他们自身的情感体验方式紧密相关。因此，在一定程度上，审美者是否能够获得不同层次的情感满足，已经成为评价音乐审美活动成功与否的一个重要标准。

三、音乐审美的心理倾向性

（一）音乐审美需要

美的欣赏是源于欣赏者对现实和美的感受的需求，这个需求主要体现在对欣赏对象的形式、构造、秩序、规则和对称美等方面的需要。这正是欣赏者进行欣赏活动不断追求的驱动力。换而言之，音乐审美需要是渴望得到精神享受的一种欲望，即在音乐创作、演奏、欣赏、批评等一系列音乐活动中得到精神享受。音乐审美需要也是音乐审美者在聆听音乐过程中的一种情感宣泄，通过对美感的召唤来激发对彼岸的向往。

在人类的各种心理需求中，审美需要是一种高级的心理需求，通常是经过低级的生理需求和心理需求后升华出现的。在每一次独特的艺术欣赏活动后，欣赏者的艺术需求会被强化、丰富、更新和提升。这是因为这些艺术活动都会在欣赏者的心理上留下各种深深的影响。在欣赏者的大脑中，这些印象会在记忆中反复出现和复苏，最终形成深藏于心的艺术诉求和艺术渴望，而艺术诉求和艺术渴望的强弱程度都与欣赏者的艺术欣赏经历呈直接的正相关关系。不同个体的审美经验都会使人产生不同的审美需要。各种审美需求都在不断地推动个人审美经验的积累，因此它们之间相互推动、相互影响，从而使审美水平不断提升和发展。

在很大程度上，审美需求都与人们在社会化过程中的自我认定息息相关。在社会文化生活中，人们对音乐的喜好倾向会被认作是一种身份的标志，也是一个人的性格表现。因此，人们常常会因为有着相同爱好而走到一起，建立友好的人际关系。心理学家曾对此做过一次调查研究，其调查结果显示，每个人都会有属于自己的一套"音乐菜谱"，即音乐清单，人们会根据自己不同情境下的不同心境来挑选不同的音乐作为情绪调剂的手段。对于具有一定音乐素养的人来说，他们通过欣赏音乐得以实现自我价值，依据马斯洛的需求理论，这被视为最顶层的需求。这涉及人类潜力和创新力的开发，审美经历恰好满足了人类的这些需要。

（二）音乐审美兴趣

兴趣体现为人类对某种事物的认知或对某些活动的心理倾向，它构成了我们探索和认知世界的基础，同时也是促使我们深入研究的重要推动力。著名的儿童心理学家让·皮亚杰把代表需求结果的兴趣，视为"转化反应为实际行动的元素"。因此，兴趣的规律可被视为"实现整个系统运转的唯一核心"。

审美兴趣是人们追求美、向往美、积极理解美、认真地评价美所表现出的一种审美认知的倾向性。在这里，"兴趣"的含义，是需求带来的一种情感产物，而非需求达成后的实质产物，是需求转化为动力后产生的经久不衰的主观意愿。所以，我们也可以这么理解，审美兴趣是以对美的需求作为驱动力，从而逐步达成并完善自己的主观愿望。总的来说，个体对音乐是否能够产生直接的兴趣，主要由两个方面的因素决定。首先，这类音乐必须和观众所拥有的知识经验紧密相扣。倘若音乐旋律与听众的音乐理解和经验层面无法产生关联，听众则会难以准确地解读音乐旋律，同时也无法激发其对音乐的热情。其次，该类音乐还应能为听众带来新的知识，作为一种启迪或补充。一般而言，"旧中带新"的音乐能基本满足以上两点要求，旧的元素方便听众接受和理解，新的元素能激发听众的好奇心，从而引发其对音乐的审美兴趣。

（三）音乐审美理想

音乐审美理想或者我们通常所说的音乐美学理想，是我们对音乐的最高期待和期望，这也是音乐呈现出来的社会和人生理想的明确标志。音乐审美理想的形成来自日常生活、审美实践以及艺术实践，根据美的规律和艺术规律来寻求理想的状态。然而，音乐审美理想是一种理想的追求，在现实生活中将会受到生活理想和人生观的制约，它具有明显的时代和社会特征。

音乐审美理想能引导并规范人的审美活动，它转化为人们用以判定事物的依据，且呈现为人们积极追求美的心理刺激。音乐创作者展示自我音乐审美理想的方式，一般是通过诠释音乐作品的意境、音乐形象，结合音乐作品的造型美感和内藏的思想内容来实现的。而鉴赏音乐者在追求自身的音乐审美理想过程中，是依照自身的学识经历与音乐技能来探求的。音乐审美理想使审美主体的"审美趣味"得到体现和满足。

（四）音乐审美价值观

音乐审美价值观，作为审美者内心的核心导向，反映了他们对音乐及其音响效果和想象特征的系统评价。这些价值观不仅是审美者音乐审美心理倾向的基础，而且具有明显的规范性和指导性。审美者的这些价值观对其音乐审美行为产生重要影响，包括在进行音乐审美活动时对审美对象的选择。此外，这些价值观在音乐审美对象的态度、解读、联想和处理上发挥着关键作用，从而影响审美者的音乐需求、兴趣、标准和理想的形成。

值得注意的是，这里所说的音乐审美价值观并非指音乐审美价值的产生、性质、类别、本体等哲学认识论方面的概念性内容，而是指审美主体与音乐的艺术价值关系的确立所形成的审美价值判断。当人们建立了正确的音乐审美价值观，对于艺术理想信念、人类的自由以及全面发展都产生了重要的影响。

第三节　音乐审美的心理过程

一、音乐审美的准备阶段

音乐审美的准备阶段是指欣赏者在参与音乐欣赏活动前呈现的预备审美状态阶段。此时，美的因素还未展现，实际的欣赏行为也未真正开启。然而，这个预备阶段仍是进行实际欣赏活动不可或缺的基础。音乐审美的准备阶段主要是指音乐审美的内隐阶段和音乐审美的情境性阶段。

（一）音乐审美的内隐阶段

在音乐审美的内隐阶段中，准备期的音乐审美活动涵盖了音乐审美倾向、音乐审美知识、音乐审美策略、音乐审美态度，以及音乐审美价值等潜在的心理元

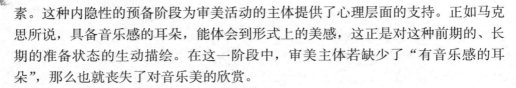

素。这种内隐性的预备阶段为审美活动的主体提供了心理层面的支持。正如马克思所说，具备音乐感的耳朵，能体会到形式上的美感，这正是对这种前期的、长期的准备状态的生动描绘。在这一阶段中，审美主体若缺少了"有音乐感的耳朵"，那么也就丧失了对音乐美的欣赏。

（二）音乐审美的情境性阶段

音乐审美的情境性阶段是音乐审美准备阶段的另一种表现形式，属于一种暂时的、情境性准备状态。当我们面对美的存在时，我们会无意识地调动自己先前长期积累的审美素养，为实际的审美活动创造必要的心理环境。例如，如果我们购买了音乐会的入场券，在真正步入音乐会现场之前，我们的心理状态已经因对音乐会的期望而做好审美的准备。这样的期待触发了我们的审美能力和经验，构想出即将开始的音乐会，进一步引导我们进入一个暂时的、情景相关的审美预备状态，这可以概括为音乐审美的情境阶段。虽然这种暂时的、情景相关的预备状态是长期积累的审美素养具象化的结果，即使它们都属于审美预备状态，但它们显现出完全不同的两种形态。

二、音乐审美的初始阶段

音乐审美的初始阶段就是指预备进入音乐审美的状态阶段。在该阶段，审美主体的心理机制将进入独特的音乐审美注意状态，并伴有某类情感上的期望。因此，在音乐美学的初始阶段，审美注意和审美期待能够有效地融合，形成一种独到的审美态度。初始阶段的音乐审美涉及的主要审美心理元素包括音乐审美注意、审美期望等。

（一）音乐审美注意阶段

音乐审美注意是审美主体对音乐审美对象所产生的关注而引发的注意。这种注意力将能够直接激发审美者的审美之情和审美期望，同时也会使审美者的"日常意识"得以转变，从以实用为主要目标转向对美的追求。被称为"日常意识"的就是受到功利性驱动的，有限目的的意识，简单来说，就是在我们的日常生活中，当你有什么要做或者希望达成某个目的的时候，你会采用各种方式、手段和途径去实现它，整个过程中，所有用到的方式和手段都似乎没有实质意义。那么，如何中断日常意识呢？这就需要一种特殊的事态出现。在音乐审美过程中，特定的审美对象可以使这种日常意识中断，特定的审美对象没有固定的形式，可以是一首动听的歌曲，也可以是一段优美的旋律，还可以是一段起伏的节奏，甚至可以是一两个特殊的音符。

显然，音乐审美注意力体现在审美过程中，审美者对特殊审美对象的关注和集中，是审美者受特定审美事物吸引，沉浸于审美对象而形成的特别心理状态。审美注意带有显著的、强烈的感情因素和非功利主义性质，其愉快程度高且意愿控制较少，同时比一般注意更强烈、更持久、更专注、更充分。

（二）音乐审美期望阶段

音乐审美期望阶段定义为在审美注意的状态中，审美主体对于审美对象或审美活动出现的一种心理状态，这是精神层面上对美的事物的向往和追寻。这种期望是积极的、富有活力的，会使审美主体产生内在的动力。也正是由于审美期望阶段的存在，人们才会在音乐审美活动中对自己感兴趣的音乐表现出一定的积极性、主动性及渴望感。

"音乐审美期待"这个概念诞生于美国知名音乐学者伦纳德·迈尔（Leonard Meyer）在其著名的美学理论书籍《音乐的情感与意义》中。这一概念的提出，就是对该著作根本性问题的最好诠释。迈尔运用音乐审美期待理论探讨了音乐情感和意义的存在方式。这个研究方法不同于音乐美学领域中的常规哲学推理和以音乐范例为基础解释的心理学理论。他是依托音乐的本质，基于已有的研究，利用情感心理学和格式塔心理学等心理学理论，进行实证研究。他主要从"音乐期待"这一心理状态、心理过程、心理特性和心理机制等角度深入地分析和研究音乐审美中的音乐情感和意义。

从音乐情感、意义与审美期待的关系上看，音乐审美期待的形成主要包含两个方面的因素。审美者在审美过程中产生的期望和思维定式是一个关键元素。著名的美学家汉斯·耀斯（Hans Jauss）曾提倡，当读者阅读任何艺术作品时，他们的思绪中总会产生相应的联想。在欣赏艺术作品时，他们先前的文学经验和生活经验将形成他们的审美期望。另一个重要元素是一系列的心理暗示，如音乐作品的标题、摘要、评论，以及作曲者的生活经历、作家的创作意图、演奏者的气质和特点等信息。

音乐审美主义能够改变审美主体对音乐审美活动的意愿和行为趋势，而音乐审美期待又会带来音乐审美的情感反应，两者的交织构建了审美活动中的独特观念——审美态度。

三、音乐审美的观照阶段

音乐审美的观照阶段，是指欣赏者对审美对象进行全神贯注的观察。其内心的活动过程包括对审美对象的感知、识别、联想、理解，还包括由此产生的直接性情感反应和形象化的情感反应。在这个审美阶段，欣赏者能够体验到非常深刻的美学情感。

（一）音乐审美的识别阶段

审美识别是从审美感知开始的，不具有功利性，也就是说，不会从实用与否的角度联想和观察审美对象。在审美感知过程中，审美主体与审美对象产生了强烈的共鸣，审美对象的各种特性如节拍特性、韵律特性等，也与审美期望达到了和谐的融合。伴随着审美的感知识别，产生了一种强烈的情感感知，这种审美情感体验就是形象性的美的感受。

当"信息"作为音乐审美对象刺激人的听觉感官，传送到审美主体的感觉神经时，审美主体可以产生相对应的情感体验，以此加强审美情感。这个时候，审美主体对音乐的感知已经不只是一个物理性的客观过程，而是通过内在的感觉和判断去理解主观过程。例如，欣赏一首歌曲，当歌的前奏或主题结束之后，审美主体会有一种这首歌曲十分动听的感觉，这就说明审美者已经沉浸在歌曲情境中，他们能感受到音乐的感人之处，体验到音乐的微妙之处，如悠扬的旋律、特别的音质、鲜活的节奏等。审美者还会期待继续欣赏，他们想去看看歌词，进一步感受歌曲的整体力量、速度变化和情感对比等，尽可能地形成对艺术形象完整的、准确的情感理解，因此，他们就进入了知觉领域。

在欣赏音乐时，我们首先要理解和判断音乐的各个元素，如节奏、韵律等，这便是音乐审美的识别阶段。它是通过对音乐外在特征的直接感知所产生的"审美初感"，在整个审美过程中占据基础地位。音乐的外在特征通常新颖且具有吸引力，其背后的内在机制则是音乐元素的形式张力和主体感知结构之间的匹配。

（二）音乐审美的理解阶段

随着审美主体对审美对象的外在形式和意味的感受不断深化，其心理活动的加工水平也不断得到提高，这意味着审美主体进入了审美理解阶段。审美理解阶段就是在审美识别的基础上，对审美对象所要表达含义的领悟和品味。在鉴赏过程中，鉴赏者仅对审美对象进行初级的梳理和全面浏览，并未深入地观察和理解。然而，只要步入深入观察和理解的阶段，鉴赏行为就步入了融合情感认知与理性认知的审美理解阶段。在这个阶段里，鉴赏者在欣赏审美对象的时候会有更深层的理解，而理解的内容会聚焦在审美对象所承载的含义与情感特征等方面。

在音乐审美的理解阶段，审美主体对音乐审美对象所要表达的意味会进行深层次的揣测和推论，在欣赏音乐时除了感知音乐的旋律和节奏，还会更深刻地领悟音乐所要表达的情感和韵味。例如，罗曼·罗兰在评论《月光》这部作品时，成功地将贝多芬与其恋人朱丽法塔的各种感情联系起来。他的观点是，这首乐曲表达的情感超越了爱情，更多的是痛苦和愤怒。

在音乐鉴赏的过程中最重要的特征是，鉴赏者必须充足地运用个人的审美知识和经验，对审美对象有精确而有逻辑的分析和融汇，并总是伴随着审美判断及其评价。即便不同的鉴赏者在解析审美过程中可能产生难以统一的观点和理解，表达出多样性和不确定性，但也能同时引领他们深度了解音乐的内在结构和含义，激发产生愉快的情感反应，并将原先盲目的情感冲动转变为带有明确方向的审美情感。所以，在教育领域，教师在试图提升学生的审美理解力时，首要工作是引导学生将音乐审美对象置入人文背景中进行审美。更详细地说，教师可以帮助学生理解审美对象的人文背景和艺术表现风格，以及了解作曲家的一生、艺术方式、审美品位及其人生观和世界观等信息，再结合音乐的结构形式，来全面了解审美对象，进而引导学生在具备一定的审美基础上，理解审美对象的思想含义和审美意象，并体验到生命的快乐和永恒的精神追求。

四、音乐审美的效应阶段

（一）音乐审美的直接效应阶段

音乐审美的效应阶段，就是指审美主体与审美对象分离的阶段。这个阶段的主要功能表现为深化对审美对象的评价和提升审美期待。这次的审美评价与前一环节中的有所不同，前面的审美评价主要带有情感化的判断，而此时的审美评价更注重理性的判断和评价。在这一阶段中，审美者的审美兴奋会明显减弱。审美者在对审美对象作出判断和评价时，会根据自己的愿望和经验，对审美对象的各个部分和属性进行理性分析，从而判断出不同属性的美与丑、好与坏等。

在音乐审美的直接效应阶段，审美主体所要判断和评价的主要内容有作者的创作技能、表现手法、作者希望表达的寓意等，甚至还要和其他同类型的音乐作品进行比较，从而发表自己的观点和看法。在直接效应这一阶段，虽然情感性的因素还参与其中，但是最后的认知结果仍然是以理性认知因素为主。当审美者对音乐进行一连串的理性分析和评价过程中，他们也在强化自己的审美渴望，同时也在塑造新的审美愿望。这种对美的渴望，正是人们无尽地追求美、塑造美、为美奋斗不息的原动力。

（二）音乐审美的间接效应阶段

审美活动的间接效应主要是对将来审美活动的影响，主要集中于两个方面：一是提升了对美的理解及欣赏美的能力；二是对情感生活的充实。鉴赏美的能力的提高，与人们的后天学习有关。若一个人的一生中所参与的审美活动次数较为频繁，审美经验也较为丰富，那么他在审美活动中所表现出的直觉美、发现美和鉴赏美的能力就会明显强于其他人。情感生活的丰富可以将人们的创造性心理充分调动起来。提升音乐鉴赏力和丰富审美情感能够增强审美者的审美需求，培养

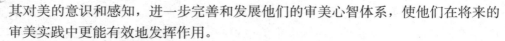

其对美的意识和感知，进一步完善和发展他们的审美心智体系，使他们在将来的审美实践中更能有效地发挥作用。

音乐艺术改善了人们的音乐审美心理结构，反过来，这种心理结构又能推动音乐艺术的进步。正因为这样的双向影响持续增强，人类的物质文明和精神文明都在不断被充实。在未来的人类社会发展中，不仅物质文明会越来越丰富，内在文明也会发展到新的高度，其中就包含音乐审美教育的作用。

第四节　音乐审美心理与音乐教育

一、音乐教育与音乐审美认知结构的完善

（一）音乐审美成分的构建

五个主要元素构成了音乐审美的组成部分，分别是一般音乐审美认知能力、音乐审美认知策略和手段、特殊音乐审美认知能力、音乐审美知识经验，以及音乐审美的元认知成分。

这五个因素有一部分是与生俱来的，但是大部分则是后期学习所得。例如，音乐审美认知策略和手段，包含相关审美知识和实践经验等，这些都是通过学习后期逐渐累积的。虽然在日常生活和常规教育工作中，音乐审美认知的提升是可以实现的，但是由此所带来的影响是有限的、非组织性和不具备计划性的。对学生而言，这种无法控制的环境可能带来隐藏的危害。只有通过设定明确的目标，有组织、有计划地进行美育活动，才能有系统性、有针对性地培养学生的审美认知能力，促使学生取得理想的成绩。但如果缺乏这种系统的美育训练，那么即便学生拥有很高的艺术天赋，由于缺乏美育教育，他们的天赋也有可能会被埋没。在教育过程中，通过音乐艺术的系统培训，教师可以有效培养学生的音乐鉴赏能力，教会学生欣赏音乐的方法，加强学生对音乐艺术的感受等。

（二）音乐审美能力的培养

音乐审美能力，如声色感、审美操作技巧、审美感受力、评价力、创造力、记忆力、表述能力、意志力以及创新精神等，是人们以审美方式把握世界的特殊能力，这是我们智力结构的重要组成部分。健康的听力系统、敏锐的神经反应、大脑的分析和调节功能都是音乐审美能力的基础。通过学习、实践、评估、深度分析等，不断地积累和塑造后天的审美能力。在音乐欣赏过程中，审美感官的适应性、丰富的情感体验、表象扩展与转化的能动性，以及把握整体结构和整合心理因素的统摄力都在此过程中被强化。提高了个人的审美能力，就能更快捷地识

别出美的存在与否，对美的直观把握，从经验到直观，从表面到深入，从部分到整体的认知能力，最终把这种能力转化为真正的创新力。

对人们的音乐审美能力进行培养，实际上就是提升他们的音乐审美创造力。审美创造过程中，人们所有与审美有关的能力展现都和审美的情感体验密不可分，包括感知、情感、想象力、联想力、意志力和理性等。值得注意的是，在学校教育中，为了加强学生的审美能力培养，教师可以采用音乐批评的方法。因此，在教育过程中，音乐教育应该涵盖音乐评价的部分，允许学生能全面、无拘无束地对音乐作品和艺术家等方面的内容发表自己的观点，教育者也应该在课程中重视培养学生的评价能力，通过学生的反应、概念形成过程及学术研究等方式进行培养。但是，音乐教育中引入音乐批评也需要遵循一定的原则，具体如下。

第一，教师需要积累各种相关的音乐评论和研究论文，然后将其分类为不同的类别和风格，以便学生根据自己的喜好进行选择、对比、学习并运用。

第二，教师让学生接触音乐批评时，尽量让学生采用多样化的方式去接触和学习，增强学生对艺术和艺术家的亲切感。

第三，在学生阅读了一定数量的音乐评论后，教师需要激励学生自己撰写音乐评论。这是一种帮助学生提高自我批判能力的有效策略。不论学生提交的批评文章的质量如何，教师都应避免对学生过于苛刻要求。鼓励学生自己写音乐批评文章最重要的就是过程，是学生将自己的印象、感受、联想用文字表达出来，使学生的自我意识得到提高。

第四，在安排学生的概念学习过程中，教师需考虑到学生的年龄、知识储备、技术层次和思维能力等各方面的心理特质，并按照这些特质逐步推进，还应将具体的教学目标纳入考虑。

第五，教师在教学过程中，要认识到艺术教育并非仅仅是一种特定的艺术风格或表现方式，而是一直存在于所有教育活动中的审美过程。他们需要为学生创造出一个轻松有趣的音乐探索氛围，同时也要承认音乐的不确定性和多面性。

（三）音乐审美策略的实施

音乐审美策略的实施主要是运用合适的策略建立学生的审美心理构架，可以具体从以下 3 个角度进行。

1. 强化审美需要

学校可能会定期举办一系列与音乐审美相关的讲座和音乐比赛，以此营造校园中的良好音乐氛围，策划精美的校园音乐活动，并设立校级、院级、系级的各类音乐社团，如合唱团、民乐团、管乐团、轻音乐团等，以期在浓郁的音乐环境中对学生进行艺术启发，从而逐渐满足学生的审美需求。

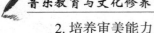

2. 培养审美能力

教师需要掌握学生的各种信息和情况，如学生的教育背景、音乐教育的基础与层次，以及由于个人差异而造成的不同的音乐感知力、音乐想象力、音乐理解力，从而进行针对性的音乐选修和音乐活动，以提升学生的音乐审美能力。

3. 提升音乐审美价值意识

在引导学生对音乐进行欣赏时，教师需要选择杰出经典音乐作品和资深的音乐家作为榜样，为学生营造一个良好的音乐环境。同时也要将音乐欣赏的过程融入日常生活和社交音乐活动中，激发学生积极参与到社区音乐活动和民俗音乐活动中，保障学生在学习和生活中都有机会去演奏音乐、倾听音乐，还有创作他们喜欢的音乐。

（四）音乐审美元认知的形成

在音乐审美活动里，元认知指的是审美者对于自身参与审美的认识、管理以及调整的高级认知，是个体对自己审美认知活动的自我意识，对审美活动具有反馈作用，由元认知知识、元认知体验和元认知监控三部分组成。在审美活动中，审美者能够自我反省，理解自己参与审美的流程以及结果是如何受到各种因素及其方式的影响。在这个过程中，教师应该引导学生去理解音乐的哪些方面以及通过什么样的方式影响了他们的审美过程，并且帮助学生逐步获得元认知知识。在整个审美过程中，审美者使用元认知监控管理和调控自己的审美认知，这就是音乐审美中的元认知管理，与此同时，审美者也应该能在审美过程中准确地找出自己在审美认知上的偏差，进行调整，并且在审美活动结束后，对审美结果的不足之处及时采取补救措施，纠正审美误差，这就是所谓的音乐审美元认知调节。

不论是在音乐研究还是音乐教育中，素质教育观念和目标是其不可或缺且行之有效的组成部分。对于学生而言，音乐研究和音乐教育的结果不应只局限于音乐技能的培养和音乐知识的掌握。在学习过程中，学生解决问题的能力、创造性的思维发展及心理品质的塑造等，都应当在音乐学习中得到培养和引导，这些应该成为音乐学习和音乐教育促进人的全面发展的根本目标。

二、音乐教育与音乐美感的丰富

（一）音乐直觉美感的丰富

音乐的直接美感具有很大的情境性和直觉性特征，是在丰富的美感和音乐审美情境的创设，以及音乐审美影响氛围中构建的。在音乐教学过程中，教师应用较为直观的插图、视频、幻灯、录像等创设音乐意境，让学生通过视觉、听觉等器官感受到直观的音乐视觉美；教师亲身示范，调动自身情感为学生演示出音乐的动情之处，向学生展示音乐的情感之美，使学生感受到音乐的听觉之美；教师要根据音乐内容设计律动，让学生可以感受到音乐的动感之美；教师要用充满感情的语言解释作品的主题思想，让学生能理解到音乐的内涵之美。这样通过不同的方式，积极调动起学生的多种感官，让学生在音乐学习过程中不会觉得课程单调、冗长。相比于传统的"教唱法"，这种多样性的教育方式显然更符合当代学生的心理特征。

可以看出，音乐氛围的营造，主要与教师的教学理念有关。音乐教师需要在音乐审美课程的各个部分注重音乐审美的感知元素，充分发挥这些元素的作用，以此帮助学生在特别的音乐环境中进行审美感知，进一步发展出对音乐的审美直觉。例如，在唱歌教学过程中，教师应该让自己的情感在唱歌时得到充分的释放或者配合适当的背景音乐，感情充沛地诵读歌词，激发学生的音乐直觉。在欣赏教学中，对音乐之美的直觉感知主要表现在通过多元化的方式和途径聆听优美的音响。

（二）音乐形象美感的丰富

音乐的形象美感指的是对音乐的外在形式和其想要传达的含义所产生的满意和愉快的感受，这是通过领悟获得的。音乐形象美感的建立主要取决于在审美原则下，音乐各个元素之间形成的有机组成方式。在音乐教学过程中，教师在丰富学生的音乐形象美感方面需要考虑以下 4 个方面。

1. 强调音乐审美中的乐句、乐段意识

在审美教学实践中，音乐教师需要持续指导与引导学生理解音乐以及如何使用音乐语言去塑造一定结构的乐句和乐段。这些乐句和乐段又是如何相互组合和结合，以表达创作者的情感和意境的。

2. 注重音乐审美形象的对比

在音乐教学过程中，音乐教师应积累和提供大量优质的音乐作品让学生去欣赏和学习，使他们有机会去感受各种类型、主题、风格和内容的音乐，理解音乐如何以多种方式、不同的感情和趣味进行表达，以及音乐所创造的独特形象。

3. 通过实践经典音乐作品来积聚音乐形象的素材

教师要引导学生深度体验经典音乐作品的内涵美。在演唱、表演和欣赏等实践活动中，让学生了解到艺术的美。在审美认知过程中，不断积淀音乐词汇和提升音乐艺术的吸引力，进一步丰富学生的审美知识和审美表象。

4. 在典型音乐实例中研究音乐

在音乐教学过程中，音乐教师可以挑选一些音乐形象鲜明的音乐案例，来引领学生去探讨音乐旋律、节奏、和音、音质、曲式等核心因素的构成，从而助力学生更好地进行美感领悟。例如，让学生领会二拍子、三拍子这两类差异化的曲式，在指导时教师需牢记避免空泛的说教，可利用录音播出《欢乐的节日》和《我们多么幸福》这两首歌，借助旋律的启发，来引领学生体验两首歌不一样的节拍，以此激发学生要擅长领会和捕捉每一首歌曲或乐曲的标志性节奏，以及音乐独特的结构形象，使学生擅长从内心去体验音乐生动的艺术形象和独特的美感。

（三）音乐理性美感的丰富

音乐理性美感是由音乐审美理解和音乐审美评价等复杂审美认知活动构建的一种美感。音乐理性美感的深远和广阔性，决定了审美主体在音乐审美过程中，需要适时、适宜地运用理性思维方式。"适时"表示在进行音乐审美的恰当时机，有效地指导理性思考；"适宜"则代表珍视音乐审美的情感体验特征，在插入理性思考的过程中，一定要使用恰当的方法。在进行音乐教学的过程中，教师需注意以下 3 个问题。

1. 在音乐审美的间接效应阶段引入理性思维

对于音乐审美的理性思维的合适引入方式，应建立在审美直接效应的阶段之上。因此在教学过程中，教师需要设计出将感性思维转变为理性思维的教学环境、教学对话和教学方法等，借助逐步推进的方法使学生将理性思维纳入音乐审美。

2. 从"情感"入手引入理性思维

从"情感"入手引入音乐审美理性思维，可以加强音乐审美情感体验与评价的连贯性。在实行的过程中，教师有权挑选具体的音乐片段，他们可以将其从音乐审美的情感体验过渡到音乐审美的评价。它可以从音乐创作的具体和状态性的音乐审美情感，逐步转变为音乐审美抽象和类型化的情感。

3. 音乐教师要树立崇高的理想信念和健康的价值观

音乐教师要具有社会责任感，树立正确的世界观、人生观、价值观。唯有如此，音乐教师才能对各式各样的音乐创作有更深入的理解和感悟，才能在教学过程中树立一个优秀的榜样，借教学这座桥，引领学生纯真无瑕的心灵走入音乐的圣殿，让音乐浸润学生的心灵，从而使学生的内心更加纯洁、崇高，并让学生的精神世界变得更加充实、美好，在不知不觉中培养出音乐的理性美感。

三、音乐教育与音乐审美价值观的形成

在教育界，本质上讲，音乐艺术教育是一项塑造人的工程，通过各种手段不断发掘和塑造人的审美素质和综合能力，从而塑造人的内心和个性。审美价值观

不只是音乐教育的核心职责，也是实行美育的关键路径。成功的音乐教育应当显示出青少年对美的感受力、鉴赏力、评价能力和创新力等，将艺术教育的独特作用充分显示出来，增强学生对美的欣赏和追求，培养学生高尚的品格，助力学生形成美的世界观、人生观、价值观。在对人的人格塑造过程中，音乐教育能够起到独特的作用，能够实现真正的艺术价值。

（一）音乐审美的价值化

音乐审美价值的形成依赖于将音乐视为直接的审美对象。事实上，从本质上看，参与音乐活动本身就是一种追求价值的活动。这一点可以从 3 个主要方面得以体现。

1. 审美活动最初产生于人类的物质实践活动中

欣赏美的行为与其他有价值的行为一样，皆起源于人的物质实践活动。在早期社会，当原始人与野生动物搏斗并最终取得胜利，他们的快乐中便蕴含着欣赏美的元素，而这场成功的狩猎经历也囊括了欣赏美的过程。随着欣赏美的活动渐渐从物质实践活动中独立出来，其本质也将相应地转变，呈现与物质实践活动本质的区别。审美活动的性质具有显著的精神特征，它是一种精神实践，同样，所有有价值的活动也都是这样。

2. 音乐审美活动与一般价值活动既有联系又有区别

音乐审美活动和一般价值活动的关联，本质上来自精神认知活动的联系，并且也在这一层面上呈现差异。如果说精神认知活动主要是回答"对象是什么"的问题，那么价值活动则主要关注"对象怎么样"的问题，简单来讲，也就是它对人如何。例如，在我们听到一段曲调时，如果一个人说"这是一首歌"，他关注的是"对象是什么"的问题，这属于精神认知活动；如果一个人说"这首歌很豪迈"，他关注的是"对象怎么样"的问题，这就是价值活动。

3. 音乐审美活动是主体和客体之间的一种独特的活动形式

在审美活动中，既包含了主体的对象化，也包含了对象的主体化。一方面，主体会通过某种方式改变、创造、塑造客体，从而在客体上留下人的烙印，使之成为被人格化的对象，被赋予具有人的意义。另一方面，客体也会反过来对主体进行影响和转变，使原本的主体变成被对象化的人。这就是马克思提出的"人对象化了，对象人化了"的观念。换句话说，当对象变为人化的对象，人变为对象化的人时，审美价值因此而生。概括一下，人化的对象就是审美价值客体，对象化的人就是审美价值主体。审美价值主体与审美价值客体所产生的人的效应，就对应了我们通常所说的广义上的美，这种美是一种价值状态，即审美价值。

（二）音乐审美价值观的组织

在音乐教育活动中，确立正确的音乐审美价值观至关重要。它是个体基于自身审美需求，对美的事物进行评判的信念体系，对个体的审美活动起着决定性的作用，同时也确定了个体对美的物体的取向。音乐审美是音乐教育的中心，是音乐文化价值向个体或对象传播的关键路径。音乐审美的实现是通过美学实践活动来进行的，其目标是让学生直接体验和感受情感，激发和纯化学生的情感，强化学生对真、善、美的识别，培养美的心灵，陶冶情操，从真正意义上实现人的全面发展，培养优秀的综合型人才。在音乐教育及音乐文化传播中，音乐审美教育占据重要的位置并起到重要作用，是实现音乐审美价值的方式和条件。在具体的教学中，教师要重视培养学生的审美兴趣和审美理想，让学生从基层的感官刺激上升到高级的审美趣味，激发学生进入审美对象的超越，进而达到超越自我的高层次审美境界，使学生具有战胜和超越物质世界的精神力量，对生活有新的感受，在成长过程中实现自身生命价值，确立积极健康的人生观。

（三）音乐审美价值系统的性格化

心理学家将个体审美性格划分为4种类型，分别是主观欣赏、客观欣赏、联想欣赏和性格欣赏。

1. 主观欣赏型

在音乐审美活动中，主观欣赏型的人以主观情感活动为主，易于情感激动，在欣赏过程中，在生理和心理方面，都会附带有强烈的感情色彩。他们偏重审美对象对自身的感受、情绪或意志的影响，基本上不会以有距离的方式欣赏审美对象。

2. 客观欣赏型

客观欣赏型的审美主体在音乐审美过程中，通常能够对审美对象保持较为客观、冷静的审美态度，在生理和心理方面也绝少会产生情感冲动。他们对审美对象的外在形式和技巧尤为敏感。

3. 联想欣赏型

在音乐审美过程中，以联想欣赏为主导的审美主体会运用想象力来增强对审美对象的实感体验，并通过目前的音乐刺激来触发与之相关的人物、事件或情境的联想，在想象中强化感受。

4. 性格欣赏型

性格欣赏型的审美主体在音乐审美过程中，会自动将审美对象拟人化，将审美对象看作具有一定性格特征的人物。他们注重对审美对象内在寓意的把握和领悟。

此外，审美性格化也可以被分类为直观型、领悟型和中间型，这是由个体对音乐审美需求、音乐审美理想和音乐审美能力三者之间的相互交融和联结所形成的。

第四章　音乐教师的素质培养

第一节　音乐教师的角色转变

一、音乐教师角色的内涵

（一）教师角色即教师行为

"教师角色"是指教师在其特定的工作背景，即在学校和课堂环境中所表现的行为。然而，教师的行为并不仅局限在这些工作环境，所以有时它也涵盖了教师在家庭、社会或政治领域的行为表现。支持这一观点的人认为，教师的行为是客观存在，并可以直接进行观察的事件。同时，其角色也能被其他行为参与者所看见，从而有可能对接触到的学生和其他人产生影响，或者受到他们行为的影响。

（二）教师角色即教师的社会地位

有些人利用"教师"这一角色来体现教师的身份和社会地位。在这种语境下，"角色"既是指教师职业的限定词，也是指包含在这一职业里的个人。这种理解主要强调教师的稳定特点，例如教师的独立社会地位，以及教师成员的构成、状态或者离开此行业的条件。

（三）教师角色即对教师的期望

教师角色是其所应承载的期望，包括教师自身的期望和学生、家长、学校管理层以及社会大众对教师的期望。这些期望有的是一般规范性的，如令人期望的职责、标准、规定，而有的则可能揭示了某些信条、偏好或其他思想方式。

音乐教师在学校环境中究竟起到哪些作用呢？除了担任教育工作者的角色，音乐教师也是学生在音乐学习过程中的良师益友、音乐爱好的灵魂导师、音乐知识和技能的培植师、音乐学习策略的指导者、音乐学习活动的搭档和协作者、音乐课程资源的开发参与者、课堂教学的执行者和探究者、学校艺术活动的策划者参演者、教育理论的探索者和开创者、音乐领域的爱好者和学习者，甚至是音乐作品、舞蹈的原创者等众多综合性角色。另外，音乐教师的角色定位也是随着社会的发展而有所变化的。在音乐基础课程改革正在进行的今天，教师应积极地转换角色、适应各种角色、调整角色，以塑造出理想的教师角色，进而推动自我发展。

二、音乐教师角色转变的体现

在新一轮的基础教育课程改革中，我国的音乐教师将面临着重大的角色变化，且他们的教学方式也将随着学生的学习方式转型而进行调整。音乐教师角色的转变彰显了新课程标准的教育理念，并且为音乐教育的发展制定了必要的根据，明确了前进的方向，引发了深远的改革。音乐教师角色的转变主要可以从以下五个方面来看。

（一）教学由重传授向重发展转变

教师不仅是知识的守护者，更是知识的传授者。作为吸收知识的学生，需要在教师的指导与监督下学习。在中国，传统的教学模式往往过于注重教授知识与技术，对于人的全面发展，如学生的性格、意志、情感以及兴趣等方面并没有给予充分的重视。教师是决定教学方法、内容、目标、结果、进程以及质量的主导者和责任人，与此同时，学生的地位和职责只是集中于考试以及接受评价。

音乐课程也将进行重大转变，从一贯强调传统学科和知识的重要性，转变为更加关心每位学生的需求。教师的职责并不只是教授知识，他们还需要了解并满足学生在心理和生理上的需要，这样才会将教学的重点从单一的知识传授转移到对学生全面发展的关注上。当代音乐教学理论不断地呼吁人的主体精神，还要求教师在教学过程中要坚持以人为本。教学过程不仅要让学生掌握发展必备的知识技能，同时还要开发学生的潜能，使其在个性与人格的形成过程中不断向好的方向发展。

（二）由重教师"教"向重学生"学"转变

在传统的教学模式中，学生通常被动地聆听教师的讲授，并不断地调整自己以适应教师的教学方法。但随着现代文化、科技和信息技术的发展，对于学生来讲，教师已经不再是独一无二的知识传播者了。作为教师，他们的角色并不只是传授书本内容，更是需要引导学生学习获取知识的方法，让他们深入理解获取信息的途径，以及增强整合各种信息的能力，同时培养良好的学习态度和方法。教师需要激发学生的学习热情，与此同时，建立起富有包容和鼓励的学习氛围。伴随着学生学习方式变得越来越丰富多样，以及越来越倾向于主动探寻和创新，教师也应该相应地调整教学方法，将教学重心从纯粹的知识讲解转向推动学生的全面发展，并将学生的学习需求设置为教学的中心任务。

（三）由传授知识技能的角色，变为引领音乐生活的导师

在新的时代背景下，音乐教师的角色将彻底地转变，不再只是教授音乐知识和技能，而是开始引导学生如何在将来打造他们自己的音乐生活，并且对如何在学习音乐的过程中实现健全和全面发展提供指导。随着人们接触外来信息的方式越来越多，大多数人在开始学习音乐之前就已经接触到了大量的音乐，有些人甚至已经形成了自身对音乐的修养和审美趣味。因此，不能再将音乐课简单地解释为传授音乐知识技能的课程。音乐教师应该积极地与学生进行交流和沟通，从传授音乐知识向指导音乐生活转变。只有这样，才能使学生创建一个属于自己的音乐生活。

（四）由教学模式化向教学个性化的转变

教学并不是单个的、个体的创造性活动，而是师生共同的活动。只有教师不断地创新意识、改革教学模式，才能培养出具有创新精神的新人。教学的个性化体现在诸多方面，如处理教材、安排课程，以及选择教学方法和设计教学过程等。现代教学期望教师能够发挥自身的独创性，不断地克服教学中的公式化、模式化以及单一化。总而言之，相比于以往的教学模式来说，个性化的教学会使教师的教学氛围变得更加自由和宽松。然而，这对音乐教师的教学能力设定了比从前更严格的标准，特别是在其专业性方面。

（五）从教师主导的教学模式转变为师生之间的平等和谐的互动方式

在传统的教学环境下，师生关系是不平等的，教师显得高高在上，而学生多处于接受的地位。然而，随着教师角色的改变，这一现象会逐渐发生变化，学生和教师之间将不再是被支配和支配的关系，而是平等与和谐的关系。在这样的教师和学生间的关系中，教师的观念将会慢慢改变，会将学生视为重要的教育资源，也会认识到学生的创新能力。同时，教师可以亲身投入学习中，并与学生共享自己的思考，有勇气承认自己的错误和不足。这并不会让教师的地位下降，反而会使其更加容易被学生理解和接受。

三、复杂性思维视域下音乐教师的角色转换

（一）复杂性思维的基本特征

1. 自组织性

复杂性思维主张把世间所有事物看作一个庞大复杂的体系，事件的发生是由大系统内的众多子系统和个体因素的互动所导致的，它体现着事物运行的内生动力。当外部干预介入时，系统内部能够吸收并调用外部的优势因子，转换成有利于自身进步的有益条件。由此看来，自我组织性是事物运动过程中的一种自我更新和自我创建的内涵特色。

2. 非线性

简单性思维的观点是，所有事物的演变都呈线性进展，它们都遵循着机械式的因果法则。然而，对于复杂性思维来说，世界上的所有事物都是一个有机统一体，系统的各个元素需要将混沌转化为有序，并将各种偶然因素和必然因素有效融合，这些因素会相互影响，导致许多不确定性。在复杂性思维的视角下，因与两个变量并非直接对等，他们的发展状态呈现曲线型趋势，具有强烈的非线性特质。

3. 不可还原性

传统西方哲学的核心观念认为，任何事情都可以逆转并复原。通过深入探讨事物的细节，人们能洞悉其总体构造及属性。对于复杂性思维而言，事物的属性并不等同于各部分之和，而是在转换过程中产生新的独特属性，即当某个对象经历某一动作或者变换时，它可能融合成一种全新的且不可逆的状态及其关联关系。这表明，复杂性思维主张一切都构成一个有生命的统一体，若不能全面把握整个系统，则难以理解其中的每个部分。同样地，只知晓一部分也不能完整理解全部。从本质来看，这就是对还原论的一种质疑。

4. 混沌性

混沌理论的观点是，在事件的演进过程中最初状态的轻微差异或许能产生大的影响。这就意味着，事件的结果高度敏感并依赖于最开始的状态，同时充满不可预测性。相当于在一个系统中，即便有一部分有微小的差异，都可能会引发系统内其他部分大的反应，导致结果脱离预期，并可能将系统推向新的结构。此种现象即被称作"蝴蝶效应"。故此，混沌理论的独特之处在于能够把难以预见的波动中的偶尔和必然统一。

（二）对于音乐教师角色的变换，复杂性思维是必需的

若想成为一名出色的音乐教师，从容应对自身的教学任务，就需要摒弃过

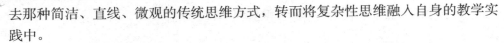

去那种简洁、直线、微观的传统思维方式，转而将复杂性思维融入自身的教学实践中。

1. 教师与学生二元对立的主客体关系已经变为相互交流的共同体关系

近期，对于师生关系的研究取得了显著突破，无论是从以教师为主导，或以学生为主导的视角看，它们都属于对立的二元认知论理论框架。

虽然两种观点都在强调教育中的理性部分，但它们却忽略了作为现实存在的个体——教师与学生的特殊性，也未充分考虑到教育过程中人的复杂性和情感元素。这些做法明显违反了教育规律和人格发展的基本规律。在"教"与"学"的过程中，教师和学生都是重要的参与者，他们的联系是一场均衡的互动，而非简单、直线的或黑白分明的单边关联。在这种关系下，教师不再被视为拥有无尽知识的权威人物，学生也不是只能依赖他人获取知识的学习对象。他们的生命力并不源于控制、限制或者服从的关系，而是来自彼此的需求、平等地相处、共同进步的教育场地。他们构成了一个无法分离的整体，每个人都在寻找整个系统的价值来实现自己的价值，这就是对教师与学生之间关系的准确描述，也是推动他们共同存在和自我发展的重要力量。

在复杂性思维模式的驱使下，音乐教师不再仅仅是知识城堡的卫士和快递员，他们还需要积极地与学生在教学过程中建立紧密联系。教学的内涵远非仅仅简单的讲解。真正的教育应该采取一种约定的方式：教师为学生描绘出一条通向理解和融入自我精力充沛且富有流动性的传统的道路。这意味着，音乐教师的角色必须解脱对知识的专制和信息传播的单一职能。在这个沟通模式里，主要讲求的仍是公平、同理心、宽容与互助，而教师则应被视为拥有丰富知识、文化背景和生活经历的向导。他们应该充当学生全面发展过程中的指导人和咨询师。在教学过程中，教师需要把自己看作活动的组织者、帮助者和促进者，尽量运用如课堂环境、团体合作及交谈等方式激发学生的自主学习潜力，引领学生在浩瀚的知识世界中畅游无阻，以此实现协助学生建立并理解所学内容的真实含义的目标。

2. 将学科教师的角色定位转变为通识型的音乐教师

经验告诫我们，虽然专业化教学有效提升了学生的学习效率，但却不幸地断裂了各个学科间的关联。独立的教学任务使教师的角色逐渐演变为专业手艺人，这种模式带给我们的是明显的弊端：因缺乏必要的沟通和合作，教师被迫孤岛化，成为专注于本领域理论知识的孤立个体，对于其他相关领域的知识缺乏探究热忱。从复杂性思维的角度来看，"人本教育"在音乐教育中并不仅需要关心学生的智力发展，同时也需要注重学生的全面个性塑造。

简言之，"以人为本"的教育理念不仅应教授正确的音乐技能，还需激发学生的情感、思想等非理性元素，提升其多维度的思考能力，并协助学生认识和解读音乐多样化的内涵，从而积极参与到社会的音乐文化建设中，成为具有全球视野的专业音乐人才。对于音乐教师来讲，他们的授课不再仅局限于单一的音乐教育内容，而是应该深入了解全球化时代的社会政治、经济发展、文化艺术等方面的影响，运用复杂性思维方式，通过社会学的角度探究音乐教育的难题，全面把握教学系统的特点及其功能，重新定位自己作为教师的位置和职责，主动介入各学科之间的交流合作，充分发挥自己的影响力，利用所有的有利条件，承担起推动学生全方面发展的责任，逐步将传统的审美音乐教育转化为以"人"为核心的音乐文化教育。

第二节　音乐教师的职业素质

一、敬业精神与职业风范

（一）敬业精神

教育的过程标示着塑造人的过程，是以建立优良的工作风范来培养品学兼优学生的过程。教师的职业与其他行业相比有其独特性。教师的工作就是"塑造人"的过程，因此，在敬业精神方面有更高的标准。

对于教师而言，敬业就是深深尊重自己所投入的教育事业。教师应当充满强烈的责任感，对自身的职业持有明确且独立的理解与认知，建立坚定的职业信念，并能对社会的各类评价作出准确和理性的判断。

对工作的投入主要体现在对自己职业的热爱，只有当教师真心热爱自己的教育工作，才能积极地参与到教学中，进而全力以赴地引导学生持续学习、探索、研究和创新。作为教师，应要最大限度地剥离功利的想法，以培养人才为首要任务。教育是一份非常微妙、困难且复杂的工作，而教师所付出的辛劳，是任何量化的方式或指标都无法评估的。

敬业精神是教师职业道德的核心，教师的专业执着并不只是在全身心地投入教学中体现，更应当关心学生并给予其尊重和信任，对待教学工作应有勤勉尽责、甘愿付出的精神，对教育事业的不懈追求与提升也是其中的一部分。今日的教师与传统意义上的教师已大有不同，在教师倾注自我的同时，更需不停地吸取新知识，突破自我极限，敢于创新创造出新的教学方法，始终怀着热切追求新知的决心，积极挖掘教育教学的内在规律，运用科学的方式教育学生，拓宽自己的视野。通过不断的学习和实践，逐渐提升自我，以取得更好的教学成果。

（二）职业风范

身为教导者，教师的行止必须有示范作用。学校所提供的环境对学生的成长有着深远影响。学生开始接触幼儿园的生活，也代表着他们步入了充满师生互动和校园日常的阶段。教师的一言一行都会无声无息地对学生产生影响，教师能激发学生探求真知的热忱，也能磨灭学生追求理想的火花。因此，教师应以"作为学生的人生楷模"实现自我要求，严格自律，慎言慎行，通过他们的高尚人格潜移默化地影响、教育学生。教师不只需要有广博的知识和深厚的专业技能，更要有宽容、仁爱的心态，对学生有耐心，能友好、温和、公正地对待每一个学生。作为当今社会的音乐教师，他们不仅是学生学习上的指导者，也应当成为学生日常生活中的伙伴。

二、教育专业的理论知识

教育专业理论包括教育学、心理学和课程理论等各种学术理论。在音乐课程实施中，音乐教师需要在音乐内容和教学方法中体现自己的职责和水准，以及如何在现有音乐课程框架内转化已形成的与现代音乐教育想法不合的情况，这是实现音乐教学目标的重要部分。音乐教师需要了解教育规律和最新的教育思想，理解教育的文化环境，因此，学习教育学、心理学和课程理论对音乐教师来说非常关键。

在新的时代背景下，我们期待的不只是懂得教学的音乐教师，而是更倾向于能够把音乐教学和科研结合起来的研究者。这也就意味着，音乐教师需要积极主动地吸收教育学、心理学以及课程理论等方面的知识，保持对理论探索的积极性，并以现代教育理念来引领他们的音乐教学任务。音乐教师应该对每天的工作保持高度的敏感度和持续探求，对自己的教学行为和周围的教育教学状况进行深度反思，善于发现问题，不断改进自身的教学，并形成理性的认识。

三、思想修养与人格魅力

（一）思想修养

音乐教育的职责不再仅是指导学生学习歌曲唱法和音乐技能，也要引导学生接受思想教育。我们要培养出一批批热爱社会主义，热爱中国共产党，对我国优秀的文化怀有深厚情感的学生。因此，音乐教师也要不断提升自身的政治素质，树立共产主义的价值观以及物质主义的世界观。以下是具体的要求。

首先，我们要认真、自觉地学习马克思列宁主义、毛泽东思想、邓小平理论、"三个代表"重要思想、科学发展观、习近平新时代中国特色社会主义思想，以便成为共产主义思想的推广者；同时，我们也需要自觉、坚定地学习与贯彻落实党的教育方针，以便正确地完成人民教师的神圣任务。

其次，需要谦逊地向其他学科的教师学习，分享想法，合力打造一个有助于提升政治思想品质的良好环境。

最后，应当提高自我教育能力，主动抵御各类不正之风的干扰，奉公守法，严于律己。

在当下的音乐教育理论背景下，音乐教师必须思想敏锐、开放，具备全新的思维方式，同时也需要擅长获取新的信息和感知最新的动态。音乐教师应对新的教育理念和音乐课程保持专业的敏感度，通过全新的世界观、人生观、教育观和审美观，以及积极的思维方式，改变和调整他们的心态，尽力快速适应由课程改革带来的新变化。开放的教育思维需要音乐教师打破传统的约束，勇于创新和挑战，具有强烈的预见之明和深厚的洞察力。

音乐教师也必须保持开放的思维和通畅的信息传递，主动进行学习和互动，并从国内外优质的音乐教育改革成果中获得知识，接纳新事物。音乐教师需要通过电视、书籍、杂志、视频、多媒体以及互联网等方式获取信息和资源，定期参与各类音乐教育研究活动，以此扩大自己在音乐教育方面的视野，积累教学经验，从而不断提升自己在音乐教育领域的教学技能。

（二）人格魅力

1. 爱心

音乐教师的个人吸引力正是爱心的传承。作为音乐教师，他们需要有爱的品格，爱音乐、爱学生、爱教育。他们对音乐的热爱，会触动并影响学生的心灵。只有真正热爱并珍视音乐的教师，才能不断探寻音乐，将音乐视为生命中不可或缺的一部分。音乐教师对教育的热爱，是他们职业生涯的动力，也是他们工作效率的保障。只有真正热爱教育的音乐教师，把音乐教学视为一种乐趣，才能激发出让学生也感受这种美好的欲望，通过音乐教育的影响力，让学生理解音乐美的深意。音乐教师对学生的爱是爱心的核心。

音乐教师希望将音乐文化通过教育的方式传递给学生，对学生的热爱是音乐教师对音乐和教育爱好的进一步扩展和提升，这是一种更高层次的爱。音乐教师需要对自己的学生充满爱意，用这份爱意来唤醒学生心中的灵性，让学生能够乐在其中。

对音乐的热爱，对学生的热爱，对教育的热爱构成了教师的个人魅力。音乐教师只有充满爱心，才能具备持久的动力以及敬业、奉献的精神；只有满怀爱心，才能对自己所从事的音乐教育工作怀揣高度的责任感和使命感；只有怀满爱心，才能不懈追求音乐教育事业，才能在音乐教学过程中，用情感去感动学生。

这是一种深刻、强烈且理性的爱。

2. 学识

音乐教师的学识是他们人格魅力的关键因素。这种魅力从他们的知识中得以体现，主要反映在对音乐的审美鉴赏（感知、想象、联想情感、解读、评估）、美学创作（创新意象、意向、激情、个性化）、美学表达（唱歌、演奏、表演），以及艺术修养和文化素养的广度和深度上。

音乐美的吸引力，赋予了音乐教师展现才华的无尽可能性。赵宋光在他的《音乐美》一书中，对音乐之美从多个角度做了阐释。他指出，音乐的表层之美体现在音区、音色、节奏、动态以及音律关系等层面；音乐的中层之美则体现在旋律、和声、编曲和曲式等方面；深层的音乐之美则体现在创造意象、构思结构、情致心态和人格境界等方面。由此可见，音乐艺术美的深远和广大。音乐教师的学识魅力从他们对音乐艺术美的深度理解中产生。

3. 独特魅力

音乐教师的独特性和特征的显现就是他们独特的魅力，主要体现在自信、智慧、敏感、幽默、风雅和真诚等。音乐教师作为美的传播者和爱的传递者，需要具有对其工作的专心致志的态度、无私奉献的精神和高尚的职业操守，同时也需要有优雅的气质、宽容的心态和宜人的风度。宽容的心态蕴含宽广的胸襟，积极的个性使人感受到他们的独特魅力，产生对学生的正面影响；优雅的气质则表现在深厚的知识、丰富的内涵和良好的教育上；宜人的风度则包括大方的举止、大气的仪表、友善的人际态度、整洁适宜的装扮、流畅优美的表达、自然亲切的面部表情，给人留下潇洒和儒雅的印象。

四、专业素养

新型音乐教师的基本素质就是音乐教育专业素养，主要包括以下三个方面。

（一）较强的音乐感

在参与音乐类活动时，最初显现的心理现象便是对音乐的感知能力，这种能力针对特定的音乐现象，包含了对音乐整体性质及单一音乐特点的认识。这种能力基于我们的感觉，以知觉作为反应形式，两者相结合构成了一种完整的心理过程，从而形成了音乐实践活动的基础。音乐感涵盖在情感传递中对人声和乐器音色的感知；对调式旋律、调性和曲式的感知，以及对情绪调性的反应和评判；对节奏和节拍的感知；对音乐全篇或局部在音量、速度变化及其意义的感知，以及对和声、和弦和多声部音乐织体的感知；等等。只有当我们的音乐理解能力上升至一定水平，我们才能逐步体验到音乐的情感。这是一名优秀的音乐教师所必备的基本素质。

（二）良好的审美修养

音乐教师是美的传播者，相比于美丽的外表，美丽的心灵显得更为重要。

对于音乐教师而言，优秀的审美素养极其重要。在教育过程中，音乐教师作为美的使者，主要通过音乐的审美来实现。这增强了学生的学习热情，对于学生来说，具有很强的魅力，所以他们会对音乐课更加热爱。对于音乐教师而言，良好的审美修养不仅在于欣赏美，还在于挖掘美和创造美。在音乐教师看来，美的本质在于不断地创造，因为音乐本身就充满无尽的可能性。因此，音乐教学不应是一个静态的过程，而应是一个动态的过程。只有在不断的创新过程中，音乐教学才能把音乐的美传达给学生。

（三）较高的音乐鉴赏水平

音乐不仅是艺术的一种表现形式，同时也携带着情感的渲染力，类似的，音乐教育不仅是知识的传授过程，也是情感体验的过程。因此，一位优秀的音乐教师，除了要有精湛的音乐欣赏能力，也需要具备对音乐的深刻感知，这是教师完成音乐课程教学任务的重要前提。音乐教学的质量和水准直接依赖于教师的音乐鉴赏能力。作为教师，他们需要能够领悟和感受音乐所蕴含的内心情感，解读音乐创作的真实精髓，进一步体验音乐作品的实质含义，认识其社会价值和审美价值。在讲授音乐的过程中，教师需要在学生之前被音乐感动，作为引导者，只有沉浸在音乐的感觉中，才能更好地促使学生去体验音乐。从某种程度上看，音乐教学是一种教师和学生共享音乐知识和美感的过程。

五、课堂教学能力

（一）音乐教学设计能力

音乐教学设计不仅能体现音乐教师的教学能力，也是保证音乐教学质量的关键。音乐教学设计应当包括对学生学习现状的了解分析、对教材的分析及处理、课程种类的确定和教学目标的设定等。音乐教师需要高度重视音乐教学设计，并将其视为对艺术品的打磨，使每节课都具有创造性和艺术性。

教学过程应将学生视作主体，教师需根据学生各自的特点，运用各种教学技能进行授课。除了彻底掌握教科书上的知识，教师还需要留意学生的课堂活动，进而制定出有针对性的教育策略。这就需要教师善于处理课本和学生的关系，同时也要提高自己的教学技能，充分展现教师的综合素质。因此，教师在教学实践中需要具备敏锐的观察力，全面了解学生的身心情况、生活环境以及兴趣爱好等。

（二）正确分析教材

教师在教学过程中需要很多教学工具，教材是最基本的工具。若想让教材充分发挥作用，教师必须深入了解教材的核心主题和内容，正确阐释音乐元素和表现手段，明白教材在情感体验和音乐审美等方面的要求，并依据现状制定教学目标，适时补充教学内容，突出教材的重点，掌握将理论和实践相结合的方法，确保采用正确的教学方法，以此获取最佳的教学效果。

（三）确定教学目标

确定合理的教学目标是保证教学顺利进行的前提，在音乐教学过程中起着指导作用，因此明确教学目标十分重要。必须强调的一点是，设定教学目标时必须明确行为主体，这个行为主体应当是学生而不是教师，所以，判断教学成效的直接标准就是学生的进步程度。

学习目标的确立是对学生学习内容以及范围进行一定的限制，这也会影响学生学习成果的实现。当确定了音乐目标时，学生所要达到的目的地会变得明朗，这一确定过程实际是学生对自己的客观考量，是对自身水平的最低预估。

（四）选择恰当的教学方法

在音乐教学中，教学方法的选取对一堂课的成效具有关键性影响。适当的方法不仅能够促进学生的积极性，还能提高学习效率，帮助学生更好地适应实际情况进行学习。因此，教师需要有全面的规划意识，以便根据学生的不同背景挑选恰当的教学方法，毕竟教学方法的存在是为了更好地服务于教学。

（五）合理运用现代化教学手段

随着高新技术的发展，音乐作品的展示方式也不再单一。有多种方法让大家对音乐有所了解，这些方法包括音乐电影、电视节目、广播节目等实体媒体以及装有教学信息的录音带等虚拟媒体。综合运用各种方式，将更有利于学生的音乐学习以及教师的音乐教学。

（六）合理安排教学时间

针对如何在各个教学环节中均衡调配课堂时间，有必要构建合理的课程时间管理模式。基于此，需要深度思考几个关键因素，包括教材的难易程度、教学内容的多少、教学重点所需的时长、学生的音乐素质和吸收能力等。一般来说，我们的课堂时间分配是这样的：2 分钟的教育组织，新课的介绍导入需要 3 ～ 5 分钟，新课教学 20 ～ 25 分钟，综合训练需要 10 ～ 15 分钟，最后大约 1 分钟用于课堂总结。

第三节 音乐教师素养的培养

一、坚持正确的审美价值观

大学音乐教育以其独特的艺术美感和愉悦的教学方式，使学生在无意识中提升了道德素养，拓宽了情感视野。处于高等教育阶段的学生正在人生观与世界观形成的关键时期，而音乐教育则能有效地促进他们的身心发展。一名音乐教师需要有独立的研究能力，拥有正确的审美价值观，并且能够通过授课过程产生积极影响。所以，保持正确的美学视角是至关重要的，同时也要推广崇高的艺术美学理念，这在大学音乐教师的职业素质上尤其重要。在教授音乐课程时，应该选择那些富有深远审美意义且富含思想价值的作品，包括知名的作曲家及其经典之作。在教学过程中，既要解释音乐的形式、风格、语言的特点及创新之处，也要揭示音乐作品所蕴含的情感内核和文化精髓，并将这些元素融合起来。我们应当坚定地遵循正确的审美价值取向，注重对其思想情感造成的影响。音乐教师的责任在于向当今的大学生呈现最富有人类优秀文化的艺术精品，以此来提升大学生的文化品位和修养水平。

二、扎实的专业基础和广博的文化知识

音乐教师在普通高校教授公共课时，常常会面对来自包括文科、理科、医学、农学等多个学科的学生。身处一线的音乐教师往往会在实践过程中观察到非音乐专业的学生对于融合了音乐和其他科目的知识点表现出极大的兴趣，而且常常会提问很多关于跨学科的问题。这需要高校教师具备深厚的专业素养，如作曲技能、钢琴演奏能力、歌唱原理、音乐心理研究、音乐审美等领域的基础知识，甚至是一些大众化的音乐常识。虽然要让音乐教师精通所有的科目确实存在难度，但是也应当尽量满足这种需求，音乐教师必须在提高音乐专业水平的同时，也要兼顾学习和熟悉那些非音乐类的学科，如物理、化学或社会科学等领域的基础知识，使自身的知识结构更加完整和广博。

三、开阔的学术视野，活跃的思维与创新意识

在当前的社会背景下，音乐教育的发展日新月异，对于高等音乐教育专业的教师而言，这使其学术视阈、批判思考以及创新观念的提升需要达到更高的标

准。创新的思维方式在教育理念的更新和人才教育上具有一定的作用。在指导学生参与艺术鉴赏活动时，教师需要把音乐纳入更为宏大的历史文化背景下，调整教学方法，拓宽学习领域。实施音乐教育的核心是，教师必须不断提出富有创意的观点和策略，引领并且激励学生积极投身于研究与创新的工作中，培养学生对创新意识的理解，尽可能地唤醒和发掘学生的创新能力和创造潜力。作为人才培养的重要基地，高校不仅要重视知识面的拓展和科研的深入，同时也要关注教师的眼界是否开阔、格局是否宏大，这些都直接关系到学生的成长。在授课和日常工作中，教师应该敢于表达自己独特的看法，用艺术与科技结合的方法教授非艺术类的学生，以启迪他们的创新思维和智慧。

四、高度的责任心和奉献精神

虽然近年来的大学音乐教育取得了显著成绩，然而其并未达到社会的期望，也没有满足广大学生的需求。因此，大学音乐教师必须不断提高自身的综合素质，把推动音乐教育发展视为高等院校教育教学改革的核心任务，以强烈的社会责任意识、顽强的毅力以及无私的奉献精神，培养能为中华民族注入新的活力的人才。

第五章 中国音乐文化艺术的发展要素

第一节 地域因素的影响

一、音乐文化与地域因素

我们首先从东亚地区着手，考察音乐文化与地理环境的关联，紧接着将目光转向东南亚，这是一个文化融合的地方。随后，我们将向西通过中亚的丝绸之路，穿行西亚和北非地区，在那之后，我们还需深入探索非洲，同时也要去探访欧洲，绕过好望角，最后在太平洋的各个岛屿结束这次横跨多个地区的音乐文化之旅。

音乐文化圈的划分依据是，某一地区民众对于相似或近似的音乐工具、音乐类型，乃至音乐旋律和音乐制度等音乐表现形式和音乐文化现象的共享。这种划分和地理学上的区域划分大体一致，并且在存在分歧时，更倾向于以音乐文化圈的定义为主。

在全球的音乐文化概念中，乐器以及音乐类型的生态分布是决定音乐文化区的主要特性和元素，这主要是通过使用的乐器种类及形制来识别和标注相关音乐文化的所属区域。此外，诸如地理、气候、生态环境、社会构成、生产模式、经济背景、风俗习惯以及历史传统等因素使全世界的音乐文化各不相同。这便是"一方水土养一方人"的道理。

二、地域因素对中国音乐文化发展的影响

（一）中国地域基本情况

中国位于亚洲的东部、太平洋的西岸。在地理区域上，南至曾母暗沙，北边到漠河，西起帕米尔高原，东边则是黑龙江与乌苏里江的汇流处。在中国的东南方，隔着黄海、东海和南海与日本、菲律宾、马来西亚、印度尼西亚和文莱等国相望。

中国的地貌特征呈现自西向东逐渐降低的三个阶梯。最高阶梯是位于西部的青藏高原，紧随其后的是分布在青藏高原的东部和北部、海拔在 1 000 ～ 2 000 米之间的高原和盆地。而在最低的阶梯上，我们可以看到大兴安岭、太行山、巫山、武陵山、雪峰山一线以东至海岸线，这些地区的海拔通常不超过 500 米，主要由平原和丘陵构成。

（二）中国音乐文化的来源

在中国富饶广阔的国土上，居住着 56 个民族。他们凭借勤奋与智慧，催生出祖国的经济增长，同时也创造出了多姿多彩的历史文化并孕育出了灿烂的音乐文化。中国的传统音乐，主要源于以黄河流域为中心的中原音乐和四域音乐以及外国音乐的交融。中原音乐、四域音乐和外国音乐，共同构成了中国传统音乐文化的三大源泉。

1. 中原音乐

中原音乐源自黄河流域，随时间演变发展成了由汉族主导的黄河音乐文化。其历史发展中，殷商和西周时期的音乐尤为显著。这段时期的舞乐融合、礼乐体系的层次划分、大司乐机构的建立以及三分损益律的应用，对我国音乐的发展产生了持久的影响。

2. 四域音乐

"四域音乐"是指除中原华夏族为主所创造的黄河流域音乐文化之外的中华大地各民族的音乐文化。这些风格源自不同的文化发源地，如长江流域和珠江流域，每个地区都贡献了其独特的音乐元素。特别值得一提的是，长江中游的楚文化音乐，它不仅独具特色，还与中原音乐相互影响，共同进步，在岁月长河的波折中融为一体。

中国传统音乐的形成和发展深受四大文化的影响：珠江流域的粤文化；西南地区的少数民族音乐文化；西北地区作为古代丝绸之路的重要节点，对多个音乐文化进行了传递和融合；东北地区的少数民族音乐文化。它们共同为中国传统音乐的发展作出了重要贡献。

3. 外国音乐

对于中外音乐的融合，其历史可推溯至很久以前。诸如《穆天子传》记载，传说在西周初年，周穆王曾率领一支规模庞大的乐队访问了西方国家，并在此过程中进行了音乐的交流。在汉朝，由于佛教的传播，印度的佛教音乐以及天竺乐成功地在中国传播开来；到隋唐时期，大量的外国音乐引入中国，这不仅带来了外国的音乐作品，同时也引进了乐器、乐律以及音阶。其中，琵琶这种外来乐器引入中国后，经过改良成为中国的传统乐器，具有极其重要的代表性意义。

三、地域因素对其他国家音乐文化的影响

（一）对欧洲音乐文化圈的影响

位于亚洲西侧，东半球西北部的欧洲约占地球陆地总面积的 6.8%，仅次于大洋洲，排在全球各大洲的第六位。从地理特征来看，欧洲又可以被详尽地划分为南欧、西欧、中欧、北欧及东欧五大部分。其中，地理因素影响最为深远的要数北欧的瑞典及东欧的俄罗斯。

以中世纪的俄罗斯为例，当时东正教禁止除了宗教音乐的所有音乐。尽管如此，民间音乐和舞蹈也并未完全消失。大批民间歌手深入民间，歌唱英雄的英勇事迹和俄罗斯人民与侵略者的顽强抗争。在俄罗斯的民歌中，主要包含壮士歌和其他不同类型的民歌。壮士歌是一种古老的叙事歌曲，通常是描述古代的英勇战斗场面，尤其是基辅罗斯早期的勇士们对抗外敌、保卫国家的英勇事迹，由民间歌手用特殊的固定旋律演唱，不同歌词的壮士歌可以使用同一旋律。这种歌曲的传承方式主要是民间歌手间的相互传唱。

再如，瑞典的民乐在两个层面受到了外部的影响：一是从中世纪以后，被法国和德国音乐所深深影响；二是与北欧其他国家的音乐有很多共通之处。依据歌词的主题、形成方式以及音乐的构造，瑞典的民歌被划分为各种类别。与北欧其他国家的民歌相似，自中世纪以来的民歌，有人认为是在 13 世纪时从法国传入的。这些民歌包括有幽默成分的，也包括以歌唱比赛的方式存在的，而这些歌曲都是可以反复演唱的。

（二）对北美洲音乐文化圈的影响

北美的音乐文化领域主要由受加拿大、美国以及属于丹麦的格陵兰岛等影响构成。由于这些地方原本存在多种并行文化，因此音乐艺术也呈现多样化共存的特点。这就意味着，居民们分别来自各个角落，他们各自保存着自己原生地的多元音乐风格，即便有过一些整合和演变，但音乐的风格仍然保留着明显的不同，各有各的独特风采。包含在其中的有因纽特人和印第安人的音乐，还有起源于欧洲的英语系和法语系居民后裔的音乐，至于非洲黑人后代和亚洲各地居民后代的音乐也包含在其中。

经由英、法语源地以及东欧、南欧等地传播至北美的欧洲音乐文化得以保留，各地区的移民及其子孙，都保存了原居住地的音乐和舞蹈习俗。尽管他们可能会在其他文化的冲击下，或者在相互碰撞中受到影响，但多数仍然坚守自己起源地的特色。例如，英语地区的移民把个人情感表达的民乐，特别是没有伴奏的个人歌唱引入了北美。法语地区的移民及其子孙则主要以独唱和领唱式合唱为主

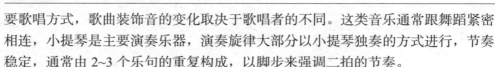

要歌唱方式，歌曲装饰音的变化取决于歌唱者的不同。这类音乐通常跟舞蹈紧密相连，小提琴是主要演奏乐器，演奏旋律大部分以小提琴独奏的方式进行，节奏稳定，通常由2~3个乐句的重复构成，以脚步来强调二拍的节奏。

（三）对拉丁美洲音乐文化圈的影响

拉丁音乐充分展现了非洲黑人的元素。在16—19世纪的拉丁美洲奴隶社会，吸收了众多非洲黑人及其所带来的音乐文化。这种源于非洲黑人的传统音乐文化在拉丁美洲呈现出与北美的布鲁斯音乐、黑人赞美诗、爵士乐及灵魂音乐（一种美国黑人音乐风格）等同样独特的特质。

拉丁美洲音乐中的土著元素。由于土著居民是美洲的原住人口，所以他们的音乐文化在当时的美洲音乐中具有主导性。1492年以后，罗马天主教的教会音乐通过耶稣会传教士被引入给美洲的土著人，同时殖民政府对土著音乐进行了压制。随着时间的推移，土著的节拍和旋律与欧洲的节拍和旋律开始逐渐融合，最终形成了具有独特风味的新型拉丁美洲音乐风格。

欧洲特色，尤其是伊比利亚特色，在拉美音乐中占据了一定的地位。音乐文化的纽带始终贯穿伊比利亚半岛的西班牙和葡萄牙，这些国家与西欧的音乐文化共享了共同的风格。这个地区也维持了自己自古至今的东方音乐风格，其风格鲜明且一再被强化。不论是音阶、旋律体系，还是节奏、和声、歌唱的发音方式等，这些都体现了欧洲其他区域所欠缺的特性。

第二节　乐器因素的影响

一、音乐文化与乐器

乐器发出的声音与我们对音乐的喜好和音乐的感知能力紧密关联，这是音乐或者也可以称为音乐文化的核心概念。以此为视角，我们能了解到，自然环境常常通过乐器这一载体对世界各地不同民族的音乐文化产生影响。相关的特定文化要素也与此有关。比如在金属便于获取，且铸造技术高超发达的地区（如古代的中国），金属乐器的种类就会特别多；在林木丰富的地方，通常会多使用木质的双面鼓；而在生活环境恶劣的冰冷地带和沙漠，大量存在的则是较常见的框架型的单面鼓。

乐器在音乐创作中被当作工具。全球有无数种音乐，与之配套的乐器也呈现多样化。由于民族和文化差异，人们对音乐这个概念的理解也不统一，因此并非所有音乐中使用的工具都能被称为乐器。所以，我们应该认识到作为音乐工具的

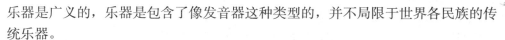

乐器是广义的，乐器是包含了像发音器这种类型的，并不局限于世界各民族的传统乐器。

在全球各民族的乐器中，我们既可以发现一些普遍在不同地域分布的乐器，也可以看到一些只在特定区域才能看到的稀有乐器。这些乐器，虽然是用来演奏音乐的手段，却同时具有其普遍性和地域性特征，这主要受到所处自然环境和文化背景的影响。比如，中国、日本和朝鲜半岛在历史进程中曾有过互动，有些传统乐器在这些地方都有出现，但它们的音乐风格则有显著的差异。所以，当将乐器视为物质时，确实存在其受自然环境严重影响的情况，但在乐器表演以及由此产生的音乐中，却充满着各民族独特的文化元素。

二、乐器对中国音乐文化发展的影响

（一）乐器体现中国精神文化

1. 体现地域文化

常言道："一方水土养一方人"，而这"一方人"，自然具有"一方人的音乐"，这"一方人的音乐"可被看作特定地域文化的结果。

例如：江南丝竹源自上海、江苏南部和浙江西部地区，所以呈现"吴越文化"的独特风韵；山西八大套起源于山西，因而显现出"三晋文化"的特征；鲁西南鼓吹乐来自山东，因此充满了"齐鲁文化"的特征；福建南曲发源于福建南部，因而具有"闽南文化"的特点；广东音乐产生于广州和珠江三角洲，因此展现出"岭南文化"的特性。换言之，正是"吴越文化""三晋文化""齐鲁文化""闽南文化""岭南文化"等各种地域文化的存在，才激发出江南丝竹、山西八大套、鲁西南鼓吹乐、福建南曲、广东音乐等具有各自特色的音乐流派的诞生。

以广东音乐为例，其为一类丝竹音乐，其乐曲风格欢快和谐，体现出了基于"丝竹"这一乐器的"娱乐精神"。广为人知的是，从古至今，"丝竹"（"丝竹乐"）和"金石"（"金石乐"）代表了两种不同的乐器或音乐类型。如果把"金石乐"视为"庄重的礼乐"——它通常具有举行礼仪、祭祀等重要社会功能的能力，那么"丝竹乐"则可以被看作"娱乐的主要乐器"，以娱乐为核心。而这种"娱乐精神"，正是广东音乐富有地域文化特色的一个表现。

2. 体现民族文化

中国是统一的多民族国家，各民族都有其独特的乐器，这些拥有深远历史的乐器也同时展示了各自的民族文化。

3. 体现宫廷文化

古代中国宫廷音乐中的乐器，在浓厚的宫廷文化环境的影响下，形成了一种在民族器乐中无与伦比的文化风格。

比如，不论是在歌舞音乐的器乐环节，或者是汉魏六朝时的相和大曲、清商大曲，以及隋唐时期的"九部乐""十部乐""坐部伎""立部伎"的器乐里，所有生动的器乐艺术都体现出了它们深深的宫廷文化精神。

在纯粹的器乐艺术领域，我们可以看到先秦钟鼓礼乐的宏大画卷，呈现出了宫廷音乐的辉煌。周朝时期，这样的音乐风格在宫廷政治生活中赋予了更高的地位，并与"礼"这一概念形成紧密的关联，已经转变为一种独特的宫廷文化现象。包括乐器的挂置与布局、乐器的数目以及表演的乐曲，都需要进行严格的分级。这种基于"礼"的音乐设定体系，深刻揭示了宫廷文化中"礼"的精神含义。从汉魏、隋唐五代流传至宋元明清，鼓吹乐的传承并未中断，但作为宫廷文化的主旨依然如初，直至清朝的覆灭。因此，中国乐器作为宫廷文化的器乐艺术，在中国音乐史上曾经创造了卓越的成就。

4. 体现世俗文化

在民间艺术中，各类民族乐器以其显著的特征，各自承载着独特的民间文化，具有蓬勃的生命力，彰显出独特、鲜活、生动的民俗艺术理念。这些乐器类别反映了世俗文化，与大众的生活习惯、精神状态、信念系统有着密切的联系，因此有着强烈的社会属性。在功能上，这些音乐类型可以划分为两大类：一类是以娱乐为主，艺术家通过音乐娱乐观众和自己，同时也有磨炼内心的目的，主要包含了"丝竹乐"这类乐器，如江南丝竹、广东音乐等；另一类则是为各种民间仪式和祭祀活动服务的音乐，主要包括鼓吹乐、吹打乐等乐种。后一类乐器在仪式与祭祀活动中营造氛围、规定形式等方面发挥了重要的作用。比如，中国传统的乐器合奏方式，不论是历史上的，还是现在的丝竹乐、吹打乐、鼓吹乐等，大部分都属于民间音乐范畴，是在民间文化的沃土中诞生的音乐，因此充满了世俗文化的韵味。不论是为了娱乐人群，还是为了祭祀，所体现出来的都是世俗文化精神，远离了依附于政治或宫廷文化的"宏大叙事"。

（二）中国民族乐器的类别对音乐文化发展的影响

1. 吹管乐器对中国音乐文化发展的影响

自古以来，吹管乐器就在中国的仪式、庆典和日常生活中扮演着重要角色。在宫廷音乐中，这些乐器常被用于表达庄重与尊严；在民间，它们则是表达情感和故事的工具。例如：笛子以其清澈悠扬的音色，常用于表达深情或哀愁；唢呐则因其高亢激昂的声音，成了喜庆场合中的常客。此外，吹管乐器在中国音乐的演进中也发挥了重要作用。随着时间的推移，这些乐器的制作工艺和演奏技能不断进步，使音乐表达更加丰富和精细。在一些著名的古典音乐作品中，吹管乐器的使用不仅增添了音乐的情感深度，还展示了中国音乐的独特韵味。在现代的中

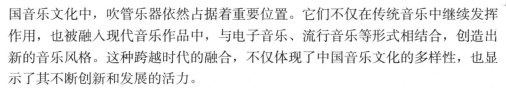

国音乐文化中，吹管乐器依然占据着重要位置。它们不仅在传统音乐中继续发挥作用，也被融入现代音乐作品中，与电子音乐、流行音乐等形式相结合，创造出新的音乐风格。这种跨越时代的融合，不仅体现了中国音乐文化的多样性，也显示了其不断创新和发展的活力。

所谓的吹管乐器，是一种通过震动空气以产生声音的工具，其种类繁多，包括笛、箫、唢呐等，每一种都有其独特的音色和演奏技能。

（1）笛子

笛子是中国传统乐器，分为梆笛和曲笛两大类。梆笛以其短促的音调和明亮、高亢的音色，在北方梆子戏中占据重要位置，尤其在秦腔和河北梆子等传统戏曲中备受青睐。曲笛则在南方戏曲，特别是昆曲中发挥着核心作用。起源于苏州民间的曲笛，有时也称为"苏笛"，其音质柔和而清晰，不仅在戏曲演出中频繁使用，也是独奏音乐中的常规选择。此外，曲笛还在昆曲、江南丝竹、苏州吹打、潮州笛套锣鼓等多种艺术形式中发挥着重要的作用。

笛子作为一种历史悠久的乐器，1986年5月，在湖南的贾湖村发掘出了18支骨笛。骨笛的种类繁多，包括五孔、六孔和八孔笛各一支，而七孔笛更多达15支。所有的笛子都有悦耳的音色，而且主要是用鸟禽的骨头制成的。这批骨笛的出现，由于具有音阶结构，大大提前了我们对音阶历史的认识，也进一步证实了我国早期音乐文化的繁荣。

《小放牛》《鹧鸪飞》《苏武牧羊》《姑苏行》《帕米尔的春天》《喜相逢》《秋湖月夜》《五梆子》《幽兰逢春》《霍拉舞曲》等都是知名的笛子乐曲。

（2）侗笛

演奏侗笛需要把乐器高高举过头顶，在下方装了竹片的哨口进行吹奏，同时其演奏技能与我们平时所熟知的竹笛有着显著的差异。

贵州东南部的黔东南苗族侗族自治州及榕江等地普遍应用的侗笛，又名"各笛"或者"草笛"，是侗族人特有的一种传统乐器。这种乐器当地侗族常用于表演爱情对歌，还包括叙事歌和酒歌的伴奏。

在中国，著名的歌剧《刘三姐》和著名的音乐作品《火车开进侗山寨》都曾经采用过这一乐器。

（3）箫

洞箫，亦被称为箫，是中国古时文人雅士特别钟爱的乐器之一。箫的音色宜人且柔和，低音浑厚深沉，演奏出来的音乐充满了魅力，也非常擅长描绘乐曲悠扬、精致、舒缓的风格，是江南丝竹的主要乐器之一，与其他的民族乐器同台演出也能创作出具有鲜明特色的音乐。

唐朝时，又称箫为"尺八"或"箫管"。在过去，我国历史并没有明确规定笛与箫的区别，但明代之后有了明确定义，视其演奏方法的不同，将横吹称为笛，而称竖吹为箫。箫主要由紫竹、黄枯竹等材料制成，其长度在70~78厘米的范围内。

（4）管子

管子为双簧乐器，别名为"芦管"或"觱篥"，约在隋代时从龟兹（今新疆库车）传至中原。在隋唐九部乐、十部乐的演奏中，觱篥扮演着极为重要的角色。到了唐代，随着音乐文化的深入发展，它的影响力扩大到了朝鲜和日本。如今，日本奈良的正仓院依然保留着唐朝的觱篥。唐朝之后的宋朝，觱篥甚至开始流传至民间。

觱篥的音质独特、深沉而悲凄，与其他乐器并用于乐队的场合不太适宜。在我国音乐史上，李龟年、董庭兰、尉迟青等人是非常知名的觱篥表演者。

我国在唐朝有着极其深厚的诗歌文化，在其中，诗人李颀在《听安万善吹觱篥歌》中有："南山截竹为觱篥……凉州胡人为我吹。"直至今日依旧广为人知。特别值得一提的是《雨霖铃》，它是唐玄宗为纪念杨贵妃所作的忧郁情诗，由我国觱篥巨擘张徽演奏。755年，爆发安史之乱。唐玄宗带领杨贵妃和他的跟随者慌乱离开长安，由于粮食短缺和禁军哗变，杨国忠被杀，又迫使唐玄宗赐死杨贵妃。唐玄宗最终赐死了杨贵妃。这件事被后人广为流传，史称"马嵬坡事变"。杨贵妃死后，唐军仍继续行进，唐玄宗在微雨夜的雨声中，恍如听到断续的铃声。解不开的悲情与对杨贵妃的思念引发了他创作《雨霖铃》的念头。而张徽不仅理解这曲的深意，他的演奏更是深情而凄美，令在场的人无不落泪。

管子的代表作品有《万年欢》《江河水》《雁落沙滩》《放风筝》《柳亲娘》和《放驴》等。

（5）巴乌

在我国云南的红河和西双版纳，以及广西壮族自治区与贵州省的黔南地带，巴乌这一乐器受到了彝族、苗族、哈尼族、佤族、傣族和布朗族人民的热爱。优美的巴乌音色和其柔和的音质，使其极其适合用来奏出西南地区独特的五声调式旋律。

（6）笙

笙，也被人们叫作"芦笙"，是一种单簧吹奏乐器，古代被称为"卢沙"。它在侗族、苗族、仡佬族等各民族中被广泛地用于音乐演奏。在这些民族的语言中，它也被称为"梗"。这种乐器在贵州、广西、湖南、云南、四川等地非常流行。

在我国的历史发展中，小笙的影响是无法忽视的，它被认为是最古老的簧管乐器之一。小笙最初的兴起可以回溯到春秋战国时期，它与那个时期流行的竽

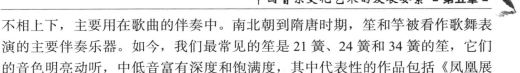

不相上下，主要用在歌曲的伴奏中。南北朝到隋唐时期，笙和竽被看作歌舞表演的主要伴奏乐器。如今，我们最常见的笙是 21 簧、24 簧和 34 簧的笙，它们的音色明亮动听，中低音富有深度和饱满度，其中代表性的作品包括《凤凰展翅》等。

（7）唢呐

唢呐，一种源自波斯的乐器，在古代被呼为"琐嘹""琐奈"或"苏尔奈"，最初是兵营中使用的乐器，在明代前它已在我国大范围流传，并慢慢融入民间日常中。能熟练演奏唢呐的人可以用以模仿人的声音和各类动物的鸣叫声，以及自然界的音响。在北方存在一种名为"咔腔"的独特弹奏方式，它能够逼真地模拟出各类角色的戏剧唱腔，甚至连念白台词都能惟妙惟肖地模仿。明朝时期的王圻在他的《三才图会》（1607 年）这本书中注明："琐奈其制如喇叭……不知起于何代，当是军中之乐也，今民间多用之。"并且，王西楼的《朝天子》也描绘出了唢呐极为生动的演奏情形，仿佛在展现那时的唢呐艺术表现功能。

唢呐的声响洪亮、激昂，擅长描绘出激越、快乐的气氛和富有活力的场景，经常被用在民俗节日、庆典活动和戏曲表演中，常常与打击乐器一同演奏。其著名曲目包括《百鸟朝凤》和《一枝花》等。

2. 中国音乐文化的发展受到弹弦乐器的影响

弹弦乐器是指通过用手指或拨子弹奏产生声音的乐器，这种类型的乐器包括诸如独弦琴、冬不拉、三弦、月琴、琵琶、古筝、卡龙等。

（1）三弦

现在，三弦主要可以划分为"大三弦"和"小三弦"这两个大类别。在北方地区，像各种大鼓、单弦等不同种类的曲艺，通常会采用大三弦作为乐器；而在南方地区，如弹词系列、丝竹系列的合奏乐曲，常常选择小三弦作为演奏乐器。三弦还有一个别称——"弦子"，它是传统的一类弹拨乐器。三弦的起源可以追溯到秦代，然后在唐代得到迅速的发展，到了元代，三弦在中原地区广为流行，被大量地使用在元曲的伴奏中，那时候的人们把它叫作"弦索"。

"大三弦"又名"大鼓三弦"或"书弦"，其规模较大，主要在诸如鼓书、弹词、吕剧等各类戏曲中担当伴奏角色。"小三弦"则被俗称为"曲弦"，体积约为 90 厘米，它的主要职责是在昆曲中配乐，一些地区也用"南弦"或"南三弦"来代指小三弦，它的音色明澈并富有洪亮之感，非常适应于江南丝竹、十番锣鼓以及京剧、豫剧等戏曲的伴奏。例如，《十八板》等乐曲就是三弦的重要作品。

（2）扬琴

扬琴，俗称"打琴""铜丝琴"等，其起源于波斯，最初被命名为"萨泰里琴"。在明朝时，由于中、西、东亚的商业互动的增进，通过海洋运输渠道，萨泰里琴开始在中国逐步普及。扬琴的经典作品包括《春到沂河》《雨打芭蕉》《欢乐的天山》《黄土情》《离骚》《古道行》《海燕》等。

我国引进扬琴初期，它是歌唱的配乐，受到了民众的喜爱。随后，它的使用地域逐渐拓展到福建、浙江、江苏和河南等地，与当地的小曲相结合，致使我国不同类型的琴书讲唱音乐逐渐诞生。自清朝末期始，知名的山东琴书、徐州琴书及扬州清曲等系列琴书，大都选择了扬琴作为主要的配乐乐器。在戏曲音乐中，扬琴主要为我国南方部分地区戏曲伴奏，如粤剧、潮剧、沪剧和吕剧等提供伴奏。自清朝末期和民国初年以前，扬琴在我国各地被广泛传播，以广东音乐、江南丝竹为例，扬琴已成为重要乐器之一。

扬琴的音质特色体现如下：顶级音域激烈且紧张，中音域明快并且饱满，高音域清晰并且响亮，低音域的音色深沉并富有层次感。

（3）琵琶

源自西域的琵琶，通过波斯的传介，先后在新疆和内地广为流传。这种乐器的音色韵味独具，清脆而动听，曾被我国古代文人所钟爱。琵琶优美的表演艺术和优雅的音色，常常被用于描绘人的心灵世界。例如《六幺》《十面埋伏》《夕阳箫鼓》《海青拿天鹅》《月儿高》等，都是琵琶的经典之作。

据历史记载，在汉唐时期，西亚已有一种独特的音乐器具，被称为"曲项琵琶"，这种施以拨片弹奏、四或五弦、半梨形体状、四相、无品和横抱特性的乐器经由西域（现新疆区域）传入中国内陆。它与中原广泛流行的弹拨乐器"阮咸"，即"直项琵琶"（由木头制成、圆形、四弦、十二板柱、竖持用指尖弹奏）具有高度相似性。相传，晋代知名演奏家阮咸擅长演奏此类乐器，人们因而也称为"阮咸琵琶"或简称为"阮"。这两类乐器在中原地区经过长时期的共存与互动，逐步发展为一种新的乐器——琵琶。这种新型乐器结合了这两种乐器的特征，如长颈、半梨状的音箱、四或五弦。

琵琶的兴盛与统治者的爱好和倾向是紧密相连的。在隋炀帝主创的"九部乐"里，琵琶被频繁选为主导或配乐的乐器，如琵琶在龟兹乐、西凉乐、天竺乐、安国乐、高丽乐、康国乐、疏勒乐等演奏中都占据重要位置。当进入宋、元时期，琵琶艺术发展呈现过渡状况，此时经济欣欣向荣，城市活力四射，音乐已然从宫廷步入人民生活，使琵琶在曲艺表演中成为不可或缺的部分。例如，说唱艺术家陶真就是以琵琶为他唯一的配乐乐器。以琵琶作为伴奏的说唱音乐种类还包含弹词、牌子曲、四川清音等。

（4）阮

从琵琶衍生出的阮，原名为"阮咸"，在此基础上逐步发展。阮是中国历史上深受文人骚客喜爱的众多乐器中的一种。阮咸也是西晋"竹林七贤"的一员，

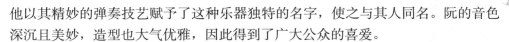

他以其精妙的弹奏技艺赋予了这种乐器独特的名字，使之与其人同名。阮的音色深沉且美妙，造型也大气优雅，因此得到了广大公众的喜爱。

阮的低频音符传递着深邃的音色，中频音符却十分明亮，而高频的音段则有一种压迫的感觉。阮的演奏技巧较为简明，可以演奏音阶和和声，装饰音以及滑音也同样可以轻松驾驭。

（5）古筝

筝音厚实、响亮又深远，其独特之处在于模拟山泉和风吹草动，描绘出无际的草原并展示豪情壮志。筝的品种丰富，如源于陕西、山东、潮州、客家、杭州、福建等地的古筝，由于拥有不同的学派，因此其音色和风度各具一格。例如：陕西筝流露出痛苦和悲愤，慷慨但又急迫的情感；山东筝铿锵有力，硬中带柔；湖州筝柔和平静，细腻而优美；客家筝素雅，清亮而璀璨；杭州筝舒展大气，风格精致；福建筝激情深沉，风情独特；蒙古筝苍凉悲烈，粗犷有力；朝鲜筝轻快自然，质朴大方。经典的筝曲有《渔舟唱晚》《高山流水》《出水莲》《汉宫秋月》《寒鸦戏水》《焦窗夜雨》《林冲夜奔》《香山射鼓》等。这类乐器在中国民族乐器当中往往具有较好的表现力，古时的人们称为"秦筝"。自战国以来，古筝在秦朝达到巅峰。从古至今，中国历来对古筝十分推崇，称其为民族的瑰宝、乐器中的极品，甚至称它为音乐的源头、众多乐器之师。许多国家对中国的古筝大加赞扬，奉为神秘的乐器，其音阶被誉为神秘的音符。

（6）古琴

古琴因其拥有 3 000 多年的历史而得名，也被众人广泛地叫作"瑶琴""玉琴"或是"七弦琴"。在中国的各种民族乐器中，它被认为是最具有历史深度、最具代表性且最古老的主要乐器。著名的古琴曲目有《高山流水》《平沙落雁》《潇湘水云》《阳春白雪》《渔樵问答》《胡笳十八拍》《广陵散》《醉渔唱晚》等。

古琴的传播范围主要在文化水平较高的士人之间，这与其他的民族乐器有所不同。它深度融合了中国传统的艺术审美，显示了对中国传统文化中的哲学理念、艺术审美的深刻理解。在描绘意境、品味诗意、追求古拙典雅、寻求静谧遥远的精神状态等方面，其呈现方式具有独特的魅力。

在古琴发展的历史中，诸如宋、元、明、清的浙派、虞山派、广陵派等诸多流派，以及近代的浦城派、泛川派等都得以孕育。然而，所有创造这些流派的举世闻名的古琴大师，都是知识分子阶层的成员。与此同时，对于知识分子来讲，演奏古琴的过程也成为他们宣泄情感、吐露心事的方式之一，因此许多的琴谱都充满了知识分子的特点。总体看来，古琴音乐被视为文人音乐的象征，是文人文化最直观的展示，尤其表现出了以个性或人生观为核心的文人精神价值。古琴的高音部分就像寒冷夜晚中的铃声，清脆悠扬；中音部分犹如玉石碰撞，声音明朗

振荡；低音部分则仿佛深海中的水龙，声音深沉并充满力量。

3.拉弦类乐器对于中国音乐文化进步的作用

一弦琴、马头琴、二胡、京胡、板胡、高胡、三弦胡琴、铁琴、根卡、四胡、玎尼以及牙筝等都属于拉弦乐器，其音响的产生依赖于用琴弓摩擦弦产生的振动。

（1）二胡

二胡，也称南胡或胡琴。据历史文献记载，11世纪时，在我国北方的奚族中有一种名为奚琴的乐器，到了宋朝，人们开始把它叫作"稽琴"，即是我们今天所了解的胡琴类拉弦乐器的前身。一些知名的二胡乐曲包括《二泉映月》《病中吟》《良育》《光明行》《听松》《江河水》《赛马》等。

在宋朝时期，琴艺娱乐方式已经发展成型，具有了深厚的艺术感染力。而在这个阶段，我国西北地区的部分少数民族已逐渐能够演奏以马尾毛为弓的马尾胡琴。沈括在他的作品《军士歌》中描述了这一情形："马尾胡琴随汉车，曲声犹自怨单于。弯弓莫射云中雁，归雁如今不寄书。"元朝时，蒙古族在庆典和军队音乐中频繁使用胡琴，敦煌榆林窟第十窟里的元代飞天就生动地描绘了这一情景。到了明朝和清朝，宫廷音乐的社会效应受到限制，然而民众和乡村音乐家的音乐和戏剧演出活跃度更高，民歌小曲和牌子曲（由数首短曲拼接而成的组曲）被视为当时最热门的乐曲。与此同时，说唱艺术也开始流行。说唱艺术是指长篇故事的表演形式，用话语和声乐交替进行。由于商业经济的崛起，城市人口剧增，造成大众娱乐需求加强，社会变化使人们期待艺术可以描绘出日渐复杂的社会生活，于是各地的戏曲流派进入了大城市，相互学习交流，逐渐演变成了包含各种腔调的综合性剧种，如京剧、汉剧、湘剧、楚剧等。民歌小曲、牌子曲、说唱艺术、戏曲等民间艺术的兴盛，孕育了许多配奏乐器，胡琴（也被称为二胡）就是其中一种重要的配奏乐器。

（2）高胡

"高胡"也有"粤胡"之称，其源自1926年吕文成与其团队将二胡从上海带到广州，并经过改良优化而生成。在中国的民族音乐领域，高胡被视为高音部重要乐器的一部分，其构造设计与二胡类似。在广东省的本地音乐中，高胡扮演着核心的表演角色，其独具韵味的音色令广东人十分热爱。知名的高胡曲目有《雨打芭蕉》《步步高》《小桃红》《春天来了》《连环扣》等。

（3）中胡

"中二胡"，简称"中胡"，是在1940年基于二胡的基础上改良制造出来的。其主要广泛应用于江南丝竹、广东音乐及越剧的音乐伴奏，并常常用作独奏乐器。值得一提的是，由于中胡的音质丰厚，十分适合在民乐组合中承担中音部分。至今为止，中胡的经典独奏曲目包括《草原上》，协奏曲目则有《苏武》等。

（4）板胡

被誉为"梆子胡""秦胡""胡呼""大弦"的板胡，是在中国的华北和西北地区广为流行的一种弓弦类乐器。而根据音调的高低，板胡又被分为高音板胡、中音板胡以及次中音板胡三种主要种类。

"梆子胡""大弦"和"瓢"这种高音板胡常在河北梆子、评剧、豫剧、山东梆子、吕剧等艺术表演中使用。这种乐器的音色清脆而深沉，极好地捕捉了乡土的韵味，尤其是描绘乡野风光和农田美景时更是恰到好处。

"胡呼"或"秦胡"，即中音板胡，被广泛地运用在秦腔、蒲剧、眉户、陇剧、陕北道情和兰州鼓子等各种戏剧形式中。中音板胡的音质浑厚而丰富，非常适合展示人们思索的情绪，因此在电影配乐中常有上佳表现。

"椰子胡"实际上就是普通人口中的次中音板胡，主要用在晋剧和上党梆子的演出中。这款次中音板胡的体积超过了中音板胡，它的音高设定在中音板胡的纯四度或小三度以下，声音饱满且响亮。它经常演奏的乐曲有《红军哥哥回来了》《翻身的日子》《大起板》《秦川行》《叙事曲》《月牙五更》《串调》等。

（5）京胡

京胡，这一京剧配乐中的非同一般之选，最早称为"二鼓子"。由于它的音色清晰、明亮且尖锐豪放，在乐队中极具穿透力。诸如《夜深沉》《寄生草》等，都是其标志性的表演曲目。

（6）四胡

"侯勒""胡兀儿""胡儿"，也就是俗称的四胡，主要流行的地区是内蒙古。这个名字的含义是"装有四个弦轴的乐器"。

四胡的音质十分别致，与蒙古族的马头琴一样被列为"原生态音乐文化"，如此特殊的地位让其受到了重点保护。

四胡是描绘蒙古族人豪放、勇猛特征的理想乐器，经常被用作古老音乐的配乐和蒙古族特种乐队中。

（7）马头琴

具有蒙古族独特标识的音乐形式就是马头琴，它的历史源头可以追溯至唐宋时期。其中，《万马奔腾》《草原新歌》《小调》《清凉的泉水》《在鄂尔多斯草原》这些歌曲是马头琴的经典之作。

4.中国音乐文化的发展受到了打击乐器的影响

打击乐器是依靠敲击振动物体来出声的乐器，囊括了锣、鼓、钹、板梆等种类，另外也包含了杵、扁担等。

（1）大锣

大锣是一种民族打击乐器，属于金属乐器类别，其音响像金属一样响亮浑厚，当轻轻敲打时，声音显得低沉，只有在用力击打时，才会发出洪亮、宽阔的共鸣声。京锣和苏锣是大家最常见的两种大锣样式。大锣的音调无固定，它的记谱方式是单线式。

（2）小锣

通常被命名为"京锣""京小锣"或"手锣"的小锣，外形和大锣非常相似，但是锣面稍微小一些，只有大约 26.67 厘米的直径，它的音高并不一致，采用的是一线谱记谱方法。小锣呈现的音色往往温和且明亮，经常用作戏剧的伴奏乐器，主要职责是提升音乐的紧张度。而且，小锣在民族乐队中也会配合大锣重音，进行装饰性的演奏。

（3）云锣

云锣是中国民族乐器中比较独特的一种乐器，通常为十面云锣和十五面云锣，最多的为三十七面云锣。被誉为"云辙"，在群众当中又被普遍叫作"九音锣"，此种乐器的产生可溯源至元朝时期，而且，蒙古族、满族、白族、傣族以及汉族等民族均有使用。

云锣的音域十分宽阔，包含了全面的三个八度。其低音区的音质表现为深沉和模糊，而中音区的音色则呈现为清亮、明朗，高音区的音色则具有锐利感。演奏云锣需要将其悬挂，使用两个小锤进行击打，以发出声音。管弦乐、佛教音乐常用云锣，还经常在吹打乐、十番锣鼓、福州十番演奏、河北吹歌、山西鼓乐等许多演奏形式中见到它。

（4）深波

"深波"乐器在广东的潮州和汕头地区有着广泛的传播，也被称为"高边大鼓"，主要作为潮剧的配乐使用。其音响凭借厚重、沉稳、悠扬的特性，被归类为打击乐器的低音区，常见于民族乐团中的低音声部的担当。该乐器独特的音色，常用来营造令人恐惧和阴森的气氛。

（5）大鼓

大鼓在打击乐器中是非常重要的。在各民族的管弦乐队中，控制音乐的情感氛围、保持节奏的稳定性和塑造角色性格方面，大鼓起着关键的作用。此外，大鼓也是众多民俗音乐，如京韵大鼓、梅花大鼓、乐亭大鼓、东北大鼓、山东大鼓、北京琴书、河南坠子以及温州鼓词等的重要元素。

在中国，大鼓广泛受藏族、壮族、苗族、侗族、彝族、水族、土家族、汉族等的喜爱，经常在祭祀、皇家庆典、军队、宗教活动、器乐演奏、舞蹈演出、戏剧表演、悼念仪式、节日庆典和民间娱乐活动中出现。大鼓明显地代表了中国文

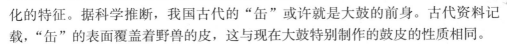

化的特征。据科学推断，我国古代的"缶"或许就是大鼓的前身。古代资料记载，"缶"的表面覆盖着野兽的皮，这与现在大鼓特别制作的鼓皮的性质相同。

（6）小鼓

小型鼓，也被命名为"京唐鼓"或"战鼓"，在历史上常常被军队在进攻时使用。鼓的侧边装饰了两个形似"耳朵"的元素，上面绣着精美的图案。

小鼓的共鸣相较于大鼓更为醒目且悦耳，特别适合在表演复杂音律的音乐团体中使用。这种乐器在各类地方戏曲、民族音乐、管弦乐，以及节日庆祝活动的腰鼓团体中大受欢迎。

（7）铜鼓

铜鼓在我国的贵州、云南、四川、广西、湖北等地区普遍存在，其历史源远流长，可以追溯到商朝或战国时期。主要的使用场景有宴会、军事行动，以及各种民间庆祝活动与祭祀典礼。

铜鼓音质深沉而饱满，用竹子敲打时，能产生清脆、短暂且活泼的音乐声响。铜鼓的鼓体上，描绘了许多别具一格的图形，这些图形主要反映了人们对于图腾的尊崇、对自然的尊重、对雨水的热望，以及各种传统的民间故事等，这便是铜鼓文化与其他文化区别最明显的特征之一。在乐队中，铜鼓作为特色乐器一般应用于民族娱乐活动、婚礼和葬礼等，在民族管弦乐队中并不常见。

（8）长鼓

朝鲜族长鼓与瑶族长鼓在长鼓各类中占有重要地位。长鼓的历史可以追溯到隋唐时期，文献上显示在当时的九部乐和十部乐可能都已经采用了这种乐器。沈括在《梦溪笔谈》中也有提及。朝鲜族长鼓是朝鲜人民特有的一种乐器，表演者在表演过程中，鼓就悬在胸前，可边跳舞边击鼓，发出悦耳的音响。长鼓演奏一般以坐姿，常见技巧包括左手"单鼓点""单花点""双花点"和"闷鼓点"，右手则有"单鼓点""单花点""双花点""滚奏"和"震鼓点"。与之类似的瑶族长鼓，广泛传承于瑶族地区，大约在明清年间已经定型。这种长鼓长近83厘米，由一整片木头雕刻而成，鼓腹部分较窄且厚重，两头较粗且中空，鼓面采用羊皮或山兔皮。鼓身上绘制有龙凤、花草等多样图饰。它常常用于描述日常生产和生活中进行的某些活动，如在每年的三月三、六月六、八月十五的民俗活动中都会出现。这两种鼓在民族乐队中并不经常出现，只在演奏有朝鲜族或瑶族音乐元素的时候用于衬托音乐的风格，使地域特色更加突出。

朝鲜族长鼓的造型酷似圆柱，中央设有空腔，两头粗，长短在70~80厘米范围内，鼓面直径约40厘米。鼓的上下两头的具体尺寸不完全一样，包裹的鼓皮类型也有区别，鼓的粗头用的是牛皮、马皮或猪皮，而鼓的细头则蒙以鹿皮、白色鱼皮或狗皮。鉴于两头鼓皮材质的差异，鼓被击打时发出的音质也不尽相同。

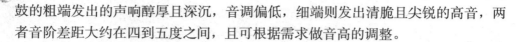

鼓的粗端发出的声响醇厚且深沉，音调偏低，细端则发出清脆且尖锐的高音，两者音阶差距大约在四到五度之间，且可根据需求做音高的调整。

三、乐器对其他国家音乐文化圈的影响

（一）乐器对拉丁美洲音乐文化圈的影响

1. 乐器对古巴音乐文化的影响

特雷斯吉他、劳德吉他、吉他、鼓、沙球、刮葫、矩形钟、邦哥鼓以及西班牙吉他和贝斯是古巴主要的乐器。

特雷斯吉他有三组双弦，是古巴音乐的主要乐器。

桑特里亚宗教仪式最核心的乐器就是巴塔双面鼓，该乐器依旧沿用了其西非老家的沙漏状制造工艺，每一套都由三只鼓组成。音调最低的被叫作"伊亚"，中等音调的被称为"伊托特勒"，而最高音调的则被称作"奥康科罗"。有的时候，人们会在鼓壁上挂上小铃铛。在古巴黑人文化中，鼓具有神圣之意，寓含强大的精神力量，被视为与神灵交流最为有效的工具。

2. 乐器对玻利维亚印第安传统音乐文化的影响

排箫、恰兰戈等是玻利维亚乐器的一部分。

印第安各族群演奏时普遍以排箫作为乐器，其音管的数目和大小各异，范围在 2~7 根，长度在 2.5~109 厘米不等。独特的是，安塔拉是一种单列的 7 根音管排箫，而斯库是一种双列的音管数介于 6~8 根的排箫，这些音管的配置基于四度、五度和八度的关系排列。

恰兰戈是一种弹拨乐器，四或五组双弦。恰兰戈的音色清亮明丽却不乏抒情，除了担负旋律，还对节奏背景起着不可缺少的支持作用，是 15—16 世纪盛行于西班牙的琉特类弹拨乐器维胡拉与吉他的混生乐器。

（二）乐器对欧洲音乐文化圈的影响

1. 乐器对希腊音乐文化的影响

在音乐器材和风格上，希腊的音乐传统深深地受到了土耳其音乐的影响。其采用的乐器融合了东西方的优良特性，互为补充，如唢呐、风笛、单簧管、里拉琴、劳乌托、布奏克、桑图里、道乌里等。

（1）唢呐

唢呐这种乐器大约有 30 厘米长，有 8 个孔，因为在历史上希腊受到了奥斯曼帝国的长时间统治，所以唢呐在希腊乐器中具有较浓郁的东方特色。

（2）单簧管

在 19 世纪的 30 年代，吉卜赛人或者是巴伐利亚国王奥托的附随者将单簧管

带到了希腊，在短时间内，这种乐器在当地成为主流的管乐器。其表演借鉴了民间歌唱时的吟唱技术，广泛地利用装饰性的走句和激昂起伏的插入，无论是在独奏还是在伴奏时，都表现出了极高的活跃度。单簧管在独奏时，会常常配合劳乌托和桑图里一起演奏，自由自在，其表演方式已和西方的交响乐团有所不同，虽然源于同一个根源。

（3）里拉琴

古希腊和现代希腊对里拉琴的重视，使之成为其重要的传统乐器。起源于古希腊的里拉琴，最初其实是七弦竖琴，人们也称呼它为"抱琴"。尽管如此，如今的里拉琴已经变化成了一种拉弦乐器，此外还演化出了四种基本的外形，最为普遍的形状是短颈、半梨形的琴身，装有三根金属弦，其中居中的弦音更低，而剩下的两根弦用来奏出旋律。

2. 乐器对俄罗斯音乐文化的影响

在俄罗斯，人们对器乐的热情很高，基本上每个男人至少会演奏一种乐器。他们通常会挑选如古斯里、键钮式手风琴、吉他、曼陀林、巴拉莱卡和库维克里等乐器进行演奏。

（1）巴拉莱卡

巴拉莱卡这一民族乐器，因其三角状的琴身而被命名为"三角琴"。它初次出现在 13 世纪早些时候的俄罗斯，直到现在仍然是俄罗斯标志性的乐器之一。巴拉莱卡配备了三条弦，弦音以四度定律，以拨片来发音。此乐器的音色透明、尖锐，相当适宜弹奏欢快的旋律。由多个巴拉莱卡构成的大型乐队，在演出时总能带来激昂、震撼的气氛。

（2）古斯里

在斯拉夫词汇表中，"古斯里"被定义为弦线，是齐特类型的弹拨乐器之一，其样式类似于翼型箱子。这种乐器的形状和大小取决于弦线的数量，常见的有 11~36 弦、55~66 弦的型号，它的音域能达到 2~3 个八度，长度 70~100 厘米。大约在 10 世纪时，古斯里琴从拜占庭传入俄罗斯，当地的游吟歌手把它称为"斯科莫若基"，他们带着这架乐器穿越各个村庄，演奏历史故事和史诗。

在演奏古斯里时，吉他窄的一头贴在演奏者胸膛上，而宽的一头则斜放在腿上。无论是站着还是走动，都能利用带子将古斯里悬吊在胸前。歌手基本上使用右手的大拇指和食指来弹奏，而在低音时要调整琴弦为四度和五度，并使用左手进行表演。此外，也可以通过手掌敲击木箱来表演。

（3）库维克里

库维克里是一种在俄罗斯西南地区广受欢迎的排箫，由 2~5 根长度在 10~16 厘米的封闭式管子制成。这种乐器主要由女性进行演奏，只要有三四位女性，就有可能组成一个专门的排箫团队。

3. 乐器对芬兰音乐文化的影响

毫无疑问，坎特勒被认为是芬兰最具象征性的民族乐器，尤希科这款弦乐器也得到了同等的喜爱。

（1）坎特勒

传统的坎特勒弦数为 5 根，而现代坎特勒的弦数已经增长到 9 根甚至超过 10 根。坎特勒经常被用来为民歌伴唱，或者为舞蹈演出伴奏。

历史上翼形弹拨乐器的来源相近，其中包括坎特勒、坎克勒（立陶宛）、科克勒（拉脱维亚）以及古斯里（俄罗斯）。在芬兰人的演奏下，这件乐器的表现堪称完美，不仅有震撼人心的力度，还有如诗般的悠扬旋律。

（2）尤希科

"尤希科"是一种拉弦乐器，常被东芬兰人及南部卡累利阿人使用。这种乐器呈长方形，它的弦数量介于 2~4 根，含有一根共鸣弦并且能斜靠在腿上进行演奏。尤希科经常充当舞蹈的伴奏乐器。

4. 乐器对英国音乐文化的影响

在英格兰，风袋式风笛是极受人们喜爱的民间乐器。通过将口腔中呼出的气吹入风袋，再用手臂挤压风袋，形成气流通过哨子发出音响。尤其对于地处英伦三岛北部的苏格兰，风箱式风笛是最受欢迎的乐器，并且在英国的各种节庆活动中常常见到它的身影，音乐团体由穿着格子裙的苏格兰男子构成，他们常常演奏出悠扬的风笛之声。苏格兰风笛队从 15 世纪开始就已经作为英国军队的军乐队，1853 年，这个角色更是得到正式认可。时至今日，在白金汉宫附近的草坪上，在任何欢乐的日子或皇家庆祝活动中，我们还可以听到苏格兰风笛队的美妙演奏。

（三）乐器对北美洲音乐文化圈的影响

1. 乐器对美国音乐文化的影响

北美的常见乐器主要有鼓和梆子等打击乐器，还有木质的笛子。他们的管弦乐曲一般都以木笛为主，用以奏响民歌曲调及其各种变化。至于黑人使用的乐器则包括大型双面鼓和小型单面鼓，其中大鼓主要用于敬神舞蹈，小鼓则主要用于各类乐舞仪式。他们还有用鹰的骨头制作的哨笛，以及一些响器。

2. 乐器对加拿大音乐文化的影响

鼓是因纽特人的传统乐器，它属于框架式的单头鼓。其特点是配备了一把手柄，其鼓皮直径从 25~75 厘米不等，并使用各种动物的皮来包裹。这个鼓的架构由漂流的木头制成，而制造鼓棒则采用了漂流的木材或动物的骨头。

为产生共鸣的音效，因纽特人习惯敲打鼓的边框，避免过度的力度导致鼓膜

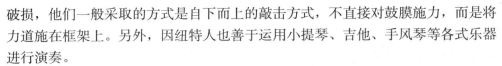

破损，他们一般采取的方式是自下而上的敲击方式，不直接对鼓膜施力，而是将力道施在框架上。另外，因纽特人也善于运用小提琴、吉他、手风琴等各式乐器进行演奏。

在加拿大的因纽特人看来，仪式歌被视为私人物品，可以予以送礼或交换。歌曲的创作者和传承者受到人们的高度敬仰。所有的仪式歌都是通过打鼓来表演的。在因纽特人的音乐舞蹈中，鼓舞歌是最常见的表现形式。

第三节　精神因素的影响

一、传统文化对音乐文化发展的影响

（一）中外传统音乐美学思想

1.中国传统美学思想

（1）先秦时期

在先秦时期，中国社会制度经历了重大的变革，大批古代学者纷纷著书立说，倡导理论，进而形成了众多学派争辩论道的局面。每一种学派都在各自的领域深入讲解了自己的理念，并且在音乐审美方面，也有着自己的独到见解。

孔子作为儒学的代表人物，他的音乐美学思想主要体现在他的经典之作《论语》中。在《论语》中，孔子的音乐思想极其丰富，主要可以概括为四个方面：其一，音乐应该"尽善尽美"，也就是要注重和谐统一；其二，"思无邪"，这是在强调音乐信息的纯净；其三，他主张在治国的过程中应使用《韶》《舞》等雅乐；其四，他希望统治者认识到音乐的社会作用，即利用音乐来改变风俗，提高大众的道德素质。

道家以老子为标志人物，他在音乐理论上主张"音声相和"这个观点，即音乐应以整体和谐为最终目标。他的观点"五音令人耳聋"象征的是音乐可能会让人性愈发冷漠，而"乐与饵，过客止"代表的则是音乐可能与"道"的理念产生矛盾。"大音希声"是指老子对理想音乐状态的渴望。显而易见，老子的音乐观深含积极的一面与消极的一面。

墨子作为墨家思想的领军人物，他在音乐哲学上持有极端立场，即坚定地拥护"非乐"理论。他深信音乐对社会生产及政治无益，反而会造成资源的浪费，并使人失去理智。墨子甚至宣称音乐会使国破，从而主张禁止音乐。墨子的这种音乐观，彻底否定了儒家的礼乐观，这无疑是错误的，显示出他的功利主义思想的短视。

（2）两汉时期

在两汉时期，《乐记》这本关于音乐理论的重要成果诞生，针对音乐起源的疑问进行了深度剖析。此书对音乐艺术的本质有深刻洞察，强调人的情感对音乐创作的核心地位。《乐记》也提出了音乐与宇宙"天人合一"的美学观点，主张利用"气"的力量连接天、人、乐，追寻社会和自然的和谐统一。此外，《乐记》对音乐在社会中的作用有独到的看法，信奉音乐能够"修身齐家治国平天下"。

在两汉时期，不仅有《乐记》，而且有许多音乐美学的论著和文艺作品，如毛苌的《毛诗序》、王褒的《洞箫赋》以及刘向的《说苑》等，也蕴含了深远的音乐美学理念。这些传世之作，均成为后世占统治地位的音乐美学思想。

（3）魏晋至隋唐时期

在此期间，我国在民族融合上取得了明显的发展，同时，音乐领域也得到了较大的拓展。紧接着《乐记》之后，一本全新的音乐美学书籍——《声无哀乐论》也随之问世。此书的作者是嵇康。嵇康的观点是，音乐与世间万物相同，均由宇宙的基本元素构成，它是一种客观的存在形态，并不与个体的主观情感有关。音乐无法传达感情，也无法激发人的内在情感，它只是通过声音对人产生刺激，引发人或激昂或平静的反应。然而，音乐独有的和谐特质使其能吸引人们，其所蕴含的"平和"精神也能指导人们。尽管这部作品的论证方式在科学性上存在明显的缺陷，回避了音乐是人们精神创造的一个事实，但它对音乐独特性的正面阐述无疑提升了音乐在社会中的地位，不容忽视。

同样，阮籍、陶渊明、元结等人在音乐领域都持有独到的见解，他们的思考基本上是对儒家音乐审美观的进一步发展，对后世产生了一定的影响。

（4）宋元明清时期

自宋朝开始，都市文化艺术迎来空前的繁荣，音乐发展也创造了未曾见过的风采。在此时期，最具影响力的音乐审美理论可说是周敦颐倡导的"淡和"美学理念以及李贽推动的"主情"潮流。

"淡和"反映了道教的核心理念，提倡音乐的特质应为平和，坚决反对传达贪欲、激起痛苦等不良情感的音乐。这种观点其实是对儒家强调的"中和"和道家倡导的"恬淡"进行了包容并蓄。"淡和"的目的在于使人安静下来，平复焦虑，即用"淡和"的音乐淡化人们的欲望，平息人们内心的烦躁，以达到消除人的私欲，还原天的原理，保护封建伦理秩序的目的。

明代李贽的音乐美学基础为"童心"理论。他的理念是，所有的美和艺术都应当源于"绝假纯真，最初一念之本心"。这等于是"以自然之为美"，在内容方面要表达情感，而不被"礼""天"约束，形式上要有自由度，不受成规的限制，实现"发于情性，由乎自然"的效果。李贽既反驳了儒家主张情感起源的观

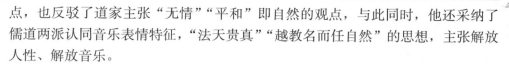

点，也反驳了道家主张"无情""平和"即自然的观点，与此同时，他还采纳了儒道两派认同音乐表情特征，"法天贵真""越教名而任自然"的思想，主张解放人性、解放音乐。

2. 西方传统美学思想

（1）文艺复兴时期

在欧洲的中世纪时期，音乐艺术大体上被教会控制着。然而，到了14世纪的文艺复兴阶段，象征新兴资本主义阶层的人文主义者引领了一场思想自由的运动。在这样的人文主义推动下，西方对音乐的美学理解也经历了巨大的转变。

在文艺复兴时期，音乐理论家从人文主义的角度理解音乐，他们相信音乐艺术应当服务于人类。在这个时期，每个理论家都阐述了他们各自对音乐美学的看法。

扎尔林诺（Zaarino）的显著贡献表现在他从心理与生理两个方面深入研究和谐美的规律。他仿佛亚里士多德般，将声音的组合与人们的情感紧密联系起来，他认为各式各样的和谐音乐组合能够与人的生理和心理产生互动，二者的相互适应能够增强相应的情感体验。

受古希腊碑文中发现的单旋律音乐的启示，伽利略强调了这种音乐形式的价值。他提出，复调音乐使听众难以捕捉歌词的实质内容，从而干扰了歌词信息的传达。他的这些思想对后来的音乐理论与实践产生了深远的影响。

（2）巴洛克时期

在巴洛克时期，欧洲的专业音乐取得了显著的进步，孕育出以巴赫为典型的复调音乐巅峰，歌剧也逐渐步入完善，器乐从歌剧序曲开始慢慢脱离，逐渐形成了音乐的典范。此外，和声系统的初步构建、复调向主调的转变、协奏曲等类型的形成以及奏鸣曲式的优化也在这个时期得以实现。

开普勒（Kepler）坚信，音乐能够激发出各式各样的情绪反应，音乐和情感的关联是与数学相匹配的。这些科学家对音乐理念和音乐制作人的创新造成了深远的影响。

《和声学》的作者拉莫（Rameau），受到了科学理性的熏陶，他一方面强调音与音之间的关系，坚信旋律应源于和声，并呈现出了自律论或形式主义的倾向。然而在另一方面，他也持有看法，认为和弦应富有情感色彩。蒙特威尔第（Montererdi）在音乐美学中是"激情论"的代表人物，他主张音乐应该表达出激情。为了实现该目标，他引入了如弦乐震音、拨奏等创新手法，同时也为和声理论带来了更丰富的身体语言表达。梅尔森（Maylson）关注音乐的动感特质，他强调音乐可以映照出世界中的各种动态变化，也能有效地将作曲家的思想情感传达给众多听者。

（3）启蒙运动时期

在西方近代史中，18世纪也是一个产生了重大历史剧变的世纪，欧洲当时的封建制度就在这时期走向了崩溃。紧随法国大革命之后，以理性主义和人道主义作为主导思想的文化启蒙运动迅速展开。

在这个时期，欧洲的音乐界曾经出现过三场重要的争议，而且都直接涉及了卢梭等启蒙派思想家。

"旋律派与和声派之争"是首起争论。被德国音乐理论家马泰松（Mattheson）等人引导的"旋律派"深信音乐元素中的旋律最为重要，而音乐的美感则来自旋律的感情的释放。从被法国作曲家拉莫领军的"和声派"的角度看，和声在旋律之前，作曲人应以和声作为基础建立旋律的原则。卢梭与"旋律派"持相同的观点，他主张旋律是音乐的枢纽，是音乐形成"模仿艺术"的关键因素，而和声在音乐中只是次要的工具。

"喜歌剧之争"是第二起大争论，由卢梭和狄德罗等崇拜自然人性的思想家领头，他们高度推崇反映平民生活的喜歌剧艺术形式，然而，这引起了保守派的反感，这场争论延续了3年。启蒙派思想家还亲手创作了喜歌剧，他们用自己的理论及实践为法国歌剧的改革指出了方向。

实际上，第三轮争论不过是第二轮的进一步发展，核心问题依旧是歌剧创作的艺术准则。卢梭等人主要是在倡导对自然和简单之美的礼赞，同时采用情感作为表达方式。虽然这种观点遭到了压制和批评，但仍然对德国歌剧改革家格鲁克（Gluck）产生了深远影响。格鲁克做了大量的实践，并且他的音乐艺术思想对后人产生了深远影响。

（4）现代音乐美学的发展

创作音乐时，印象主义并不赞同浪漫主义的审美观念，而是提倡反映人对于世界的感悟印象。表现主义也一样对浪漫主义美学持有异议，更加倾向于揭示人的内心状态，这种趋势还是浪漫主义的进一步发展。而新古典主义并不认同表现主义的美学思想，他们主张的是音乐不应该赞美人的情感。

经历了启蒙运动和浪漫主义阶段，音乐既承袭了古典主义的传统，又进一步推动了古典主义的解体，音乐创作更偏向于情感美学的表达。浪漫主义风潮退去之后，音乐创作者开始寻找创新之路。总体来说，在这个阶段，创作思想的多样性十分明显，他们在审美原则上各具特色，而这样的差异性正是音乐日益多元化进程的重要体现。

（二）音乐与文学

文人大多掌握音乐技能，他们在创作音乐时追求高雅的情感表达，常常将骁勇无畏的精神世界或美丽的自然景色描绘在旋律中，这也是文学对传统音乐发展

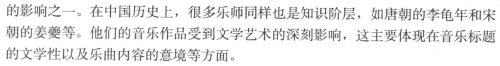

的影响之一。在中国历史上，很多乐师同样也是知识阶层，如唐朝的李龟年和宋朝的姜夔等。他们的音乐作品受到文学艺术的深刻影响，这主要体现在音乐标题的文学性以及乐曲内容的意境等方面。

自古以来，中国人民一直热衷于融合多种艺术形式的艺术表达，戏曲便是其中之一，它集文学、音乐、舞蹈和书法等艺术元素于一体，表现出了丰富的艺术景致。戏曲也可以被看作音乐艺术的一个分支，对传统中国音乐的发展起到了重要的推动作用。

实际上，西洋的歌剧艺术和文学是紧密相连的，这种关系与中国的文学和戏曲之间的关系如出一辙，只是在舞台表现上，各有其独特的风格特色。

戏曲艺术与文学之间的关联非常紧密，甚至可以断言，戏曲的产生和进步都源于文学。

现代戏曲舞台上的任何一种戏曲类型，都离不开具有文学深度的故事情节。戏曲表演者借由独特的唱腔，巧妙地将文学与音乐结合在一起。戏曲艺术的吸引力并非只体现在音乐层面，许多戏迷更被戏曲细腻的剧情和唱词所吸引，特别是那些典雅高深的剧种，如昆曲等。许多听过昆曲《牡丹亭》的观众都会被其清新又雅致的唱词而深深打动。

（三）中外音乐文化交流

1. 丝绸之路

在汉武帝时期，他曾指派张骞开辟西域，成功地建立起一条被誉为"丝绸之路"的东西方陆地商品运输路径。公元前139年，汉武帝诏令张骞追寻被匈奴驱逐的大月氏人，希望能形成联盟对抗匈奴。然而，在行进过程中，张骞被匈奴俘虏并关押了长达10年。成功解脱束缚的张骞，走过楼兰、龟兹，抵达大宛、康居，越过了葱岭，到达了大月氏，但是他的联盟抵抗匈奴的构想被大月氏的君主拒绝了。尽管张骞未能完成他的任务，但他对西域各国的了解让汉族人民对西域有了更为深入的了解，这对文化交流产生了重大影响。张骞在第二次被派往西域的时候，一切已经有了积极的变化。从历史文献中我们可以得知，许多乐器如羌笛、琵琶、胡琴等都是源自西域传至中原。同样，龟兹舞以及西域的其他形式的歌舞也随之传播到了中原。

2. 日本遣唐使与留学生

中国传统音乐对日本产生了深远的影响。日本的遣唐使精研了唐朝音乐舞蹈，获得了歌唱和音乐演奏的精巧技法，从而在日本形成了一个较为完善的音乐体系。与此同时，他们对于中国民族乐器的深度研究也非常投入，如琵琶、笛子、箫、尺八等乐器在那段时期被引入日本，现在许多的这类乐器依旧被保存在日本知名博物馆中。特别要点出的是，尺八这一类型的乐器在日本获得了良好的发展，已经逐步形成日本传统音乐文化的标记。尺八是由竹子制成的一类乐器，其演奏方式与洞箫相似，但音色空灵、辽远，适合表达冷峻、孤独的情感。在日本，尺八箫的演奏非常受欢迎，并且形成了各种演奏流派，至今仍然占有重要地位。在中外文化交流历程中，最具影响力和学习深度的应该就是唐朝时期日本遣唐使和留学生的交流活动。在这个时期，日本把中国文化的许多方面进行融入整合，逐步形成了日本本土的文化，其中日本文字就是最有生命力的一个例子。

3. 西学东渐与东学西传

自元朝起，中外互动和交流愈发广泛且深入。西方探险者马可·波罗的著作《马可·波罗行纪》成功地把东方的艺术文化带到了西方，并使东方对西方的文化有了进一步的理解。在文化交流的过程中，音乐艺术始终是其中的要素。

在明清时期，西方传教士进入中国，拉近了东西方的文化对话，催生了"西学东渐"的时代局势，与之并行的"东学西传"潮流也在悄然产生。清朝晚期，受到西方殖民主义侵入的冲击，来自西方的各种文化思想如潮水般涌入，尤其在音乐理论、乐器演奏、作曲方法等领域，中国的音乐文化受到前所未有的深度影响。

（四）其他传统文化对音乐的影响

中国的民间音乐与传统文化的各个方面都有紧密的联系，这既是它的一个明显的特征，也是它所蕴含的特殊艺术魅力的来源。

1. 音乐与绘画

无数的音乐创作者在创作旋律时都受到了艺术绘画的灵感启示，从而谱写出了众多经典的乐章。在中国传统文化中，绘画具有一种无穷的吸引力，对其他的各种艺术形态造成了深远的影响。例如，在宋代，文坛巨匠苏东坡对诗人画家王维的诗和画给予极高的赞美，他曾经盛赞："味摩诘之诗，诗中有画；观摩诘之画，画中有诗。"又如，我国当代知名的笛箫演奏家张维良，受到北宋画家张择端的《清明上河图》的启示，创作了一首同名曲目《清明上河图》。这段较长的乐曲以箫与古筝的双重奏表现出了北宋的繁华，乐曲结构严谨、旋律悠扬，充满了浓郁的古韵风情，曾获得国际广播基金大奖。

2. 音乐与古代教育

在古代的音乐教育中，古琴在器乐中的地位最高。古琴那独特的清雅远扬的音色和意境非常吻合古代文人的审美倾向。因此，一些知名的文人，如嵇康、阮籍等，都是古琴演奏的大家。

在中国古代教育中，"礼、乐、射、御、书、数"被称为"六艺"，其中，"乐"实际上是音乐的代称。古人重视培养个人的道德品质和审美能力，他们深信音乐有能力教化人们的内心，因此，历代的文人普遍都对音乐进行过研究，这种现象为古代文人音乐的繁荣贡献了力量。因此，在这样的背景下，中国古代产生了很多以文人为主的音乐家。他们具备文学造诣，并对音乐规律有深入了解，能够将各种艺术融为一体，许多人因此成了有名的艺术家。

二、民风民俗对音乐文化发展的影响

（一）音乐与生活习俗

1. 湖南唱歌插秧

唱歌插秧的风俗在中国湖南地区广泛存在，这个传统是他们在日常生活和劳动中渐渐发展和确立的。在具有重大意义的插秧日这天，人们会举行丰盛的"栽秧饭"仪式，然后开始插秧，他们一边击鼓一边鸣锣，唱着赞美春天或祈祷丰收的歌曲。这种在劳动中唱歌的方式缓解了他们的疲劳感，于是就逐步形成了一种称为"秧歌"的歌唱活动。

2. 蒙古族唱歌敬酒

善于歌舞的蒙古族人民，也乐于品鉴美酒。他们将酒视为向长者敬礼和待客的最合适礼物。在他们的游牧文化中，存在一种唱歌祝酒的传统习俗。这个过程充分体现了他们的热情洋溢和豪迈气概。蒙古族的酒歌种类丰富，旋律多样，有的淡然宁静，歌声充满了人们对美好生活的期望；有的热情洋溢，富含了浓郁的舞蹈元素；有的酒歌常在岁时佳节或庆典仪式上演唱。如今在美丽的内蒙古大草原上，流传着众多知名的酒歌，如源自鄂尔多斯的《浓烈的白酒》、来自锡林郭勒乌珠穆沁的《思情曲》、呼伦贝尔布里亚特的《明亮的太阳》等。

3. 瑶族唱歌传情

唱情歌是瑶族人表达婚姻意愿的主要形式，他们可能会在山间劳作时穿越山峦歌唱，也可能在夜深人静的时候，来到女子窗前对歌。瑶族的年轻女子一旦长大成人，就会有男青年在夜晚上门对歌，有时只有一个男青年唱，有时则是数个男青年轮流歌唱，以此向她示爱。如果女子被这些歌声打动，她就会挑选出心仪的男子，而得到甜蜜的恋情。

（二）音乐与节日风俗

1. 苗族的六月六歌节

苗族人民一向对音乐表演非常热爱，他们创作的歌曲洋溢着浓郁的民族风情。每年六月六日的苗歌节是他们的传统节日。在这一天，人们从四面八方赶来，身着华丽的节日服装，通过对歌的形式，热烈歌颂美好生活。

2. 壮族的三月三歌节

关于三月三壮族歌节，有许多感人的故事广为流传。被称为壮族歌仙的"刘三姐"的故事便是其中之一，她的智慧和聪明才智令人敬佩，她用民歌歌颂劳动和爱情，同时痛斥财主的罪恶。这种行为引发了财主们的反感，他们在一年的三月三那天，趁刘三姐砍柴时砍断了山藤，结果她不幸坠崖而亡。为了纪念刘三姐，人们在这一天聚集起来唱歌。壮族的三月三是这个民族歌唱活动中最重要的节日，在这一天，每个人都会投入大型的歌唱活动中。

除了三月三，壮族每年都会在特定的日期，如正月十五、四月八和八月十五，举办民歌节，其中以三月三最为人所知。音乐盛事分为日夜两场。日间的活动主要在户外举行，以择偶的情歌为主线。夜间的活动则在村庄进行，内容包括生产、季节和历史等诸多主题。长时间的传承使壮族的三月三歌会至今仍受欢迎，它充分展现了壮族民歌的独特魅力。

3. 海南儋州中秋歌节

儋州，位于海南，被誉为"诗乡歌海"。每年中秋时节，人们身着华丽的衣服，在乡下的市集中热闹地歌舞。这个节日的风俗起源很早，初见于宋朝晚期，并在后续的发展中逐渐壮大，越来越隆重。中秋歌节的表演节目大多是儋州本地的山歌，曲式依照古诗格式，旋律优美动听、活泼自如，深得人们喜爱。现在的儋州每到中秋，都会举行大规模的歌舞活动，形成了一片歌曲的海洋，给中国的传统节日增添了靓丽的色彩。

第六章　音乐教育的文化定位

第一节　音乐文化与社会发展的内在联系

一、音乐文化与经济发展的关系

目前，世界各国和地区的文化正受到三大冲突的影响。而引发这些冲突的一个主要问题是经济发展与文化保护之间的矛盾，其中就包含了音乐文化传承与经济增长之间的冲突，如何在维系经济高质量增长的前提下做好音乐文化教育工作将任重道远。

音乐与经济之间存在着互补和互制的关系。经济体制影响着音乐文化的生成，而音乐文化则反过来影响着经济基础的建构。例如，中国与欧美国家在音乐风格上的差异，在某种程度上就揭示了它们经济体制的不同。在15—16世纪，资本主义在西欧的政治和文化发展中占据了主要地位，当时的音乐文化多以展示新兴资本主义价值观和审美理念为主。工业时代的来临给音乐文化的发展带来了很大的冲击，威尼斯音乐记录标准的形成和印刷业的发展，促进了音乐作品的标准化和流通，使音乐成为一种商品，并在歌手、作曲家、音乐家、出版商、乐器制造商等不同角色的合力下形成了一条完整的商品产业链。相比之下，15—16世纪的中国处于明朝时期，经济发展主要依赖于农业和手工业，这反映在当时以诗词音乐、宫廷音乐、民间音乐、宗教音乐为主。受限于经济体制，这一时期的中国音乐并未成为流通商品，也缺乏有效的保存和发展。到了19—20世纪，外来的资本主义对中国产生了深远影响，导致原有的小农经济体制开始解体，推动了中国音乐文化的商品化发展。

在20世纪50年代之后，随着城市工业生产的全面发展，中国形成了一套较为完整且系统化的音乐文化生产方式。这一时期，中国特有的计划经济体制包括集体所有制和全民所有制，其中集体所有制进一步包含了个体所有制。这种经济结构的发展显著促进了文化体系的成长，导致全国各地建立了由表演团体、音乐家、作曲家等构成的专业化分工体系。由于体制的差异，中国和欧美在音乐文化的发展上呈现出了不同的趋势和特点，双方的体制都有其独特的优势与劣势。

在 20 世纪 80 年代，随着全球经济的发展，中国的经济体制改革取得了显著成效，同时也触及了音乐文化生产体制的变革。在这样的背景下，三个重要问题显得尤为关键。

其一，经济体制的转型引发了社会和文化层面的变革。这引出三个问题：如何在音乐文化和体系中寻找发展途径？文艺团体应如何改变其传统模式？在当代文化的繁荣发展中，文艺团体和相关单位的作用具体该如何评估？

其二，在全球经济文化交流的过程中，我们应如何评估外来经济文化的正负影响？在经济发展的同时，如何保持和发展本土传统音乐文化？

其三，如何从资本主义的文化市场机制中吸取教训并进行创新，包括在经济和艺术管理方面。我们面临的挑战是解决文化发展与市场经济之间的矛盾。法国经济学家弗朗索瓦·佩鲁（Fransois Perroux）针对这一点提出了见解，他批评了纯粹经济增长的分析，认为它是一种以市场需求、供应关系和经济利益为核心的固执的模仿主义。[①] 他指出，市场可以被视为解决社会问题的万能工具，市场经济的核心冲突应该在于文化和道德，这是市场和资本主义的定义中所没有的。

二、音乐文化中全球文化与地方文化的关系

当前世界各国普遍面临着文化全球化与区域文化之间的冲突，尤其在音乐领域中表现得更为突出。这种冲突的根源在于全球文化的兴起，其基础是全球经济的演变。世界著名未来学家阿尔文·托夫勒（Alvin Toffler）曾指出，伴随着第三次浪潮的冲击，形成了主要由大型跨国公司所主导的全球经济体系。这些公司通过表演、影视、媒体、出版、广告等多种物质方式及文化交流、新闻传播、教育合作等文化手段扩大其影响力。在此过程中，全球音乐文化成为其重要组成部分。[②] 然而，这些公司在音乐文化传播及其影响力方面往往显示出一种单一性，其依靠经济实力、先进技术和扩张能力，形成了相对单调的音乐文化格局。20世纪，随着资本主义音乐文化的全球普及，它成为主流并广泛影响全世界，促进了各国和地区优秀音乐家的涌现，并通过系列文化活动与创新流通，形成了具有全球影响力的世界音乐概念。这一概念融合了全球各民族的音乐精华，推动了不同音乐文化的共同发展。

中国在保护和传承传统音乐方面做出了重大努力。1979 年，文化部和中国音乐协会共同制定了《收集整理我国民族音乐文化遗产规划》，启动了一项全国

---

① 李鑫. 战后西方经济发展伦理思想研究 [D]. 武汉大学,2012.
② 杜晓燕. 美国文化产业国际竞争力研究 [D]. 武汉大学,2013.

性的计划，目的是全面普查并整理民族音乐。这一计划包括收集、整理并出版了《中国民间歌曲集成》《中国戏曲音乐集成》《中国曲艺音乐集成》《中国民族民间器乐集成》《中国琴曲集成》等五种重要的传统音乐作品集。尽管如此，在现代专业音乐教育和普及音乐教育领域，中国传统音乐的活态保存、传承和传播仍然面临挑战，状况有待进一步改善。

从 20 世纪 60 年代开始，学者们观察到发达国家与发展中国家之间的发展差距不断扩大，人类活动对自然环境的破坏加剧，以及生活方式的变化和文化特色的丧失等问题，使他们逐渐认识到了文化传统的重要性。在此背景下，联合国教科文组织提出的全球文化协同发展战略反映出大多数国家正在尝试通过减缓发展速度并重视教育来保护其独特的国家特色。这种努力主要分为两个方向：一是强化并传播各民族的文化、语言和思想，从而保护和推广本民族的文化；二是从更广泛的全球视角出发，以促进全球人类的共同发展为核心，特别是在教育和文化领域作出贡献。

当代全球音乐文化与地域音乐文化之间的互动，就如同一个国家中官方语言与方言之间的关系，展现了一种协同发展、创新与变革的动态过程。在这个过程中，各民族需具备全球视野，从世界的角度出发，共同推动全球文化的发展。

第二节　音乐教育的文化定位分析

一、音乐教育具有明显的音乐文化属性

文化与音乐之间存在着复杂而深刻的联系。音乐不仅是文化的一个组成部分，与文学和艺术并列，还是传达文化信息的媒介，使我们能够感受到文化的存在。从这个角度来看，音乐、文学和艺术的具体形态共同构建了我们所理解的文化概念。音乐，作为人类文明进步的象征，其独特的文化价值已得到广泛认可。文化离不开乐曲，乐曲拥有其独特的文化价值。此外，音乐教育在学校中的传授对于音乐的传播和繁荣至关重要。虽然音乐的文化属性并不显而易见，但它承载着重要的教育使命，需要我们更深入地理解和欣赏。

音乐教育之所以具有文化属性，其原因有四个方面。首先，音乐本身作为一种文化现象，它不仅是人类文明发展的标志，也是人际沟通的重要途径。音乐的本质在于提供精神层面的享受和创新，它不仅渗透到美术学、文学、哲学等多个学科，还广泛存在于人们的日常生活中。其次，音乐教育已成为社会人文思潮的重要组成部分，如柏拉图所强调的音乐在欧洲社会思潮中的重要性。再次，从中国历史的角度看，文化与教育始终紧密相连，教育本质上是文化活动的一部分，

二者相辅相成，相互制约。最后，音乐文化对音乐教学的形式、内容及其发展有着重大影响。乐曲的文化特性不仅是课堂教学的直观内容，还促进了音乐教育的发展，激发了其潜力。音乐教育的不同风格反映了各国家、民族和社会的特点，展示了音乐与文化之间密切的关联。

并不是只有音乐能在艺术属性和范畴上对文化传承发挥重要作用，音乐教学课堂作为音乐文化的重要组成部分，同样也在这一方面中扮演着关键角色。音乐文化是由形态多样、功能各异的音乐现象组成的复杂体系，其包括但不限于音乐美学、音乐教育、音乐传播、音乐探索以及器乐创作等。这些元素共同构成了庞大的音乐文化系统，每个部分都与系统的其他部分紧密相关，共同维持着整个系统的稳定。特别是音乐教育，在传承和发展音乐文化方面发挥着不可或缺的作用，是整个音乐文化系统中的核心环节。

音乐教育，作为音乐文化系统的关键部分，不仅体现该系统的本质特征，同时也遵循其规范和约束。教育学家斯普朗格（Speranger）曾指出："教育即是文化，是文化进程的具体表现。"[①] 这表明教育是人类主要文化系统的核心组成，且必须融合相关的文化元素。因此，在实施音乐教育时，不仅要展现和弘扬音乐文化的基本价值和特性，而且要深入地将音乐文化的精髓贯穿于教育过程中。总的来说，音乐教育既是音乐文化不可缺少的部分，也是在音乐文化系统全面影响下形成的成果。

音乐教育，作为音乐文化系统的核心，不仅承载着文化的深层含义，而且作为一个具有独特体系和特性的行业，对学校教育、文化发展乃至社会繁荣都发挥着至关重要的作用。

第一，音乐教育与音乐传承虽然在其发展因素与特性上存在差异，但都在历史长河中扮演着重要角色。中国周朝时期就已设立了专业的音乐教育机构，而儒家更是将音乐列为"六艺"之一，显示了其在古代教育中的重要地位。相较之下，古希腊雅典时期的音乐教育甚至升级至法律层面，所有学生都需学习音乐。此外，中世纪欧洲受古希腊影响，音乐成了包括天文、算术、几何、文法、修辞、逻辑在内的"自由七艺"之一。在现代社会，音乐教育不仅是文化传承的重要渠道，更是平衡学校教育中理论与情感教育的关键。特别是在技术和智力教育受重视的当今，音乐教育能够帮助恢复教育的整体平衡，促进学生的全面发展。因此，一个注重精神与智力教育平衡的音乐教育体系对于培养全面发展的人才至关重要。从个人角度来看，音乐教育是开阔思维、完善人格、调节情绪的重要方式，能够帮助个体追求更好的生活并更好地为社会服务。

第二，音乐教育在人类历史上拥有特殊的地位，其历史传承性独特。长久以

---

① 温辉. 德国教育学著作在中国的接受研究 [D]. 山西大学 ,2019.

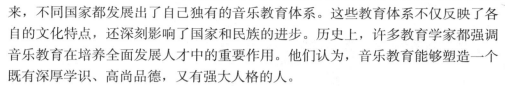

来，不同国家都发展出了自己独有的音乐教育体系。这些教育体系不仅反映了各自的文化特点，还深刻影响了国家和民族的进步。历史上，许多教育学家都强调音乐教育在培养全面发展人才中的重要作用。他们认为，音乐教育能够塑造一个既有深厚学识、高尚品德，又有强大人格的人。

音乐，作为一种跨越地域和时代界限的艺术形式，自古以来在全球范围内广受重视。歌德曾强调，音乐不仅是能够传递到五湖四海的手段，还是教育领域中的基础课程。随着科技的发展和文化交流的增加，全球音乐教育在维持一定的统一性的同时，也展现出多样性的增长。当代社会普遍认同音乐教育的重要性，强调以学生为中心，努力将音乐教育融入更广阔的音乐文化中，并不断探索音乐体验的多种形式。这些教育理念揭示了全球音乐教育的同步发展趋势。无论是在古代还是现代，无论是在中国还是在其他国家，音乐教育始终保持着一脉相承的传统。音乐教育理念从不同的角度出发，深入探讨其所对应的哲学和文化背景。音乐文化和教育文化对音乐教育的影响，促成了音乐教育独特的创新模式和发展趋势，使其与其他教育领域形成鲜明对比。

第三，音乐教育体系具有独特性。一方面，它在教育设备、教学课程、学生知识结构及学校课程安排等多个方面都展现出特点和责任，共同确保了音乐课堂教学的完整性，并促进了教育的全面发展。另一方面，音乐教育在运营方面独立于其他因素，从教育目的、授课模式到教学理念、教学方法，每个环节都有其独特的准则和完整的体系。这种既独立又统一的结构丰富了学校音乐课堂教育系统，有效地传播了音乐文化。

第四，在对音乐课堂授课与其在文化中的展现方式进行对比时，可以看到音乐教学体系的显著独立性。这种独立性体现在它将音乐文化与传统教育系统融为一体，形成了一个统一的有机结构。学校作为音乐教育的重要场所，通过音乐活动营造了一种精神上的活力和生机。这些活动不仅丰富了校园生活，而且对于培养学生成为音乐的热爱者发挥了关键作用。在这样一个相互增益的环境中，音乐教育的独立性自然凸显，并展示了其独特的价值。

由此可见，音乐教育既是音乐文化系统中不可或缺的部分，又具有其独立性。这种独立性并不孤立，而是与其文化和社会属性紧密相连。其原因主要有两点：首先，音乐教育的文化和艺术特性不仅使其成为音乐文化的一个重要环节，同时也赋予其传达文化价值和内容的使命。其次，虽然音乐教育是一个自成体系的领域，但其深厚的文化内涵和社会责任又赋予了它独立性，并使其担负起独立职能。因此，音乐教育需与其他社会体系，尤其是音乐文化系统中的其他部分，进行有效沟通与交流。加强音乐教育与音乐文化的培育及其相互作用，既是确保音乐课程教育得到广泛传播和深入学习的关键，也是学校音乐教育目标的重要体现，对于发挥音乐文化在社会中的重要作用至关重要。

二、社会音乐文化是音乐文化的主要部分

社会音乐文化的内涵可以从两个方面理解。首先，它包含了历史上音乐传播过程中留存的文化成果和现象。其次，它涉及社会对音乐的偏好、风格、习俗、概念和情感等的综合体现。这两方面相互补充，共同推动音乐文化的进步和繁荣，同时反映了社会的精神面貌。

第一，在音乐文化的广阔领域中，社会音乐文化是一个重要组成部分，它反映了特定时代和社会阶层的音乐偏好，并展现出独有的特征和内容。这种文化不仅局限于社会层面，也在音乐教育领域中扮演着重要角色。音乐课堂教育与社会培训机构之间的沟通和交流是必然的趋势，而非偶然现象。这种交流在音乐文化的整体体系中起着至关重要的作用，它连接了音乐教育和社会音乐文化，既有统一性又有约束性，确保各自领域达成既定目标。音乐课堂和社会培训机构虽然是不同的系统，但它们会在合作中不断互动，从而促进彼此间的交流和发展。

第二，音乐教育与社会音乐文化之间存在着密不可分的关系，共同构成了一个互补的整体。音乐教育的主要作用是满足人类在精神层面的需求，并保持音乐文化的持续传承。它不仅是音乐文化的表现，更是一个关键的学习途径，旨在传授音乐知识和技能。在当今社会，音乐文化不仅是精神和文化的表达，也是社会文化的重要组成部分，涵盖音乐的传播、欣赏、创作和表演，从而丰富了社会的文化生活。音乐教育对于社会音乐文化的贡献在于培养了人们对音乐的认知、欣赏和创作能力。这不仅促进了音乐文化的传播和发展，也增进了大众对音乐艺术的理解和欣赏。通过音乐教育，公众可以发展基础的音乐技能，这对于推动社会音乐文化的发展至关重要。总而言之，音乐教育与社会音乐文化之间形成了一种相互依赖、共生的关系，共同塑造了音乐文化的完整框架。

第三，音乐教育的成长紧密依托于社会音乐文化的互动与支持。其发展不仅是在社会认同与帮助下实现的，还体现在人们对音乐教育的参与和感知中。随着社会音乐文化的不断变化，人们的审美和欣赏水平也在发生变化，这为音乐教育提供了丰富的内容和背景。音乐教育不仅要适应这些变化，还要在其中发挥引领作用，积极影响社会，从而展示其价值和文化内涵。音乐课堂的授课内容和方式，不仅反映了社会音乐文化和中国传统文化的特点，还体现了人类精神追求。音乐教育和社会音乐文化是相互依存的关系，相互促进和影响。通过反映和吸纳社会音乐元素，音乐教育不断丰富和发展，增强了其在社会中的地位和影响力，实现了其既定的教育目标。

第四，音乐教育在课堂中的应用及其与社会音乐元素的互动对音乐文化的发

展起到了显著的促进作用。这种教育不仅旨在传播音乐知识，还致力于音乐文化的发展与保护。同时，音乐文化在社会中的繁荣得益于公众对音乐的态度、水平和评价标准的提升。课堂教学使人们能够更深入地理解音乐的精髓，继承音乐遗产，并激发他们积极参与音乐相关活动。这样的教育方式有效地促进了音乐文化在社会中的普及和公众对音乐的集体支持。

音乐教育与社会音乐文化互为支撑，相辅相成。缺乏音乐教育，社会音乐文化将难以进步；反之，没有社会音乐文化的滋养，音乐教育也将失去发展的土壤。二者通过相互依赖、沟通和创新，共同推动文化繁荣。因此，在实践中加强它们之间的互动是至关重要的。当前，音乐教育正处在创新阶段，需综合考虑传统与现代特性，采纳各种促进其繁荣的方法。音乐教育在社会音乐文化中扮演关键角色，其价值体现在促进中国文化和社会精神的成长。在社会音乐文化环境中，音乐教育展现出更大活力，应充分利用这一环境的优势。同时，应鼓励公众参与音乐教育，共同塑造音乐文化环境，形成一个音乐教育生态闭环圈。

在深入分析音乐教育文化的特性与特点后，可以明显看出音乐课堂教学与音乐文化之间存在着密切的联系。音乐教育承担着独特的职责，并因为这个独特性使其能够与其他系统共生共存。这种独特性对音乐教育的发展至关重要。音乐教育与社会音乐文化之间的互动关系，如果被有效地利用，便能产生显著成果。因此，对这二者间的相互作用进行更深入的研究和分析变得非常关键。

第七章　音乐教育与多元音乐文化传承

第一节　新媒体时代传统音乐文化的传承

在现代社会中，手机和互联网的普及使数字媒体在大学生的日常生活中变得十分常见，这对传统音乐文化教育产生了深远的影响。对于大学生来说，接受传统音乐文化的教育至关重要，不仅因为其提升了大学生的文化素质，也因为其是素质教育的一个重要部分。因此，我们必须强调和提升其在教育系统中的重要性。在这个数字化时代，为了更好地传承和创新传统音乐文化，我们需要对它在当前教育体系中的地位进行全面分析，以便发现并采用新的教育策略和方法。

一、中国传统音乐文化的重要性

音乐是一个国家或民族的文化象征之一。不同国家和民族的音乐具有不同的风格和内容，主要是受到地理环境、历史背景、文化传承和风俗习惯的影响。我国历史悠久，中国传统音乐正是在漫长历史中产生并保存下来的宝贵财富，身为中国这一礼仪之邦的公民，对于国家和民族的传统音乐文化进行弘扬和传播是职责所在。音乐对于人们产生的教化作用在中国悠远的历史中一直被着重强调。作为中国传统文化中的重要一环，礼乐文化主张融通与相互影响。中国传统音乐文化所提倡的"生命""社会""和谐"，不仅适用于古代人际关系处理，而且同样适用于现代大学生的日常生活（尤其是那些沉浸在网络的年轻人），能够为他们的个人发展提供有益指导及借鉴。

（一）大学生受到中国传统音乐文化"生命"功能的影响

生命，是乐教形成之初想要表现的最主要且最基本的内容，音调的流动与丰富有助于生命的流转与繁盛。因此，生命得以成为乐教的功能之一，古人就利用音乐进行养生，音乐家嵇康十分理解"音乐养生"的内涵。由于古人对于生活的热忱和对实现人生价值的态度，使他们对音乐教育有着特别的关注。这些关于生命的重要性的观点，可以从古代音乐教育的角度为当代大学生的学习和生活提供

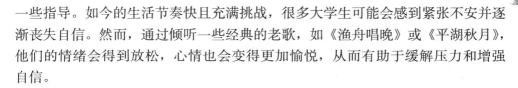

一些指导。如今的生活节奏快且充满挑战，很多大学生可能会感到紧张不安并逐渐丧失自信。然而，通过倾听一些经典的老歌，如《渔舟唱晚》或《平湖秋月》，他们的情绪会得到放松，心情也会变得更加愉悦，从而有助于缓解压力和增强自信。

（二）大学生受到中国传统音乐文化"社会"功能的影响

从伦理性来看，乐教的主要目的是塑造人格；对于现代大学生的教育培养而言，乐教能够在塑造高尚品格方面起到积极的影响。

（三）大学生受到中国传统音乐文化"和谐"功能的影响

在古代音乐教育中，"平衡"与"和谐"不仅被视为艺术修养的顶峰，而且是实现真正幸福必要的生存条件。这种理念，强调的是与周围环境的和谐共处，对于现代大学生而言，它有助于培养心态的宁静、提升个人素养。通过学习这些理念，学生能够更好地处理人际关系和日常事务，展现出应有的成熟和理智。

二、数字媒体对中国传统音乐文化的挑战

数字媒体是一个新兴的信息交流平台，它依赖于网络进行信息的交流，是继语言、文字和电子技术之后出现的最新的信息载体。这个媒体不仅象征着网络时代，也代表着信息互动时代。在这个数字媒体时代，音乐的传播主要依赖于网络，其特征包括实时传送、可重复播放、主观选择、参与互动以及自由选择等。在这个时代，网络音乐使学生的音乐生活变得更为多元化，但同时也对中国传统音乐的传承带来了很大的挑战。

（一）学校对中国传统音乐文化的传承不够重视

在当代音乐教育中，面临两个主要挑战。一是课程安排问题。目前，仅音乐艺术专业的学生有机会接触专业音乐课程，而中国传统音乐的比例正逐渐下降，未获得应有的重视。普遍设立的"音乐欣赏"课程虽为非音乐专业学生开设，但缺少固定教材和统一内容，导致无法达到预期的教育效果，且传统音乐内容常被忽视，难以有效传承和创新。二是缺乏数字化传播手段。大学生群体思想开放，对新事物接受度高，高校应成为文化传播的中心，利用数字化平台促进中国传统音乐文化的传承与创新。

（二）学生对中国传统音乐文化传承的缺失

在数字媒体的开放性和多元化背景下，学生能够即时地选择自己喜爱的音乐。网络流行音乐因其强烈的节奏感、简明的旋律和时尚内容而受到学生的青

睐，这种音乐更加符合他们的生活方式和审美需求。相比之下，中国传统音乐虽含有丰富的民歌和戏曲元素，但在大学生中的传承和普及度较低。多数大学生倾向于国内外流行歌曲，这种充满娱乐性的音乐文化，使深具文化底蕴的传统音乐难以在高校中得到有效的传承和创新。这种现象反映出传统音乐在高校教育中面临的困境和挑战。

在当前社会转型期间，大学音乐教育面临传统与创新的挑战。高校需要采纳有效策略，以维护和传承传统音乐文化的精华，并在此基础上进行创新发展。通过这种方式，新时代的音乐教育或许能够开创出更多具有中国特色的音乐文化。

三、中国传统音乐文化的传承和创新

在数字媒体时代多元文化的背景下，任何文化要想在国际舞台上脱颖而出，都必须深植于本民族的传统之中，并以其独特性进入全球视野。中国的传统音乐文化便是此现象的佳例，其深邃内涵和独特优势已经在全球范围内传播，并获得了国际认可。外国人对这种音乐文化的赞赏日益增加。因此，中国的教育系统应当加强对这种文化的传承与创新，履行教育和文化传承的重要职责。

（一）合理安排中国传统音乐文化课程

为了促进中国传统音乐的传承与创新，高校应在课程设计中融入多样化的教学元素。首先，对于非音乐专业的学生，将传统音乐鉴赏课程作为必修，有助于提升他们对本土音乐文化的理解与鉴赏。在音乐专业学生的课表中，应包括民族声乐和民族乐器的表演课程，确保他们能够深入系统地学习传统曲目和理论。此外，音乐形态学课程，涉及中国与国际的音乐理论，对于本科生而言是重要的学术拓展。采用东西方教育理念相结合的教学方法，不仅能够保护和传承传统音乐文化，同时也为其创新奠定了坚实基础。

（二）因地制宜创新教学方法

在高校音乐教育中，采取创新方法至关重要，特别是针对传统音乐。大学生正处于思想活跃的阶段，通过将民歌改编成流行歌曲的方式，可以有效地激发学生的兴趣。这种引导式教学，利用迁移心理学，有助于学生重新关注经典民族音乐。结合数字媒体技术，如将中国画与音乐相结合，可以使传统音乐在学生心中更加生动和易懂。此外，高校之间的教育经验交流，特别是总结不同地区有特色的做法，对传统音乐的传承和创新非常有益。

（三）为学生提供更多舞台实践机会

在高等音乐教育中，舞台实践是关键，尤其是在弘扬中国传统音乐文化方

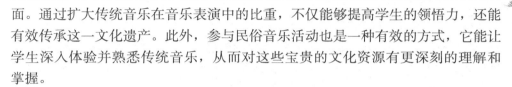

面。通过扩大传统音乐在音乐表演中的比重，不仅能够提高学生的领悟力，还能有效传承这一文化遗产。此外，参与民俗音乐活动也是一种有效的方式，它能让学生深入体验并熟悉传统音乐，从而对这些宝贵的文化资源有更深刻的理解和掌握。

（四）搭建中国传统音乐文化的网络教育平台

为了传承并创新中国的传统音乐文化，我们可以对文化课程进行模块化改革，其包括民族声乐鉴赏、民族乐器欣赏和传统音乐理论教学等多个方面。我们还可以邀请著名教师和音乐家进行面对面的教学，并将这些教学活动转化为在线课程。这样做既能结合线上和线下教学，又能通过综合评价和最终考核来确定学分，从而使传统音乐文化在与时代发展接轨的同时，实现创新和传播。

（五）占领数字媒体空间，积极打造中国传统音乐文化

为了提高校园网络平台的效益，我们可以通过创建一个专栏来推广中国传统音乐文化。在这个专栏中，不仅可以上传精选的传统音乐作品，还能提供相关知识的介绍，从而帮助学生在线上进行学习。此外，设立一个线上交流平台将促进师生间更高效的网络互动与沟通。比如，我们可以推出一个戏曲专题"家乡戏曲大家听"，鼓励学生上传和介绍自己家乡的戏曲。通过这样的方式，中国传统音乐文化得以在校园网络上广泛传播。同时，利用微信和微博等社交媒体作为传播渠道，可以将传统音乐文化融入学生的日常生活中，这不仅使学生更容易接近并喜爱中国传统音乐，也是一种对传统音乐进行传承和创新的有效方法。

第二节　中国音乐风格的文化自主体系分析

中国音乐的形成和存在，深受历史和文化的影响，其定义也因观察角度而异。要了解中西方音乐文化的差异，明确的概念表达是关键。中国音乐不仅体现了历史的脉络，还展现了独特的音乐风格。这种风格与中国的语言、方言、艺术、文化甚至哲学思维紧密相连。从文学角度看，它体现了典型的东方音乐文化特色。而西方音乐，以作曲家为核心，体现了其独特的文化特征。无论是古典、浪漫、表现主义还是先锋派，西方各式艺术音乐均反映了这一点。

可以通过对"地区性音乐风格文化自主体系"的把握，实现对各种民歌、戏曲、说唱和乐器音乐风格的基础理解，并对其在漫长的历史长河中演变的全过程进行追溯。

一、中国专业音乐创作的统一与分化

在 20 世纪，中国音乐深受西方浪漫派和民族派的影响。这种影响促成了一种融合中国传统音乐与西方浪漫派特色的统一音乐语言，直至 20 世纪 70 年代末至 20 世纪 80 年代初。这一整合反映了中国音乐的三个主要倾向：对音乐标题性和文学性的偏好、旋律抒情性的重视，以及对民族性、英雄性和幻想性的偏爱。然而，到了 20 世纪 80 年代，这种共同的音乐语言开始发生分化。新潮音乐趋向于背离传统浪漫派风格，这一变化部分源于西方"先锋派"对传统共性写作方式的挑战，这一趋势在西方 20 世纪上半叶已经显现。同时，通俗音乐也开始尝试不同的地方风格，如"西北风"和"东北风"，但这些尝试并未形成持久的新音乐语言。由此，人们开始意识到 20 世纪中国音乐在其自身"话语"上存在断裂。

其一，古今时序的断裂。人们开始更多地运用工具逻辑和标准化规则，而非传统的人文逻辑和自由性规则，作为创新的主要指导原则。

其二，文化约定的断裂。西方音乐的引入对中国现代专业音乐的形成产生了深远影响。非本土的文化技术元素被强制引入，导致本土文化的构成发生了剧烈的变化，甚至在某种程度上被暂停。这种变化不仅体现在音乐创作的思维和实际操作上，还涉及音乐的传播、教育领域，以及音乐行业从业者的身份认同。

从这个角度来看，随着全球音乐文化的不断开放和交流的增多，中国音乐文化应该继续坚守其原有的音乐文化模式，也就是要与地域性的音乐风格以及文化自主体系保持紧密的联系。

二、中国地区性音乐风格的演变

中国地区性音乐风格随着时代的变迁，发生了显著的变化，主要有以下五点。

第一，以中国几千年的历史演变作为基础，包括语言、艺术、美学、心理和哲学等在内的或者潜在的文化是其变异或演化的重要基础。依据历史演变框架逐渐形成特有的音乐风格，将宇宙、地球乃至地球的生命文化完整地展现在大家的面前，正是依此形成的生命遗传体的基因。以具有整体性的综合音乐观作为参考的基础，可以将其看作包括通俗、专业和传统音乐等在内的各种音乐融合在一起的开放体系，因此西方音乐中存在的优秀部分也可以被纳入该框架中参与演变的过程。

第二，重塑地域性的音乐风格。将历史演变中某一区域的音乐风格作为基础，这对于建立新的变量与连续性平衡是非常有帮助的，能够在转型过程中，使音乐文化和文化本身的形态相互联系。

第三，重新建立具有地区特色的音乐风格能够有效帮助发展东方音乐，扩大东方文化的影响力。在过去的数个世纪里，欧美各国的各类音乐活动如表演、创作及理论教育等都为他们的音乐成长提供了强大支持，进而形成了深远且广泛的文化影响，并在全球范围内产生了巨大的冲击力。地方化的音乐形式构成了东方国家的核心音乐系统的一部分，由于文化背景相似，所以它们之间的互动更为顺畅，相互借鉴学习，共同促进了它们的发展。我们需要深入研究这些普遍存在的问题，以便让东方音乐能积极融入世界的音乐演进中，最后使东方文化的力量得到彰显，进一步提高东方音乐在国际舞台上的价值。

第四，重新建立具有地区特色的音乐风格所伴随的社会学意义。这一过程需要以各地区及民族的音乐文化特征为根本，对音乐传统根基和历史进行深入的探索，从而实现自信心的提升、自豪感的提升和自觉性的形成。在这一过程中对自己和他人产生新的认识，形成自身独特的音乐文化特征，也接受他人的音乐文化，用自己的方式方法向前迈进。

第五，重建地区性音乐风格对于地方文化生态特征的保护具有积极作用。只有包括音乐、语言、人文景观、自然环境等在内的地方文化生态得到良好的保护，音乐的文化个性和独特的吸引力才能够得以保持。真正有价值的并不是随处可见的款式相同、价格一致的商品，而是大自然、历史和文化造就的产物。每个地方都应该对自身独有的文化具有信心，并努力将自己的文化推向全世界。

第三节　音乐教育与中国艺术歌曲的传承

一、中国艺术歌曲在音乐教育中的意义

（一）培育学生音乐能力素养

优秀的中国艺术歌曲融合了中西文化的精华元素，呈现独特的音乐风貌。中国艺术歌曲在发展历程中，吸纳了西方艺术家的新颖创意及东方韵律的美感，展现了中华民族的艺术风采，并且彰显了作曲者的激情与精神理念。通过研究学习中国艺术歌曲，能有效地增进学生的听觉敏锐度。这种类型的艺术歌曲既呈现了西方艺术的高雅，又凸显了东方传统的魅力，这对于激发学生领悟中国音乐巨匠的精神内涵有很大益处，从而促进他们提升艺术思考的能力、强化对美好旋律的感受力，达到提升音乐素养和审美水平的目的。开展关于中国艺术歌曲的学习培养活动，也能进一步增强学生的歌唱技能。歌唱是一种依靠技术手段来完成的表演艺术，这个过程要求歌手深入了解角色特点，精通各种技法并在舞台上完美演绎，这是对学生歌唱能力和表达能力的考验。

（二）传承民族优秀传统文化

中国的艺术歌曲是一种独特的艺术表现手法，同时也反映了东西方文化的融合现象，尽管其主要特征仍保持在中华民族发展的趋势中。如今看到的中国艺术歌曲深入描绘出民族精神，绝大多数歌曲的创作倾向都在于体现中华民族卓越的历史传承。在创作的过程中，常常使用《诗经》《史记》《唐诗宋词》等传统文化艺术素材，这种音乐与文学的密切联系为中国艺术歌曲带来了特有的风格，使它成为中国文化和艺术的重要传达手段之一。把中国艺术歌曲融入声乐教育中，有助于学生更深入地了解和把握我国优秀的民族文化及其蕴含的民族精神。这样做的结果是，艺术歌曲能够让学生从情感角度产生共鸣，有力提升他们的爱国之情，并且继续弘扬我们优秀的民族精神。

二、中国艺术歌曲在音乐教育中的应用策略

（一）指导学生正确理解中国艺术歌曲的重要性

我国艺术歌曲在初期的发展历程中，因融合了中西两种音乐元素，表现出了明显的西洋风格。另外，西方艺术和文化的飞速崛起，对我们大多数的音乐教育思想产生了巨大影响，许多学校在声乐教育方式上都走向了西化，对本土传统艺术文化的认识和重视不足。这表示我们亟须深入了解中国艺术歌曲在中国音乐教育核心位置的重要性，并通过精心的设计来将其纳入我们的声乐教育系统，以提高学校对于中国艺术歌曲教育重要性的认识，从而使学生明白其重要性和价值所在。中国艺术歌曲的发展与文化的进步密切相关。所以，为更好地把中国艺术歌曲融入我们的声乐教育的课堂中，我们可以举办音乐研讨会，设置关于中国艺术歌曲的相关教学主题，或邀请专家进行讨论，这样能让教师和学生更加全面地理解中国艺术歌曲的精神内涵及其在中华文化领域的关键作用。实施这些策略后，将会增加师生对中国艺术歌曲的关注程度，激励他们积极参与中国艺术歌曲的推广普及活动，以便让更多人了解到中国艺术歌曲的精神文化内涵。

（二）将中国艺术歌曲合理编排组合到声乐教学中

目前，中国的声乐教育中存在一些影响到中国艺术歌曲发展的难题。比如，许多学院的课程设置和教材结构没有完全把中国艺术歌曲融合进去。此外，这个领域的教育在学校里往往被忽视，使很多学生无法深入学习到关于中国艺术歌曲的知识。所以，我们需要在教材的设计中加大中国艺术歌曲的比例，挑选更多样化且富有趣味性的作品，使学生能够通过音乐课更好地了解中国艺术歌曲，从而弘扬中华优秀传统文化和民族精神，促进学生全面发展。学校应该更加注重声乐

教学的投入，明确要求相关教师将有关中国艺术歌曲的信息加入他们的声乐教学课程中，为学生提供接触和研究中国艺术歌曲的机会。与此同时，学校也可以开办一些包含传统文化内容的课程，这样有助于提高学生的文化修养，达到全面均衡发展的目的。

（三）强化相关艺术歌曲资源的研发与应用

面对目前中国音乐教育存在的问题以及缺乏相关教学资源的情况，我们必须采取两项措施来应对：一是提高教师的专业能力；二是改革课程内容。首先，我们要充分认识到音乐教育的重要性，并努力聘请优秀的教师进入我们的团队；还可以组织一些讲座或者表演活动，邀请高水平的中国艺术家参与其中，给学生带来更多了解中国艺术的机会，从而获取更多的学习素材，使中国艺术歌曲更好地融入学生的日常生活。这样不仅能让学生感受到中国艺术歌曲的教育魅力，还能激发学生的热情。其次，要增加优质的音乐教育教材，以便于学生掌握有关的音乐知识。与此同时，要密切关注国内音乐教育的发展动态，有效利用这些教材激活课堂氛围，不断注入新的元素。最后，还要寻找更多的教学资源，把中国艺术歌曲的创新应用到音乐教育领域，以此减轻因缺少教学资源而带来的压力。

（四）强化教学实践，优化教学模式

教育和学习过程对实践赋予了极大的重要性。例如，在声乐教学方面，理论学习的根本在于指导和培养学生的音乐技能，关键步骤就是持续并稳定的实践与训练。我国的艺术歌曲创作主要分为两种：一是改编古代诗词；二是基于近代诗文创作音乐。这类艺术歌曲饱含丰富的艺术气质，旋律优雅且富有深远的情感含义，这为实际教学提供了极大的便利，并且效果明显。例如，在声乐教学过程中，我们会把《丰收山歌》和《岁月悠悠》视作一种类型，把《大江东去》和《渔歌调》视作另一种类型，并采用通过不同音乐了解并演绎不同感情的思路来进行教学。此类教学手法不仅能提高学生的音乐技能，也能在学生体验音乐旋律的过程中提高学生的演绎技能和思维水平。通过运用多媒体进行模拟教学，可以引导学生进行模仿学习，让学生更深入地投身于声乐学习。在此之上，教师可以在每节课前留出 10 分钟时间，让学生展示他们的学习成果，鼓励学生自行选择音乐作品进行展示，并分享他们对音乐背景和理论知识的理解，这种交互式的学习方式对于学生更深入地融入课堂教学有着显著的效果。运用恰当的实践教学方法，不仅可以有效提高声乐教学的质量和效率，也能帮助学生在音乐课堂上真实接触并学习到更多的中国艺术歌曲知识，从而提升学生的音乐素养，推动其全面发展。

总之，中国艺术歌曲教育在音乐教学中是必不可少的，注定会得到教师和学

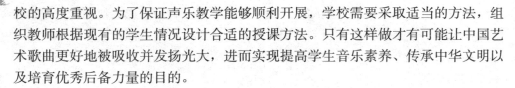

校的高度重视。为了保证声乐教学能够顺利开展，学校需要采取适当的方法，组织教师根据现有的学生情况设计合适的授课方法。只有这样做才有可能让中国艺术歌曲更好地被吸收并发扬光大，进而实现提高学生音乐素养、传承中华文明以及培育优秀后备力量的目的。

第四节　音乐教育中美声唱法教学方法探析

一、美声唱法起源和在中国的发展

在 17—18 世纪，源自意大利的美声唱法诞生，这是最初从欧洲的宗教活动中产生的唱法，最早由"阉人歌手"开始使用。这种唱法也有"柔声唱法"的别名，若按字面解释即为"优雅的歌声"。"阉人"有幸被选中来执行演唱任务，主要是因为 17 世纪以前的欧洲剧院和教堂对女性演唱设有禁令。不过，在音乐中要表现出温柔和纯洁的部分，需要女高音的演唱，于是就让"阉人歌手"扮演了替代者角色，虽然他们的歌声和女性存在差异，但他们依然可以传达出饱满和细腻的效果，并且音质更显得丰富有力。因此，他们的唱法构成了美声唱法的最初代表，无论是在合唱队里还是在剧院里，他们都能成功扛起剧中女性角色的重任，用其真假嗓和胸腔呼吸等演唱技巧赢得观众的喜爱。到了文艺复兴时期，因为人文主义的升温使"阉人歌手"的存在被废除，女性得以登上舞台焕发光彩。有部分"阉人歌手"则向女歌手传授他们的技巧，使男女歌手共同带来了自然明亮、富有层次的歌声，标志着美声唱法的全面发展。美声唱法的影响并不局限于歌剧院与教堂，众多歌手已将之带向大众，使一般人也能领略并欣赏这种美丽的歌声。该唱法在欧洲迅速取得了巨大的成功，许多艺术家甚至将它推广到全球。尤其在俄罗斯，这种唱法不仅深受当地人民的喜爱，还被赋予了俄罗斯的特色和情感，加以改良，使其更贴近俄罗斯的文化与情感。

在五四运动时期，美声唱法被引入中国。美声唱法的引进，代表着五四运动逐步解放了人们的思想。然而在这个时期，仅有一小部分眼光长远的个体能欣赏到这个领域的独特魅力；也仅仅只有这些曾经出国进修或者热衷于西洋歌剧的人群才会积极投入这项事业的学习中来。我国美声唱法的开创者主要有苏石林、喻宜萱、劳敬贤及黄友葵等人。他们在寻求来自俄罗斯或是德国等地的大师指导的同时，孜孜以求地深入了解此项技术的精髓及其理论基础，并且毫不犹豫地把他们的所学所得无私奉献出来，从而为国内美声唱法提供了坚实的基础并在实践领域取得显著成就。正是由于这些人对于音乐的热忱探究与执着追寻，才能让这种声乐风格得以在国内大放异彩。如今许多传统的戏剧艺术形式和民族唱法都采用过美声唱法来表现自己，这也足以证明美声唱法对于中国声乐艺术发展产生了深刻且广泛的影响。目前大多数大中专院校均开设了声乐课，也开办了美声唱法专业班级，成功地培养出大量优秀的声乐人才。因此可以看出，认识美声唱法的重要性和掌握它的演唱技能与学习技巧具有重要作用。

二、美声唱法中气息运用的重要性

在美声唱法中，气息的正确运用对音色、音准和表达力有着决定性的影响。良好的呼吸技巧不仅能够提升歌唱效果，还能够使演唱者更好地适应不同作品的需求，优化声音的特点。然而，演唱者若没能掌握合适的呼吸与气息运用方法，其演唱效果往往会受限。因此，掌握和运用正确合理的呼吸技巧对于演唱者来说至关重要。

（一）确保歌唱的稳定性

在歌剧的美声唱法中，恰当运用气息对确保发音的稳定性与准确性起着关键作用。比如，歌手需在高音段落调控气息流量及压力，以免出现嗓音破裂或者发颤的情况。再者，要保证旋律的连续性和流畅性，在演绎较长的音符或是乐句时，务必掌控好气息的速度，预防气息断断续续或者忽然停止的问题发生。

（二）实现音乐表现的情感传达

对于歌剧美声表演而言，有效的感情表达与强大的表现力是最关键的因素。歌手运用精确的气息调整技巧，既能掌握曲目的节拍和旋律，也能深层次地向观众传递作品所蕴含的情感。例如，在演出的过程中，借助对气息的掌控，歌手可以调控音量的大小、高度及持续时间，同时还能影响到共振的效果，这样就能顺畅地表达出作品里的各类情感，如哀伤、快乐或者愤懑，让观众更进一步体验到作品的情感内涵。

（三）提高声乐技巧水平

在美声唱法中，掌握好气息的使用对于提升音乐技艺至关重要。经过不断的训练与调适，歌手们逐步改进了他们运用气息的方式，找到了最适合自身的技巧，并将这些技巧成功运用于各种曲目中，进而提高了他们的歌唱能力。为实现这一目标，歌唱家致力于改进吸气的姿势、强化腹部的掌控能力和增进喉部的灵敏度，以便更好地操控气息，进一步提升其舞台表现，以此增强声乐作品的感染力和吸引力。

由此看来，美声唱法中的气息控制对于声音质量及情感表达至关重要，同时它也成了提升音乐技能水平的一个关键因素。在整场表演的过程中，歌手对气息

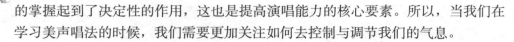

的掌握起到了决定性的作用，这也是提高演唱能力的核心要素。所以，当我们在学习美声唱法的时候，我们需要更加关注如何去控制与调节我们的气息。

三、美声唱法中运用气息提升演唱技巧的策略

在探讨美声唱法时，演唱者应注重如何正确地利用气息来增强演唱效果。其不仅包括选择适合不同乐曲旋律和风格的呼吸技巧，还涉及日常的呼吸训练，以确保在演唱时有足够的气息支持。为了提升演唱技巧，以下四点是重要的参考。

（一）演唱中保持气息平稳、连贯

在演唱中，稳定的气息对于维持良好音质至关重要，避免因气息不足而影响声音强度。良好的呼吸技巧是美声唱法的关键，这要求演唱者在演唱前进行深呼吸，充分吸气至肺部并压缩气息至腹部，以便在演唱过程中缓慢释放。控制气息的流量、压力和速度是确保演唱时气息平稳连贯的要素。适当降低呼气时的气息流量有助于维持其稳定性。日常的呼吸练习不可或缺，包括急呼急吸、慢呼慢吸、急吸慢呼等方法，以提升呼吸技巧和气息控制能力。有效的呼吸支持需要口腔和喉腔等发声器官的相互协作。具体的训练方法包括：①急呼急吸，短时间内完成气息快速循环流动，训练中迅速扩张胸腔和紧缩下腹，以实现快速呼吸；②慢呼慢吸，缓慢呼气和吸气，放松并张开肋骨，收紧腹部，适合缓慢节奏和富有感情的演唱；③急吸慢呼，快速吸气后缓慢呼气。同时，保持适当的姿势和身体状态对于保持气息的平稳和连贯也很重要，演唱者应保持身体放松和正确的姿势，以使呼吸过程更自然和平稳。

（二）学会气息的灵活变化

在美声唱法里，为了满足不同的乐谱环境以及对表达的需求，气息的调控是重点。此种方式强调了歌手应依据曲调的高低起伏与情感表达来灵活地掌控气息。对于低声部作品，要让嗓子松弛以便发出更为自然的声音。而中声部作品的表演则要求声音贴近日常对话，具有亲和力和感染力，同时保持气息的自然流动，这取决于歌曲的感情色彩及其独特风格。针对高声部作品，必须收紧声带，加强气息的操控，尤其是在变调的过程中，运用横膈肌的力量迅速调节，使气息具备弹性和活力，从而赋予声音更多的变化和美感。另外，在美声演唱过程中，换气的技术也十分重要，它能有效决定段落间的顺畅过渡。因此，歌手应该按照歌曲的内容、旋律和节奏提前规划好"气口"，并且精确掌握换气的技巧。比如，在高声部作品演出中，可以采取深沉换气法进行深呼吸，防止因浅呼吸而导致的气息支撑点的上移和发音失误，以此确保演出的质量。

（三）将气息的运用和情感的表达深度融合

在美声唱法中，熟练使用呼吸技术是表达感情的关键。歌手需要借助精湛的气息管理技能，再把气息和情感融合在一起，才能实现超乎寻常的音乐表演。第一步就是按照歌曲的节拍和情感波动去调整气息，使它能够符合歌曲所表达的情感。这种高水平的气息操控能力大大提高了美声表演的美学价值。第二步是在开始歌唱前，仔细研究乐曲类型和谱子，其包括记忆节奏变换的位置，以及领悟作品中的情感要素。比如，在情绪高亢的地方，歌唱者应该用横膈膜的力量发出有节奏的肌肉震动，并且保证气息稳定连续，由此创造出更为激昂、响亮的声音。当进入情绪低沉的乐段，就需要适度减缓音阶转变速度，让发音变得轻松明晰，如此才能更好地抒发情感。例如，在演绎如《花非花》这类旋律优美且充满感情的曲目时，歌唱者需要准确把握气息切换，维持均衡，以达到呈现质感声音的效果。最后一点，情感调控对气息的使用具有决定作用。在美声歌唱过程中，情感不仅能驱动人，也能影响气息操作方式。歌手需要深陷于作品场景之中，设身处地把自己当成作品人物，同创作人员建立情感联系。然后依照节奏韵律和情感发展走向去调整气息。深刻理解作品的情感主线对气息掌控的作用，以免出现气息停顿或者无力的现象。对作品内涵的深度洞察和体验是将情感因素与演唱技巧相结合的核心，使歌声更具感染力和吸引力。

（四）增强对气息的控制力

在掌握美声唱法时，演唱者的发声器官对音色和音准起重要作用，而这些又受到气息控制的影响。日常训练中，强化气息控制是关键。从美声演唱的实践中可以看出，多数演唱者能发出丰富、圆润、饱满而富有感染力的声音。然而，一些演唱者的声音可能会显得较弱，缺乏张力和穿透力，这通常是由于气息和音色结合方式存在差异。有效的训练方法包括将喉部和腹部协调使用，确保气息流畅地进入发声器官，维持稳定的发声状态。这样，声带产生的音调就会更加丰富。如果遇到声带闭塞的情况，应适当调整气息流速和流量，特别是要控制漏气量，以减少对音色和音质的不良影响。因此，为了提高气息控制能力，演唱者应根据自身情况选择合适的方法，将音色与气息有效结合，以此为听众提供更加丰富和优美的听觉体验。

综上所述，在美声唱法中，气息和演唱技巧关联密切。正确的气息运用可以在很大程度上影响音色效果和情感表达。因此，在进行美声演唱时，要保证技巧和气息的协调配合。同时，需要确保气息的连贯性，可以根据歌曲的节奏和旋律来控制气息，充分保障美声演唱的效果。

四、声乐演唱中音乐素养对美声唱法的重要性

（一）音乐素养的概念

"音乐素养"是指经过长时间的专业练习后形成的一种全方位了解及认知乐曲的能力。它涵盖了一系列基本元素如节拍感和旋律感的掌握。同时也包含着深度领悟音符内在含意及其本质特征等方面的内容。教育领域的发展使这个词语有了新的解释，这也表明我们对其要求越来越严格。特别是在古典歌曲表演方面，具备高度专业的"音乐素养"是非常必要的——这是决定能否准确无误并且层次化展现其内蕴感情的关键因素之一：如果只注重表面技巧而不顾及其他部分的话会使人忽略掉真正的艺术价值所在。所以为了达到这一目标，歌手必须不断地加深自己对此类问题的思考，并在平时的学习过程中运用适当的方法挖掘这些隐藏于其中的情感色彩，以期能更好地传递给观众从而引发情感层面的共鸣。

（二）音乐素养在美声演唱过程中的重要作用

1. 音乐素养有利于让美声演唱更具感染力

为了优化音乐演出的表现品质，演唱者需依据歌曲的特点灵活调整他们的演出策略。如果仅依赖某一固定的演唱手法，会使表演变得乏味而无深度，让作品看起来苍白无力。音乐表演的精髓在于情感的投入，这也是歌手音乐素养的表现。所以，演唱者有必要运用他们深厚的音乐理论及审美的解析技能去细致地解读作品，把真诚的情感融入其中。美声唱法不仅是一种歌唱技艺，更是一门综合性的艺术，它是借助音色的转变传达情感的方式。演唱者应该恰当地控制音色，展现真实的情感，并通过音量的波动和变化增加音质的丰富度。这一做法源自对作品的深入理解，是保证演出效果的关键因素。因此，提升音乐素养，融合技术与情感表述，是强化乐曲吸引力的有效途径。

2. 扎实的音乐素养有利于演唱者对音乐内涵进行更深入的理解

由于演唱者音乐认知和技能存在个体化差异，使他们在演绎同一种歌曲时会采取不同的方法，从而影响到公众的情感感受。每位歌手都会依据自己的乐理知识和实际操作经验，把他们的表演技艺融合进歌曲的内容中，并以独特的方式来阐述它们。特别是那些擅长美声的人，其深厚的音乐素养让他们能够深刻地领悟并且表现出歌曲的核心意义和风格，借助感情的投入，引领听众去欣赏音乐的美妙之处。他们也会考虑到歌曲的创作背景及其旋律特色，然后进行一次富有创意的再创作。所以，对于这些擅长美声的歌手来说，坚实的音乐基础是展现艺术魅力的关键因素，这可以大大提高他们的演出质量。

3. 音乐素养能激发演唱者的激情和兴趣

音乐学习是一个复杂且持久的过程，其遵从"艺无止境"这一原则。对于艺术的探索是无法穷尽的历程。若没有热情和动力，这段路途可能难以为继；即使靠着毅力坚持下去，也很难深入理解并掌握艺术精髓，更难达至卓越境界。通过音乐素养的训练不仅提高了歌唱者的鉴赏能力和欣赏音乐的美感及深层含义的能力，同时也增加了他们的学习兴趣。在歌唱的过程中，歌手必须全身心投入其中。借助音乐素养的引导，他们更能深刻地领悟到音乐的风采和节奏，这不仅是种愉悦的经历，也是一种美的享受和深度思考后产生的情感共鸣。这种共鸣激起了他们对演唱的热忱，也促使他们在演出中不断地提升自己的表现水准。

综上所述，在声乐表演中，歌手的音乐素养对歌曲是否有吸引力起着至关重要的作用，同时也反映了他们的歌唱实力。对于美声歌手来说，他们必须通过不断的练习来提升自己的音乐素养，以更熟练的技术展现出音乐作品的艺术特性，使技术与情感相融合并相互影响。此外，歌手还需增强其情感表现的能力，利用美声技巧令声音更为丰满且富有质地。高水平的音乐素养有助于美声歌手深入了解曲目的内涵，因此，他们也应积极聆听、观察及思考，养成终身学习的好习惯，加深对作品创作者意图的理解，重视基础技能的锻炼，并且不断增加自身音乐知识储备，以便向公众提供更多优秀的美声作品。

第五节　传统音乐文化的传承与传播解析

随着中国传统音乐文化的持续演变与发展，它既是祖先的伟大创造，也正在被持续地传播和推广。人们对音乐的广泛传播，催生了社会音乐的产生，并且促进了传统音乐文化的保护和发扬。由此可见，传统音乐文化的发展和传播主要依靠的是音乐的传播，音乐传播正是传统音乐文化在历史长河中充满活力、实现动态发展的主要动力。

传播即信息在时空中的流转和变化。人们所做的所有传播活动，其本质都是信息发送者与接收者进行信息共享的过程。所以，无论哪种类型的传播行为，都离不开以下四个主要元素：信息的发送者、信息的内容、信息的接收者以及反馈信息。并且每一次的传播过程，至少由信息的发送者、信息的接收者以及二者之间的联系这三个基本要素组成。在所有这些构成传播活动的重要元素中，最核心的是信息发送者与接收者之间的关系，也就是"信息的发送和反馈"。

信息流动体现了传播的核心要义。在这个过程中，信息变为表面化，并以一种独特的"符号"形式出现。这一符号，又可被我们称为符号化的传播内容。使用这样的"符号"是一种特定信息传达的方式。它作为一个"基本单元"，担任了携带和传送信息的职责，进而构建出有意义的编码或编码体系，如图像、音频、文字和表情等。音乐传播活动中信息的基本单元，就是音乐的音响符号，它是一种扩展的听觉性符号，具备非语义性的特征。

以音乐来表达信息是与众不同的传播方式。因为用到了特殊的音乐音符作为载体，其特殊的形态、识别能力都使其在众多的文化传播方法中脱颖而出，彰显其独特性。音乐传播活动是维系传统音乐文化的关键，也是人们分享和共享隐藏在音乐音符中的音乐艺术意图和音乐观念等音乐信息的过程。这促成了音乐现象、音乐作品的功能实现，成为一种社会行为。再者，传播媒介被视作"信息的发送及反馈"的另一项重要元素。媒介是信息符号传输的载体，是传播信息符号的物质实体。在传播学中，媒介又被称作媒体、中介物。随着人类物质文明的发展和生产力的发展，音乐传播的媒介也在不断地发生着变化，由简及繁，由原始转变为现代的多媒体综合形态。事实上，历史进程中产生的传媒的出现和发展对我们的社会传播活动产生了深远的影响。更甚者，它是产生于生产技术的革命，因而也对社会政治、经济和科技的进步与改革起到了推动作用，这种分阶段的特点在社会文化的传承和传播中得到了体现。因此，"传播史即媒介发展的历史"这一说法是毫不夸张的。

中国的传统音乐文化拥有数千年的悠久历史，根据传播媒介性质和模式的差异，可以将其传播历史大致划分为口语、乐谱和电子媒介传播三个历史时期。

一、口语媒介传播概述

（一）口语媒介传播的概念

如果除了口头语言外无其他传播媒介，那么这种音乐传播活动则被称作口语媒介传播。此时，信息的传播者和获取者会选用直接对话的方式，音乐的内容将会从作者直接流入听众的听觉中，也能马上获得回应。

语言和相应的文字符号媒介的出现是人类文明的起源，人类文明能够传播的起点便是"口语传播"。传统音乐在华夏文明传承和发展的早期，也有过一段"口语传播"的经历。根据现存少数民族音乐的传播现状可推测出"口语传播"的规律和特点。

（二）口语媒介传播的两种模式

口语传播是传统音乐文化历史发展中的第一个阶段，这一传播时期横跨了远古、先秦、两汉等多个朝代，在此期间口语传播是保存音乐风格以及民间音乐的重要方式方法。乐谱媒介的出现成为这一时期界定的重要历史依据。作为传统音乐传播历史中原始的形态，"口语传播"主要传播模式表现为两种。

首先，这可以被解读为音乐传播形式中最根本和最原始的基本模式。在这种模式中，传播者必须同时扮演创作者和演奏者，被认为是"音乐传播的源泉"。正因如此，在音乐传播的过程中仅存在两个主体，即传播者和受传者。音乐元素由传播者直接传达给受传者，此后，受传者在感知到信息后，会做出反馈，从而改变传播者的行为。

其次，因为口语媒介的影响，"传播源头"这个传播过程中的音乐创作者与表演者是分离的。换句话说，音乐创作者需要借助口头传达这种方式，将音乐传递给表演者，然后再展现给音乐受众。这是一种更为复杂的传播过程。

在一般情况下，这两类口语传播的传统音乐文化方式，只在"信息产生源头"和"信息接收端"这两个基础环节中，涵盖了包含音乐信息的音乐符号的发送与反馈，并未涉及任何人为的传播媒介。因此，这就形成了一种典型的"面对面，近距离"的人际传播模式。口语媒介传播作为保存先秦及两汉音乐风格以及民间音乐的重要方式方法，同时也对这一时期产生的传统音乐文化带来了深远影响。

（三）口语媒介传播的特点和意义

1. 口耳相传的接力式传播

在传统的音乐文化领域，口头接力式的传播是人与人之间的主要传播手段，大多从个体传至集体，形成一种"多级传播"的模式。以古代中国社会的民歌为例，由于大众接受教育的机会很少，仅有少数人能理解文字，因此口头形态的歌谣就成为主要的情感表现手段，不论是讲述故事，还是进行讥讽或者颂扬。也正因如此，先秦两汉时期的统治阶级已经学会了从民间的歌谣中对时事、社会现状进行了解，对民间歌曲的收集制度已然形成，《诗经》和《乐府诗集》便是这一时期的不朽篇章。正是个体和群体的"多级传播"使民歌在各个社会阶层间广为传诵。

因此，口耳相传这一接力式传播的过程使民歌得以形成并传承。也就是说在传播过程中，有无数人的口、耳以及大脑思维加入其中，最终形成一个动态的传播"链条"。

"口语媒介传播时期"没有其他如乐谱等传递方式的存在，恰恰是这种不可接触的"链条"和口头逐层传递，从个体到集体的"多级传播"，有助于早期的传统音乐的流传。

2. 信息传、受双方保持近距离的位置关系

传统音乐文化的"口语传播"方式所特有的另一项特性就是，在音乐传播的活动过程中，传播者和接收者始终维持着近距离的、面对面的关系。

早在远古、先秦和两汉时期，中国传统音乐文化便已经出现，宫廷宴会中的

歌舞表演、备受文人雅士青睐的"以琴会友"、百姓的山歌抒怀对答等，都是在"面对面，近距离"进行传播。在密切直接的互动中，表演者和听众之间不仅通过音乐符号交流，更通过眼神、姿势、体态甚至面部表情等非语言形式进行情感的传递与共享，有助于塑造音乐的形象。这种互动方式也便于表演者观察听众的反应，及时调整表演方式，增强听众的参与感和情绪感染，使心灵产生共鸣。诸如古代民间歌会等各层次的音乐活动，这种情况尤其明显和常见。

此外，口语媒介传播的"面对面，近距离"交流不仅削减了物理空间的距离，同时也缩小了心理感知的间隙，在相同的族群或地理位置，传播者与接收者之间可获得更深入的理解，它也使双方信息的"共享"更为紧密，这有益于共同"经验范畴"的形成。中国传统音乐在早期形成民族和地域风格也基于此。

除了这一点，口头交流是人与人之间交流的典型形式，这就使传统音乐文化的传播在空间、时间和速度方面受到了束缚。人与人之间相同、相通或相似的经验范围构成了人际交流的重要基础，只有依托这一基础，双方的信息交流才能顺畅进行。"口语媒介"需要以"相近的语言"作为基础，在此基础上才能保证双方沟通的顺畅。"地缘的邻近"不仅可以保证自然环境或是区域特点的相似，更能够为传统音乐文化的传播带来空间上的便利。因此，"相近的语言""地缘的邻近"往往是民歌传播、各区域风格形成的重要因素。总结起来，在运用语言沟通作为传播媒介的阶段，古老的音乐文化的传播进程相对原始和迟缓，影响范围有限，但在某些特定地域内的流传相对广泛。

3. 信息保存性差，信息复制能力有限

口语传播一个明显特点是其信息存储能力差，复制信息的能力也极为有限。"口语传播"依赖"口头语言"作为主要的媒介，不容易记录和保留。这就要求接收者在一定的空间范围内立即理解和评估，然后做出相应的反应。也就是在口语传播的过程中，依赖人脑对音乐作品，包括旋律、节奏、强度等各种细节的精准记忆，几乎是无法实现的。

因此，在口语媒介传播时期，传统音乐文化想要传承和储存音乐信息，依靠的是一种具有流动性的独特存储体系，主要是通过群体记忆、口头创造和接力传播实现存储功能。在相对固定的风格模式中，它体现了加工过程中的取长补短和各尽其才。在这种情况下形成的"群体记忆"只能够大致了解创作者创作作品的风格框架，为新的接力传播提供全新的力量。"同宗民歌"的形成建立在近现代全国不同地区民歌的传递之上，而各地的地方戏剧种类则依赖于戏曲音调的基础，其信息保存性较弱，"口语传播"的流动性存储效果与此密切相关。

二、乐谱媒介传播概述

（一）乐谱媒介传播的概念

在音乐文化逐渐繁荣的过程中，我们的祖先在漫长的音乐发展历史当中，不断地进行实践传播，逐渐发现了一种能够准确完整地将音乐信息进行记录存储的特殊"文字符号"，就是乐谱。乐谱本质上就是将音乐音响的听觉信息中的各个要素转化为符号或模型等视觉形式进行记录。

到目前为止，我国发现的最古老的乐谱是梁代的古琴谱《碣石调·幽兰》。从唐宋时期以来，各种记谱方法如律吕字谱、文字谱、俗字谱、工尺谱以及锣鼓谱逐渐出现，其中"工尺谱"尤其受到广泛使用。许多音乐作品，如敦煌曲谱、西安古乐、九宫大成南北词宫谱等得以保存下来，全是因为传统的乐谱，对这些艺术瑰宝的现代"解读"起着非常重要的作用。故而，从魏晋隋唐时期到留声机传入，传统音乐文化历经漫长的封建社会时期，都是借由"乐谱媒介"进行传播。

（二）乐谱媒介传播的两种模式

在传统音乐文化的传播过程中，相较于"口语媒介传播"，"乐谱媒介传播"指的是在音乐传播活动中，将乐谱作为口语之外的传播媒介加入传统音乐文化传播中。音谱媒介传播的方法主要有两种模式：其一，由于乐谱的存在，使音乐的创作和演奏在"信息的传递源头"方面得以专业化地划分；其二，乐谱能作为音乐信息的储存工具，在"信息的传递源头"和"信息传递目的地"之间能实现信息共享。

首先，在乐谱媒介传播模式一中，音乐信息共享的两个基本传播要素之间，其方式类似于口语媒介传播，这种方式就是通过音乐音响符号作为媒介，在近距离和面对面的环境中共享。然而，使用乐谱作为传播媒介的方式就与口语传播的创建和演示一体化有所差异，因为它改变了传播来源的单位。通过乐谱，把听觉感知的音乐音响符号转化为被视觉感知的静态符号，这样的变化对于帮助创作者克服遗忘问题是非常有益的。同时，它也可以有效地对创作者的一次性创作和表演者的二次性创作进行分隔，从而使音乐创作和表演之间的任务分工更专业，更清晰。

其次，在乐谱媒介传播模式二中，"信息发源地"与"信息接收地"这两个传播的核心组成部分，音乐内容主要通过"乐谱"这个媒介实现共享，传递者与接收者之间的共享和交流可以是近程的，也可以超越时空界限。

总的来说，"信息发出者"与"信息接收者"的存在，不仅使乐谱符号承载了音乐信息，还出现了乐谱符号与其内含信息相互融合的乐谱媒介形态。这类乐谱媒介作为一种视觉符号，由于具有一些特殊的属性，被广泛地复制、存储和传播。因此，在乐谱媒介传播的时代，尽管传统音乐文化的"口耳相传"方式依然存在并且一直是关键的传播途径，但乐谱媒介已经深深地嵌入了社会音乐传承的主要路径，如宫廷、寺庙等。这期间，一个全新的大众传播媒介开始在音乐传播活动中初步展现，乐谱媒介的革新性对唐宋以后的传统音乐文化的传承与发展发挥了深远的作用。

（三）乐谱媒介传播的特征和意义

1. 传播效果直观，传播过程连续性强

一方面，乐谱媒介传播帮助创作者较为精准完整地展现艺术的构思和音乐的形象；另一方面，传统音乐文化的传播不再受到形式上的限制，不再局限于"口耳相传"，随着时间的推进具有了绵远悠长的历史。乐谱的存在让人们能够在任何时间、任何地点对音乐作品进行传播。人们可以通过乐谱来进行信息的共享和思想上的沟通。基于此，传统音乐史学得以对古谱加以解读，并进行还原历史原貌的研究。

2. 大规模地传递复制音乐信息

当我们将"口语媒介"和"乐谱媒介"做比较时，我们可以看到后者更擅长保存并复制音符数据的信息内容。实际上在中国古代就已经有了木刻板式打印的技术应用，从6世纪初就开始用于记载文学作品上。到了宋代，毕昇成功地创造出了"活字排版印刷术"，这使印刷性能得到了进一步的发展提升。我们已经可以看到纸质版的书籍取代早期的手写方式来传承古典文献及歌曲资料等的内容。这种新的方法不仅让知识得以广泛普及社会各个层面的人群中，也极大地提高了人们获取这些资源的时间效率问题。也正是依靠多种多样的乐谱和传播活动，使中国传统音乐文化能够发展到现如今的水平和规模。

在中国的漫长音乐史中，"备忘"的概念对传统乐谱的产生起到了关键作用。由于历史上依赖乐谱作为传播媒介，中国人往往没有着力于对传统音乐进行精确记录，而只是大致勾勒了音乐的基本结构。这种"音无定高"和"节无定拍"的记录方法，正是在这种环境下逐渐发展起来的。然而，这也导致了音乐信息在传播过程中的准确性问题，进而影响了对历史文献的正确解读，使一些重要的作品无法被后世完全理解，成为永久的遗憾。

三、电子媒介传播概述

（一）电子媒介传播的概念

电子媒介传播相较于其他的传播方式，其产生时期为近现代，电子工程设备的广泛利用、声音和机械能量之间的相互转化，最终形成了类似的音乐，从而达到记录和"还原"音乐的效果，甚至还可以借由电台和电视台的电磁波进行传播。

跳过用文字、符号和乐谱等形式模拟声音，而是直接记录声音，这是人类长期以来的愿望。这个愿望在 19 世纪，美国科学家爱迪生发明录音机后才得以成真。就在那之后的不到 100 年，诸如现代唱机、录音机、电视、无线广播和电脑网络等现代电子通信媒体相继出现。因此，人类的音乐传播行为迈入了一个全新的阶段，即电子传媒阶段。

（二）电子媒介传播的两种模式

电子媒介传播主要表现为两种传播模式。

一是原创音乐创作者和二次创作的音乐演奏者作品，其音乐声音信息并不是直接提供给听众。相反，它是通过乐谱媒介，借助电子工程设备进行音质录制，利用磁带等载体进行加工。然后，进行大量的生产和复制，以便音乐听众能购买并欣赏。将"信息来源"和"信息接收"这两个基本元素有机联系起来，音乐信息通过唱片、磁带等记录形式由电子媒体传递，而不是直接通过音乐声音符号。

二是音乐是创作者和演奏者共同诠释的产物。音乐经过录制、复制和恢复的步骤，不是直接展现在听众面前，而是通过电台或电视台的电子媒体进行传送，电子设备如收音机和电视是观众获取音乐的渠道。

（三）电子媒介传播的特征和意义

1. 便于音乐信息的大众传播

相较于前面的两个历史时期，电子媒介传播时期在传统音乐文化传播进程当中是一种崭新的传播媒介，其出现于近现代，形式多种多样，是一种具有划时代意义的音乐传播媒介。作为一种大众传播媒介，电子传播媒介具有有组织、复制规模大、传播迅速的特性。

譬如，人们必须"解析"乐谱，才有可能成功地把视觉上的乐谱媒介转化为听觉音响，并且需要有演唱或演奏的技能、水准和适宜的环节，这些因素都会对音乐的"重现"产生影响。作为一种听觉音乐的符号，依赖电子媒介记录的音乐信息可以通过"播放设备"等来复现，并且可以更具直观性和准确性地呈现给听者，这也使音乐信息得以永久保存在历史中。近现代的音乐巨作，如谭鑫培、梅

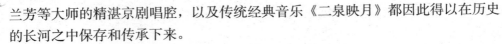

兰芳等大师的精湛京剧唱腔，以及传统经典音乐《二泉映月》都因此得以在历史的长河之中保存和传承下来。

2. 有利于传统音乐文化的普及和教育继承

除此之外，对于乐谱进行解读、对音乐进行唱奏，是具有一定的音乐文化底蕴和素养的专业的人才能够做到的。反过来看，电子媒体如激光唱盘和磁带可以更便捷地将音乐传递给人们，只要有配套的设备，便可以将有声的音乐生动地呈现出来，从而使演唱者和听众之间的信息共享得以实现。故而，类似唱片或磁带的这种媒介是具有大众性的，传统音乐文化也因其得到更好的推广和传承。例如在20世纪二三十年代，中国京剧艺术达到了发展的高峰。在这期间，全球各大唱片公司纷纷为京剧大师制作了唱片，包括但不限于谭鑫培、余叔岩，以及梅兰芳的作品。这些唱片在推广京剧艺术的过程中起到了关键性的作用。许多京剧爱好者，甚至是京剧的专家，都会通过这些唱片来进行欣赏，向"谭派""梅派""余派"学习艺术技巧。因此，唱片在京剧的传播和发展中发挥了极其重要的作用。

随着时代的进步，电子传播媒介如广播和电视在音乐传播中扮演了重要角色，提升了传播的综合性。这些媒介利用唱片、磁带等将声音进行处理和录制，再通过广播电视等方式进行广泛传播，但不是即时展现给观众。音频记录，如现场演出、唱片、磁带，主要通过广播和电视这些电子媒介传播，使音乐信息传播速度加快，覆盖范围扩大。因此，传统音乐文化传播步入了真正的大众化时代。

四、传统音乐文化的当代传播

改革开放40余年，给我国政治、经济、文化带来了翻天覆地的变化，音乐的传播也层出不穷，而传统音乐文化的传承和传播，则成为专家和学者研究的重点，在迎来了全新机遇的同时也伴随着挑战。

（一）当代中国传统音乐文化的机遇和挑战

正是封建社会和农业经济构成了中国传统音乐产生和发展的社会文化基础，这种音乐历史悠久，源远流长。直到20世纪初期，历经2 000多年封建统治的中国，才开始缓慢发展民族工业。

音乐文化的历史变迁表现为从"重视意识形态"的倾向转向"着重情感真实的展示和艺术性"的趋势。

在进入21世纪初期时，紧随全球经济一体化与新科技发展（例如生物技术革命及互联网信息的革新），我国开始了一场规模宏伟的工业转型和经济市场化的变迁。在这股汹涌澎湃的社会经济发展的浪潮中，音乐文化领域也形成了基于现代工业文明的音乐文化潮流，其商业价值急剧上升并推动了音乐文化的转变，音乐文化进入了大规模的社会化生产时期。此外，随着时间的推移，音乐文化逐渐演变成由包括反映国家政治观念的"主流文化"、以专业艺术家和知识分子群体为中心的"精英文化"（如西欧古典音乐或传统的乐曲），以及面向大众消费者的"通俗文化"等多种形式构成的多元的音乐文化市场。

在充满多样性的音乐文化市场中，对古典音乐文化的普及和宣传面临着空前的困难。首先，占据主要位置的流行音乐已然掌控了绝大部分音频与其他媒体平台；其次，全球化的发展使西洋音乐的影响更加深远，与此同时，古典音乐自身也正在寻求现代化的诠释方式。所以，现阶段的古典音乐文化，特别是"原生形态"的古典音乐文化，其在传播及生存方面面临着极大的困境。

（二）传统音乐文化面临挑战的应对策略

传统音乐文化的保护可以依靠政策、法律以及学者的责任心做到"守护"或"原汁原味"的保存，然而，如果要让传统音乐文化得以真正传承和发扬光大，焕发出新的活力，就需要我们改变原有的思维，增进和拓展我们对传统音乐文化内涵的认识，使传统音乐文化的创作与生产步入产业化的轨道。在传播方式上，巧妙地使用现代的电子媒体进行"多元化的传播"。只有如此，传统音乐文化才能走出困境，抓住有利的机会，在现代社会获得更好的传播和发展。因此，具体对应以下三个方面。

首先，我们需要基于现代社会的发展特点，更新观念，以便于对传统音乐文化进行"重构""多元融合"以及创新。

传统观念的更新，必须兼顾现代社会的特点，对传统音乐文化进行富有创新性的变革。事实上，"传统比得上一条河流"，我国的传统音乐文化始终是跟着时代的变迁特征同步进行改革的。另外，这样的"改革"并不仅仅就是简单地抛弃，反而更多的是"有选择性地继承"以及"改变步调但不改变形态"的创新。随着时间的推移，传统音乐的更新和变革就是一个重新解构、融合、创新的过程。但是，与历代农业社会中传统音乐的时代转变不同，现代传统音乐文化需要迎合现代工业文明和社会主义市场经济的需求，在理念的创新、内涵的丰富和改良方面都需要适应现代化、市场化的时代特征。

在这个时代，由于工业化的推进，一种富有娱乐元素的主流音乐风格开始崭露头角。这一音乐潮流是工业环境下的产物，其主要特点表现在它的商业性质，以满足大众对文化和消费的需求。随着工作或学习的结束，人们试图从社会的紧张节奏和竞争中解脱出来，更愿意选择能带来轻松愉悦感的音乐形式。所以，在音乐的世界里，我们不仅看到了主流思维模式、专业的艺术气质和都市人的"小资"情调，还发现了适应不同群体需求的娱乐型流行音乐趋势。这也使现代音乐呈现多元化且共生的状态。传统的音乐理念不应仅限于作为精英文化的一部分而存在，而是需要去理解和融合各种不同的文化形态，单纯依靠学者和社会的责任感及政府的资金投入来维持、保护和研究是不够的，必须对其有新的认识，才能实现各个层次的创新和融合。

其次，当我们对传统音乐文化进行重新剖析时，我们也应该积极促进以原生形态存在的传统音乐在制作、储存及推广方面的"产业化"，以便确保其在现代能被更好地保护和传承。

在工业化和经济市场化的背景下，传统音乐文化也正在经历着变革与提升。这个过程中，音乐文化和其他文化领域一样，由原来的小规模社会经济体系转变成大规模的现代工业文明生产方式，音乐文化的改变催生了一种新型的文化行业。同时，伴随着音乐商品价值的飞速增长，音乐文化行业已慢慢变成了一个充满无尽商业潜力的"市场"。这个市场的建立正是基于人们的文化消费观念和需求。因此，与很多西方的工业强国在同一时期一样，受现代传媒高速发展的推动，大批从事音乐商品生产的企业、公司纷纷崭露头角。音乐商品生产已逐步成为一个备受追捧的文化产业。

在这样的背景下，我们不能只采用那些传统的手段，如师徒传授、口耳相传等保留传统音乐文化，而应适应现代化和产业化的新潮流。借助现代市场运作方式，我们可以对现代原生态传统音乐文化进行市场化的整体统筹、规划、筛选、制作、展示和推广等，从而向产业化的传播和发展推进。在群体性、生产性和消费性主导的现代社会音乐生活中，我们只有选择走产业化道路，才能更有效地守护和传承原生态的传统音乐文化，并把它以适应新时代的方式传给子孙后代。

最后，我们需要巧妙地利用现代各类电子媒介，实施"多维度整合"的传统音乐文化传播。改革开放使中国有机会赶上 20 世纪 80 年代开始的互联网和通信技术热潮。尤其在过去的 20 多年里，伴随着世纪更替，中国的信息科技及通信产业如互联网、无线电等快速崛起，跻身世界前列。与此同时，国际互联网作为一种传播手段，展示了独特的传播属性。例如，在网络传播中，信息可以实时交互和更新。包括口语、文字（如乐谱）、声音、图片、录像以及数据在内的所有数字化信息都能自由地上传和下载。个人音乐作品也可以随时发布并被听众接收。因此，创作者和听众之间的中介环节被取消，作曲家和听众能进行实时、直接的信息交流。另外，过去各自独立的口语媒介、乐谱媒介、音像媒介、电视广播（如电影）等电子媒介实现融合，构建了一个统一的音乐信息传播网络。

鉴于广播、电视和互联网等电子媒介的发展特性，传统音乐文化的现代传播应该擅长综合运用这些电子传媒，实现多维度的综合性传播。这个所谓的多维度综合传播是指在音乐传播过程中，音乐作家或歌手的协作产生的音乐符号信息，可以通过口语媒介的人际交流或各种电子媒介的大众传播，同时进行多层面、多

通道的立体化传播。

无疑，当代的传统音乐文化的综合式传播就是多种历史传播手段的现代表现。它的传播速度快如闪电，覆盖区域之广大，以及影响力之深远皆创造了新的历史纪录，因此，包含传统音乐文化在内的人类文明的传播已进入新的历史阶段。

第六节　音乐教育和社会音乐文化的互动分析

虽然理论和形式的完成很重要，但音乐教育和社会音乐文化的交融最终需实践才能实现。因此，在实践中，音乐教育必须处理好和社会音乐文化的关联。音乐教育者必须加大和社会音乐文化的互动力度，同时也从这个过程中获得了两个重要的认知。

第一，音乐教育是具备文化特性的，要在文化系统中大力发展音乐教育，加强社会音乐文化和音乐教育的互动。总之，制定音乐教育的正向文化观念是必不可少的。这就需要音乐教育具有主导地位，帮助音乐文化确立重要的地位。要做到这些，既要吸收社会音乐文化的优势，又要加强对社会音乐文化的教育和领导作用。音乐文化反映着音乐教育的困难和难题，并蕴含解决方案。培养正向的音乐教育文化观念是发展中国音乐教育的重中之重。

第二，加强社会音乐文化和社会教育构成部分的作用，在尊重客观事实的前提下，探索更多可操作性、不被限制的方法加强这两部分内容之间互动的程度。这也是在实际操作中参考的标准，能够为音乐发展的实操层面提供诸多帮助。在具体操作过程，二者之间互动的影响因素是变幻莫测的，只要把握它们二者之间的作用是有规律的、双方面的就可以。这就要求在音乐教育中要根据实际情况，加强社会音乐文化的正向内容。在社会音乐文化发展过程中要发扬音乐教育的重要影响力。

解析音乐社会文化互动和音乐教育二者之间存在的关系、发生的作用、实现的方式和手段等。二者之间的互动体现于文化层面，音乐教育又是最为人们所熟知和常用的方法，得到了大众的支持，影响了大众的思维。这种情况下就可以把上述问题归结为：音乐教育的文化政策和方针。

一、社会音乐文化的起源和引入

音乐教育在社会音乐文化的影响下，呈现多样的问题和现象。这种教育不仅限于可见范围，还包括一系列深远的影响。因此，人们需要学会从辩证的角度分析、吸收和学习相关知识，并根据实际情况灵活应用这些知识。

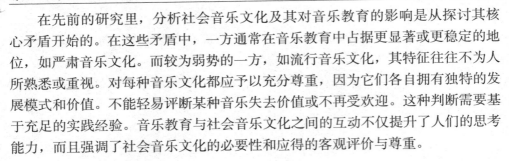

在先前的研究里，分析社会音乐文化及其对音乐教育的影响是从探讨其核心矛盾开始的。在这些矛盾中，一方通常在音乐教育中占据更显著或更稳定的地位，如严肃音乐文化。而较为弱势的一方，如流行音乐文化，其特征往往不为人所熟悉或重视。对每种音乐文化都应予以充分尊重，因为它们各自拥有独特的发展模式和价值。不能轻易评断某种音乐失去价值或不再受欢迎。这种判断需要基于充足的实践经验。音乐教育与社会音乐文化之间的互动不仅提升了人们的思考能力，而且强调了社会音乐文化的必要性和应得的客观评价与尊重。

（一）流行音乐文化对音乐教育的意义

对人们生活影响最广的音乐文化就是流行音乐文化，它本身存在诸多不可控因素，因此音乐教育对它的借鉴需要非常谨慎。由于流行音乐文化和传统的教育是有冲突的，并且这种冲突已经关系到音乐教育中是否会将流行音乐作为教学课程来进行。这一点是很多学者、教师，甚至社会大众都非常关心的，也是要优先探讨的一个问题。

事物往往具有两面性，流行音乐作为一种商品化的艺术形式，既具有积极的一面也有其不足之处，但它无疑是学生学习的有价值的对象。首先，青少年群体对流行音乐十分热爱甚至痴迷，认为它是他们生活和工作的重要组成部分。这种现象说明，我们不应全盘否定流行音乐，而应引导青少年理解其优点并警惕其潜在的不利影响。其次，流行音乐能够促进学生的审美发展，帮助学生学会鉴别音乐的质量。通过将流行音乐纳入课程，教师可以具体分析不同类型的流行音乐，培养学生对音乐的理解和欣赏能力。再次，重视青少年对流行音乐的狂热态度和心理影响是必要的。如果完全排斥流行音乐，可能会影响他们的学习兴趣。流行音乐进课堂可以拉近音乐教育与学生心理的距离，体现对学生的尊重，有利于教学的有效开展。最后，流行音乐作为一种音乐文化，具有独特的音律、节奏、曲风和内涵。它所涉及的乐器和技术能够拓宽学生的视野，加深对音乐分析和表达的理解。这些因素共同证明了流行音乐在音乐教育中的合理性和必要性。需要关注的是，如何在学生中有效地开展流行音乐教育，吸收其优点，并正确引导他们学习流行音乐文化的精华。

在当今社会，流行音乐迅速发展并呈现多样化，因此对它的态度应当是辩证的，即汲取精华、摒弃糟粕。流行音乐教育的重点是指导学生通过专业的介绍、分析和思考，发掘对他们成长有益的、积极的音乐作品，从而促进学生在音乐方面的成长。教师在教学过程中不应仅凭个人的主观观点、知识和经验评价流行音乐，而应指导学生从美学角度出发，自行分析和判断音乐的品质，培养独特的审美观，并根据内心的选择享受流行音乐文化的好处。

在探讨将流行音乐融入音乐教育的策略时，我们可以从两个方向进行：一是

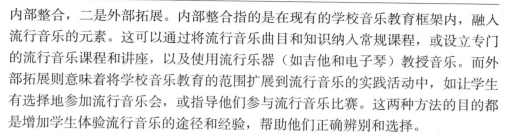

内部整合，二是外部拓展。内部整合指的是在现有的学校音乐教育框架内，融入流行音乐的元素。这可以通过将流行音乐曲目和知识纳入常规课程，或设立专门的流行音乐课程和讲座，以及使用流行乐器（如吉他和电子琴）教授音乐。而外部拓展则意味着将学校音乐教育的范围扩展到流行音乐的实践活动中，如让学生有选择地参加流行音乐会，或指导他们参与流行音乐比赛。这两种方法的目的都是增加学生体验流行音乐的途径和经验，帮助他们正确辨别和选择。

流行音乐文化的判别方法有很多，大家可以在日常学习、生活中进行运用。最常见的就是通过文化分析和实践研究相结合的方法教会学生挖掘流行音乐正能量，吸收利用，实现自己的音乐思想和创意。

针对流行音乐文化，最核心的一点就是帮助学生形成对流行音乐的态度和观点。教师通过多种方式，如引导讨论和示范分析等，使学生能够理解教师的看法，并培养他们自己对流行音乐的判断、分析、比较和欣赏能力。

（二）民族音乐文化对音乐教育的意义

音乐教育改革的关键性问题在于重点强调民族音乐文化，换言之，在音乐教育中体现出民族性。社会音乐文化的重要组成部分包括民族音乐文化。在音乐教育中民族音乐文化所占比重表现出这个国家是否有一个明确的态度，将民族性融入音乐教育是必然的选择。

音乐教育文化体现的国粹主义并不能代表民族性已经融入音乐教育，民族和国家的文化需要捍卫，音乐教育不应受到其他因素的干扰。应以本国文化为基础，充分吸收外来文化，立足于民族文化核心，传承本民族的特色，吸取世界多元文化的优点，推动中华民族音乐文化的不断前进。巩固我国音乐文化和教育的根基，对多元文化有一颗包容的心。

在音乐教育实施的过程中，其具有的民族性可以通过民族音乐文化进行体现。

首先，民族音乐文化是音乐教育民族性的根基。一个"早"字可以确立民族音乐文化的地位。人的思维模式和精神取向来源于未成年时所接受的教育，这些初始思想根深蒂固地印在头脑中，对以后接受的新思想和新知识也会产生影响。要在音乐中充满中华民族的精神就要让每个中国人接受民族音乐文化的教育。让其深深地植根于每个人的脑海中，不被其他音乐文化同化。因此对民族音乐的学习要从小抓起。

其次，音乐教育中应体现民族音乐文化的特色。其包括音乐文化的精神内涵——内敛、含蓄、自然而飘逸，旋律的优美和灵动。民族乐器的独特声韵和自然材质也反映了我国民族音乐的独特性。为了完美呈现这些特质，音乐教育需要多方面的支持。许多音乐教师可能在民族音乐文化方面有所欠缺，因为他们主要掌握西洋音乐的内容。因此，必须加强民族音乐文化的学习。教材应包含民族音乐文化的元素，而目前民族文化的整理工作已相对完善，如《中国民间歌曲集成》《中国戏曲音乐集成》等已出版。同时，教学中必须强调民族乐器和音调的重要性，如笛子、二胡等独特乐器，以及《茉莉花》《绣荷包》等深入人心的曲调。将这些元素融入音乐教学对于保持音乐教育的完整性至关重要。

最后，音乐教育和民族音乐文化都需要走向多元化。要深入理解本民族音乐文化是理解他国音乐文化的基础。一个人只有理解了自己的文化，才能更好地理解他国的文化。中国民族音乐文化的独特精神特质与西方音乐存在显著差异，这种差异源自它自身的鲜明特色。因此，多元化的音乐文化不仅丰富了中国的民族音乐，也应成为音乐教育发展的重要组成部分。通过吸收多元的音乐文化，音乐教育可以不断进步，其质量也才能不断提升。

民族音乐文化的学习要从小抓起，才能更好地建立音乐文化的自信心。将外来的民族音乐文化与音乐教育相结合，与我国民族音乐文化在音乐作品、形式和思想上的不同之处进行分析，或者在创作中融入不同的风格。若是要加强理解和认识其他民族音乐文化和本民族音乐文化之间的关系就可以采取这种方式。

（三）传统民俗音乐文化对音乐教育的意义

在当今社会，都市音乐文化通过电视、广播和互联网等媒介，已经成为流行文化的先锋。这种文化在音乐教育的各个方面都有所体现，不论是在城市或乡村，对学生或教师，以及教育方式和内容上，都市音乐文化无处不在。相比之下，传统民俗音乐文化在传播手段上较为落后，内容也相对过时。因此，音乐教育中应当更多地支持和发展这一领域。

音乐传统和风格的形成深植于民族的民俗文化之中。这些风格不仅塑造了音乐思想，还影响了音乐所传达的情感。各地区的传统音乐，源自各具特色的本地乡土音乐，这些音乐随着社会的发展而不断融入新的思想、内容和风格。在这一过程中，传统音乐正在努力寻找自己在过去与现代之间的定位。在教育领域，通过传统音乐文化的学习，学生能够更深入地认识地方传统和社会环境。因此，在文化、精神和音乐形式方面，音乐教育应更多地支持和促进传统文化的传承。

对学生的音乐教育不该仅限于课堂上的传统民俗音乐知识学习。为了加深对这一领域的理解，学生可以体验如舞龙舞狮等民俗活动，或聆听评弹书场。这些充满浓郁音乐氛围的传统活动有助于学生更深入地了解和融入其中。此外，邀请具有民间特色的艺人到校表演，也是让学生积极参与和接近传统民俗音乐文化的有效方式。通过这些体验，学生能将现代生活与传统音乐文化联系起来，发现二者的内在联系。这不仅能让传统音乐在现代生活中占有一席之地，还能激发学生对学习这门艺术的热情，让传统音乐文化在学生心中扎根。

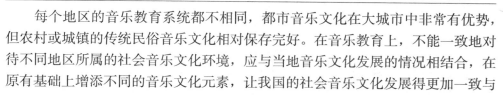

每个地区的音乐教育系统都不相同，都市音乐文化在大城市中非常有优势，但农村或城镇的传统民俗音乐文化相对保存完好。在音乐教育上，不能一致地对待不同地区所属的社会音乐文化环境，应与当地音乐文化发展的情况相结合，在原有基础上增添不同的音乐文化元素，让我国的社会音乐文化发展得更加一致与和谐。

（四）现代主义音乐文化对音乐教育的意义

现代主义音乐挑战了传统听觉和音乐秩序，这种音乐与严肃音乐文化的主要区别在于其对传统的颠覆。德国著名评论家和社会学家西奥多·阿多诺（Theodor Adorno）指出，经典主义的音乐语言已不再仅仅为艺术服务，而是转向追求利润。在这样的社会环境中，现代人在精神上的不解和困惑迫切需要新的音乐形式来表现。

中国传统音乐文化一直保持着明确的音乐逻辑和一致的音乐传统，这是其被选为教育内容的原因。在我国主流的音乐文化中，现代主义音乐文化并没有受到重视，其对我国社会音乐文化产生的影响小之又小，在世界范围内它的发展相对来说也不够成熟，我国文化能否接受它也是一个未知数。对音乐教育的改革是以传承传统为前提的，它不是单一的、片面的，而是有一个完整的系统。基于音乐教育发展的情况和社会音乐文化的现状，应对其给予充分的了解。

学生也应该和教师与相关研究人员一样充分了解现代主义音乐。

主流音乐文化与边缘音乐文化可能会产生互换，社会音乐文化很有可能会以先锋试验音乐为主。音乐教育也许会受到部分现代主义音乐文化所具备的先锋思想的启示。例如：现代主义音乐提出音乐应具有思想性，认为人在思想上可以受到它的影响；现代主义音乐文化还认为任何哲学观念都有成为音乐的可能，它的音乐理念就是任何声音都可以成为音乐的灵感。对现代主义音乐文化有所认识可以开拓新的音乐教育道路，为音乐教育提供多种类型的实践，让社会音乐文化认识到音乐教育的重要性。

音乐教育在融入社会音乐文化时，面临的关键挑战涉及四个主要方面：对流行音乐文化的辨别、民族音乐文化的选择、传统民俗音乐文化的支持，以及对现代主义音乐文化的了解。这些方面不仅体现了音乐教育与不同音乐文化之间的互动，还指导着音乐教育应如何适应和塑造这些文化。例如：对流行音乐的辨别反映了音乐教育对社会流行文化的适应过程；选择民族音乐文化则展现了树立多元音乐观的重要性；支持传统民俗音乐文化强调了保持音乐传统的必要性；而对现代主义音乐文化的了解则体现了面对非主流文化的开放态度。通过这些方面的考虑，音乐教育不仅能更好地处理与社会音乐文化的关系，还能在遇到相关问题时提供启示和指导。

二、音乐教育对社会音乐文化的辐射作用

开放音乐系统的构建需要积极地吸取外来文化的有效精髓，用开放的态度看待不同的文化，同时积极传播本土文化，将本土文化的影响扩散出去。这一开放系统的形成需要两方面的努力，应当有选择地吸取社会与文化内涵的有利因素，除此之外还要积极发挥音乐教育对社会的影响作用，用音乐教育影响音乐文化，用音乐来影响社会，将音乐精神、音乐形式创新、价值观等向社会辐射。

历史上出现过音乐教育对社会音乐文化的影响案例。在过去，人们往往通过正规的音乐教育获得音乐知识、理解音乐精神以及参与社会音乐生活。随着时代的发展，大众传媒逐渐兴盛，文化传播变得越来越迅速快捷，因此传播也更加方便，人们可以通过各种渠道和方式来了解音乐文化，吸取音乐文化知识，这逐渐化解了音乐教育对音乐文化传播的根本作用。对音乐传播者来说教育是不可替代的，但教育不是唯一获取音乐知识的途径，应当让大众通过各种渠道和方式，积极且主动地传播音乐文化，在这一过程中使社会音乐文化的发展道路不断拓宽。

在现阶段音乐教育文化传播的过程当中，音乐教育对音乐文化的传播是不尽如人意的。在音乐传播历史的过程当中观看整个教育体系，很少会出现音乐教育对社会音乐文化的引导，它呈现范围小、临时性的特点。但音乐教育对社会音乐文化的影响是十分深远的，它具有十分重大的意义，而如今音乐教育对这一文化的影响却微乎其微，因此，对音乐教育的改革势在必行。通过改革，重新构造音乐教育对社会音乐文化的引导作用，改善人们对音乐教育的认知。

音乐教育并不是时时刻刻对社会环境发展产生影响，它需要一定的环境和条件，而这一条件没有一个明确的界限。它可以被归纳为两大方面，因此要遵循大方面的规律来进行音乐教育方面的思考。

（一）正确认识自身的独特优势和独特地位

教育具有社会性，是由人产生，为人服务的。在教育的过程中，音乐教育对于社会音乐文化的影响也受到一些情况的限制，因此要想提高音乐节目的效果，就要寻找与之相适应的社会环境。音乐文化教育对社会音乐文化的影响需要根据一定的社会环境和文化语境进行思考，社会历史环境对于教育具有影响作用，因此在教育的同时，也应当了解社会总体的情况和教育所需要的一些现实因素。

社会精神文化包含社会音乐文化，而社会音乐文化也是其重要的组成部分，它们结合在一起，共同发展。有多种因素会对社会音乐文化造成影响，首要的是音乐教育，除此之外还有一些社会活动、音乐公司等诸多因素，然而这些因素比较随机和自由，与这些因素相比，因为教育更加的制度化、理性化，它对社会音乐文化的影响也更加的专业且集中。

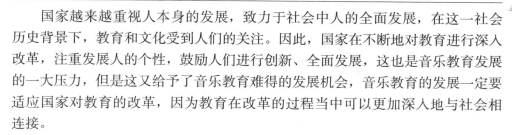

国家越来越重视人本身的发展，致力于社会中人的全面发展，在这一社会历史背景下，教育和文化受到人们的关注。因此，国家在不断地对教育进行深入改革，注重发展人的个性，鼓励人们进行创新、全面发展，这也是音乐教育发展的一大压力，但是这又给予了音乐教育难得的发展机会，音乐教育的发展一定要适应国家对教育的改革，因为教育在改革的过程当中可以更加深入地与社会相连接。

（二）充分发挥音乐教育对社会音乐文化的作用

音乐教育社会功能的实现与音乐教育和社会音乐文化之间的互动密切相关。

互动的载体主要是人，音乐教育就是发挥文化的作用，也就是在培养能够进行互动的学生，这些学生也都愿意在自己的未来为社会作出一些贡献。因此，提高学生的水平，是音乐教育一个很重要的内容。学生的自身因素是决定发挥其能力的重要标准。所以教育系统要在教学理念和教学内容等多个方面来制定对学生的教育方法，形成一种系统化的教育方式，构建一套培养学生的，能够让学生充分地对音乐文化进行理解的体系。让教师和学生可以充分地理解和体验音乐文化。

教师的观念发生了改变，使学生的思维一步步脱离教材的限制。这样的教学方式才是正确的交流方式，所以为了完成这一目标，在以下三个方面，许多教师都会引起注意并对其进行一些调整。首先就是学生的音乐创造力，创作音乐是学生的主要职责之一。所以教师应该对学生的创作方面进行一定的培养和系统的训练，让学生提高自己的创作能力。其次就是让学生即兴表演，或者是自由创作音乐。更重要的是让学生对音乐具有一定的理解，音乐和音符是不一样的，学生要先学会理解音乐，才能创造音乐。学生要考虑音乐背后的内容和思想，而不是单纯地解读音乐本身。当然，这两方面都很重要，而且很紧密，并且这种理解和解释应该在学生时代完成。最后就是学以致用，让学生能够使用音乐参加一些活动，如表演和创作等。学生还应该多参加课外活动，以此来提高自己的经验和素养。比如参加校园和社会音乐活动，只有把这些经验融入自己的创作中才是最完美的状态，这才触及了真正的音乐文化，达到了文化教育的目的。

音乐文化教育有其固有的目标，因此应当针对音乐文化教育的不同目标进行不同形式的教育，要有一定的属于自己的个性和方法，而不是千篇一律地维持系统现代教育。应该适当地引进方法和教学内容的改革适应社会的变化，把具体的内容带入文化中，而不是笼统地介绍，在教学过程中应该把理解和应用作为教学的主要方面，而不是让教师单纯地去教育学生。教师应该把方法和关键的内容带给学生，其他的内容应该由学生自由地发挥和完成，学生应该能承担更大的社会责任和更多的教学内容，而不是完全依赖教师。

总而言之，注意教育目标、教学内容和教学原则是十分重要的内容，也是形成教育理念的基础，为了充分发挥音乐文化教育对社会的积极作用，应该建立音乐体系，来帮助教师完成对学生的教育，这也是让社会音乐文化对社会作出巨大贡献的重要手段。

生活中，人们对音乐教育的要求比以前更加严格，人们会更加积极地参与到社会音乐文化的建设中。通过各种渠道慢慢地把音乐文化渗透到社会中，同时还要引入社会各界和各国的音乐文化因素和要素，以及它们进行音乐文化教育的方法，使社会音乐文化产生对整个社会积极的有引导作用的辐射。

第八章　多元文化背景下的音乐教育发展

第一节　多元文化音乐教育的历史与发展

多元文化音乐教育起源于 20 世纪初的美国，其发展历程可以分为萌生阶段、深化阶段、转换阶段和成熟阶段。

一、萌生阶段（20 世纪初至 20 世纪 20 年代末）

在 20 世纪初，美国音乐教育几乎完全遵循欧洲模式。然而，1900—1928 年，大量东南欧移民涌入美国，引发了人口结构的显著变化，这迫使美国当局和相关人士将关注点转移到如何保持政治、经济和社会的稳定发展上。最初，美国当局推行"美国化"政策，即"熔炉"理论，鼓励移民融入美国文化，放弃自己的民族文化和遗产。为了实现真正的"美国化"，他们采用了一种新的教学模式，在民歌和舞蹈教学中融合欧洲民间音乐和舞蹈。这种教学方法不仅涵盖了欧洲的音乐体系，还关注欧洲民间音乐，从而在一定程度上实现了音乐教育多元化。"熔炉"计划选择音乐作为起点，有助于解决多民族问题。尽管这一计划促进了音乐教育的多元化，但在长期实践中，其局限性变得日益明显。首先，音乐评价标准仍然以西方音乐的优美旋律、严谨和声和英语化歌词为主。其次，虽然对欧洲民间音乐的吸收在一定程度上促进了不同民族文化间的理解和尊重，增强了国际间的认同感，但音乐作为世界语言的基础体系仍然是欧洲古典音乐，非西方的音乐体系并未被充分接纳。

二、深化阶段（20 世纪 20 年代末至 20 世纪中叶）

1929 年，美国领导人出于国家利益，提倡选择性地与包括拉丁美洲在内的其他国家建立友好关系。这一政策在音乐教育领域的体现是美国开始重视民间音乐，尤其是拉丁美洲的音乐。到了 1936 年，随着国际音乐教育会议的召开，美国正式将民间音乐纳入其音乐课程，显示了对这类音乐的真正接纳。1942 年在密尔沃基举行的大会聚焦于不同文化背景下的音乐教育问题，从而激发了对多元文化音乐更广泛的关注，并不断深化对其内容的研究。在此期间，关于将自然和地理知识融入民歌和舞蹈课程的设计成为热门话题，吸引了众多专家和学者的讨论。

三、转换阶段（20 世纪 50 年代至 20 世纪 90 年代）

从 20 世纪 50 年代至 20 世纪 90 年代，多元文化教育经历了关键的转变。这一时期的重要标志是 1953 年音乐人类学会和国际音乐教育学会的成立。特别是国际音乐教育学会，在推动多元文化音乐教育方面起到了至关重要的作用。通过这个平台，世界各地的专家和学者能够广泛传播他们的思想和理论。随着会员数量的增加，国际音乐教育学会在多元文化教育领域发挥了显著的影响力。该学会每两年举办一次国际会议。为了让更多人快速了解音乐教育的最新发展，《国家音乐教育杂志》应运而生，并以英文、法文、德文三种语言出版，从而将多元文化音乐教育推向国际舞台。第三届会议上确立的"东西方音乐是一种国际理解手段"的议题，标志着音乐教育的领域不再仅限于西方音乐，开始重视东方音乐的重要性。从那时起，东西方音乐的平衡与平等问题成为第四届和第五届会议的核心议题。

1963 年 6 月，音乐教育研讨会在耶鲁大学召开，这场为时两天的会议主要讨论了美国的音乐教材问题，会议指出，美国目前的音乐材料在选择上仅局限于西方体系的音乐文化，而很少涉及西方民族音乐和非西方音乐文化。就此，会议指出，应将流行音乐及民族民间音乐等非西方音乐纳入教材曲目的选择范围当中，以此形成一种丰富的多元文化音乐。

1967 年 7 月，在美国召开了影响深远的唐哥伍德会议，这标志着多元文化音乐教育的重要转折。这次会议聚集了音乐家、音乐人类学家、科学家等各界代表，提出的《唐哥伍德宣言》对多元文化音乐教育的发展产生了深远影响，被誉为音乐教育历史上的里程碑。宣言推动了三方面的改革：音乐课程内容扩展至全人类历史的音乐，音乐教育着重培养学生的洞察力和技能，以及师范教育课程的改革以培养多元文化教育师资。这次会议后，美国开始正式实施多元文化音乐教育，其丰富的教学内容和全新的教育理念对后续的发展起到了示范作用，引领了国际音乐教育学会的步伐。此后的国际音乐教育学会年会和其他重要音乐会议，都将多元文化音乐教育作为核心议题。讨论内容从传统音乐与世界音乐的多样性，到音乐与文化的融合，再到重视文化遗产，构建"新世界"的音乐教育。在 1986—1992 年间，国际音乐会议进一步探讨了世界音乐中本土文化与全球关系的议题。

四、成熟阶段（20 世纪 90 年代至今）

1990 年以后，随着多元文化音乐教育在全球范围内的不断发展，其目标也开始逐渐明确。1994 年《国际音乐教育学会关于世界文化的音乐政策》正式出台，该政策指出，音乐教育体系不应该只局限于西方艺术音乐，全世界各群体的音乐都应属于音乐教育体系，但是应以理解和尊重为前提，必须平等看待所有音乐的存在价值。除此之外，政策还就音乐的评价标准做了一定的要求，其认为，对于表演、器乐等不同的音乐行为，音乐的评价标准不是唯一的，应从特定的视角出发，用自己的判断方式来欣赏多元化音乐。同年，美国在制定了 2000 年的目标之后又出台了《艺术教育国家标准》，在这一标准中，艺术作为基础课程的核心之一标志着音乐教育的地位越来越重要，此外，这一标准中涉及丰富的、风格各异的多元文化音乐更是体现了多元文化教育的日趋成熟。1999 年在美国召开的"豪斯赖特研讨会"中发表的宣言，重申了多元文化音乐教育实施的重要性。《世界文化多样性宣言》是 21 世纪以后，多个国际大会都讨论过文化的多样性问题，认为文化多样性是人类生存和发展的动力。以上的行为，标志着多元文化音乐教育进入了成熟阶段。

在多元文化音乐教育不断发展的道路上，美国及国际音乐教育学会为保证其正宗性，制定了一系列的规章制度，同时还收集和整理了具有利用价值的多元文化音乐资源，如音响、视频等。随着多元文化音乐教育的不断发展，逐渐突破了国界，发展成为国际化的主流趋势，不仅在德国、加拿大、日本等发达国家有所体现，同时也渗透到了中国、印度等发展中国家。

第二节　多元文化音乐教育的价值取向解析

一、多元文化音乐教育价值取向概念

现代音乐教育已经不仅仅是对音乐的鉴赏和创造了，随着社会经济的不断发展，音乐教育在原有基础上还应当满足社会发展对于音乐教育的需求，所以，多元化的音乐教育是未来发展的主流方向。多元化的音乐教育环境有助于国家、社会以及个体之间关系的转化，同时也有利于它们之间的价值利益趋向统一，并最终实现。多元化音乐教育的形成需要所在国家和地区的社会、政治、经济、文化等因素共同影响和支配，而个体的价值观取向也需要在多元化的音乐教育环境中进行自查和影响。个体价值观取向对于多元化音乐教育具有自觉性的取舍，其主要表现在以下三个方面：首先，个体在构建价值观体系时具有明显的自主性，这

在一定程度上表明了个体在价值观取向上的理性认知行为；其次，个体在价值观取向上具有明显的主动性，即个体为了满足自身发展需要而主动选择合适的价值观体系；最后，多元化的教育体系有助于个体更为主观地进行价值选择。多元化的音乐教育对于实践主体的思想认知变化以及价值取向具有明显的驱动作用，有助于满足个体对于社会发展以及经济文化发展的需求。所以，多元化音乐教育的发展应当建立在大量实践基础上，同时顺应社会经济的快速发展，并且要善于结合既有的思想认知经验，从理性角度进行多元化音乐教育发展是现阶段的当务之急。多元化音乐教育改革是一场旷日持久的攻坚战，在这一过程中所折射出的内在价值以及文化内涵是推动文化教育事业不断向前发展的不竭动力。

二、当前音乐文化教育的价值取向

人类文化历史发展至今呈现出了不同的发展经历，人类文明程度也由最初的盲目追从发展到了现在具有鲜明的自觉性，对于文化教育事业也是如此，文化教育在最初的发展过程中伴随着统治阶级用来统治的工具，人们对于文化教育事业的需求度和认知度不高，随着社会经济的不断发展，人们开始渐渐改变了已有的认知，文化教育事业也慢慢走上了传承和发展的道路，各民族以及个体的文化价值观取向开始趋于正常发展，价值观发展的始末伴随着历史的变更，同时也预示着人类文化从萌芽时期开始向成熟期过渡，其中，仍然有许许多多的潜在价值需要进行不断的探索和发现。

（一）多元文化音乐教育的特点

音乐教育的多元化发展经历了不同的历史过程，其中对于社会、经济、文化的发展需要也在不断增强，人们对于文化的认知水平以及实践水平伴随着文化教育事业的发展也在逐渐提高。音乐教育的多元化发展主要呈现以下三个发展特征。

第一个明显的特征是更加趋于理性。多元文化发展理论最先被提出是在 20世纪 50 年代，当时人们对于多元文化的概念还很模糊，没有从主观认知角度对多元文化有更多清醒的认知，导致当时的文化内涵呈现被动吸取的状况，随着时间的推移以及西方发达国家对于多元文化的研究和探索，人们的认知开始出现改变，多元文化音乐教育开始慢慢复苏并逐步完善，自觉性的吸取特点开始慢慢显现，这一过程中，人们对于价值观的选择开始出现有目的、有计划地索取和构建，个体会根据自身的发展需要来创建满足自身发展的价值观体系，这说明多元文化在发展过程中体现出了理性层面。

第二个明显特征即多元文化在不断发展的过程中开始呈现或多或少的多样性变化趋势，最初的多元文化概念出现旨在解决一些民族争端及矛盾，随着社会交

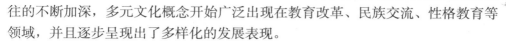

往的不断加深，多元文化概念开始广泛出现在教育改革、民族交流、性格教育等领域，并且逐步呈现出了多样化的发展表现。

第三个明显的特征是具有典型的人性化，以人为本是教育的宗旨，人本思潮使人们更加关注个体的发展需要，而随着多元音乐的不断发展，个体成长完善已经成为一种发展趋势。

（二）多元文化音乐教育的价值取向分类

多元文化音乐教育的发展有其历史的必然性。首先，它有利于促进社会的不断发展与进步，同时还能满足人们对于物质及精神生活的发展需要，对于民族的统一以及国家的发展更有积极的促进作用；其次，多元文化教育的大力发展可以促进人们身心健康的全面发展，同时也对社会主义文明建设起到促进作用。

1. 工具性价值取向

多元文化具有典型的工具性价值。首先，能够增强不同国家和地区之间的合作联系，增加不同民族之间的合作贸易；其次，有利于促进世界的和平以及共同发展，有助于构建文明和谐社会；最后，多元文化的发展能够带动民族音乐的传播和进步，并且完成民族音乐的国际化发展目标。

多元文化教育发展可以在一定程度上解决世界各民族和地区之间的文化差异及文化矛盾，因为音乐本身便具有开放、共存的特点，加强各民族之间的音乐交流更有利于双方之间的和平相处，对于促进多民族共存发展具有重要的促进作用。多元文化音乐教育更有利于各个民族形成自己独特的音乐文化，同时帮助民族间开放视野和文化融合。到了 21 世纪，人们对于文化音乐教育已经开始越来越重视，并且已经成为各个国家之间进行文化交流和经济交流的工具。

多元文化音乐教育的总体思想是平等和共同繁荣，因为任何民族之间的文化都是没有高低之分的，对于各个民族之间的文化应当平等公平对待，只有这样才能最大限度地保证文化的广泛传播和持续传承。

2. 本体性价值取向

多元文化音乐教育的核心本质是以人为本，这也是其本体性价值的体现方式。人作为社会经济发展的主体，只有确立了人的价值取向才是多元文化发展的最终目标，对于人的价值应当给予肯定和尊重，同时还要关注其在审美、内容等方面的文化环境，将平等共荣的理念贯穿于音乐教育的始终。多元文化音乐教育有助于培养学生对于美的感悟以及文化的传承，帮助学生建立美的标准，同时有助于帮助学生按照美的角度去审视世界文化以及社会生活，帮助学生建立正确的思想价值观及思维创新能力，并且最终实现学生身心的健康全面发展。

多元文化音乐教育提倡人的教育，旨在促进人的身心健康全面发展，同时针对不同学生的性格特征及能力差异而采取不同的教育体制。多元文化音乐教育尤为关注人的内心成长经历，通过提高人的文化水平来促进人的综合素质提升，所以说多元文化音乐教育是思想解放的助推器。

伴随着文化内涵的不断深入以及人们的不断实践探索，多元文化的其他价值内涵也在逐步显现出来，突出表现为多元化价值取向及主流价值取向。伴随着经济全球化的发展，多元文化音乐教育开始被人们用来解决一些民族争端及文化差异，并且随着这种现象的不断深入，在未来的发展过程中将会越加完善和系统化。不仅如此，我国的科学发展观以及未来的发展计划都要基于正确的多元文化音乐教育体制，只有这样才能加速发展的进程。

第三节　我国多元文化音乐教育面临的问题与挑战

一、对多元文化音乐教育思想认识不全面

在我国，多元文化音乐教育仍处在较为初级的阶段，对其的理解和认识也尚未完全成熟。多元文化音乐教育提出了四种教育模式：其一，主流中心模式，这种模式是建立在西方主流音乐理论的基础之上，它的课程设计和教育方式都是以此为准则；其二，民族附加模式，虽然它依旧以西方主流音乐理念为核心，但增添了经过筛选的少量民族音乐元素和观念；其三，多民族模式，它充分展现出了多元化文化的理念，采纳各种民族的观点审视音乐和教学；其四，民族国家模式，这是以本国传统音乐观念为主导，构建出的课程模式。从古至今，我国的音乐教育主要采取的是第一种和第二种模式，其核心都是以西方传统音乐教育体系为标准。虽然许多专家学者已经注意到多元文化音乐教育的势头不可逆，对来自美国、巴西、土耳其、阿拉伯、西班牙等国的音乐，以及中国传统音乐、少数民族音乐等多元文化音乐进行了一部分研究，但是在真正的教学实践中，多元文化音乐教育还只是充当了一种辅助或补充的角色。我国高等学校的课程结构正好反映了这种现象，那就是以西方音乐为基础的基本乐理、和声、视唱练耳、曲式分析、配器等课程当仁不让地占据了主流地位，相较之下，世界音乐和民族音乐课程的数量则显得少之又少。

主观的文化优越感导致了对多元文化教育的狭隘理解，过度看重自身文化教育，却对多元性视而不见。这种主张被现代人冠以"文化割据主义"，其主张以自我文化为优，不与其他文化交融，防止新的改变，坚守个人利益和传统，不寻求创新。在音乐界，这种理念使人忽视或拒绝不同民族音乐文化的融合，过度夸大自身民族音乐的价值和影响力，而对与其他文化的共性视而不见。这两种保守的观念，最后只能使自身发展停滞甚至衰败，并阻断对多元文化音乐教育理念的

接纳，阻碍平等、宽容和理解成为多元文化音乐教育平衡发展的基础。

二、中国音乐教育"文化失衡"现象

殖民主义的精神奴役和压迫在19世纪为殖民地带来了深远的影响，这是因为发达国家把其文化推向了殖民地，给当地的文化遗产带来了风险。与此同时，殖民时代音乐的优越性或落后性的评判都以西方古典音乐的价值观为准。当时，中国音乐走上西化之路在一定程度上是既有外在压力又有主观愿望的，至今，我国的音乐教育机构仍然保持以欧洲音乐为主要内容的方式，并试图建立一个与西方音乐相对应的全面的音乐教育体系，但对于我国传统音乐的重视却明显不足，从而导致传统音乐逐渐萎缩。学生学习的民歌、戏曲和器乐等仅仅被视为音乐创作或演出的原材料和灵感，人们对其独特的艺术美学特征的理解却微乎其微。许多学习音乐的学生并未深入研究中国哲学，因此对音乐价值、思想方法、艺术创作和认知方式的理解并不清晰，也就失去了对自己文化的定位，以至于用西方专业音乐的价值观、审美观和艺术流派为中国传统音乐发展指路。在这样的情况下，中国音乐正在经历着与自身传统音乐和西方音乐的断裂，中国音乐发展道路面临着巨大的困难。

三、缺乏世界音乐教育的课程设置

20世纪60年代，上海音乐学院等专业音乐院校开始了世界音乐学科的研究，1964年，中国音乐学院设立了"亚非拉音乐教研室"，之后，中央音乐学院等其他学院开设了相关的课程。然而，至今仍有许多音乐系与音乐教师依然没有开设这类课程。而且，由于开始的阶段较晚，学科的建设尚未完善，缺乏体系化的教科书，参与的专业人员数量较少，还有待进一步完善。

四、传统教学的弊端

自古以来，我国的教育结构深受封建教育观念的制约，倾向于对学术技能和理论知识的过度强调，往往忽视对人文素养的考虑。传统的教学模式通常故步自封，往往忽略了培养学生的责任感、创新思维及实践能力。在教学实践中，常会出现教师居于主导地位，学生被动接受的现象，教师讲述，学生听讲；教师全知全能，学生则一知半解，使摆在眼前的教学过程变成了单一、僵硬、机械的知识传递形式。学生只是机械学习，无法培养发现问题和批判性思维分析问题的能力，难以激发学生主动学习的热情。这也造成了音乐教育的边缘化和被轻视，使其失去了本应具有的人文意义。

五、欧洲音乐中心论依然强势

从五四运动开始，我国的公众在寻找救国之策时，将注意力投向了充满工业化色彩的西方社会。当时欧洲各国在世界各地进行的殖民扩大化趋势正逐步增强，其中，发挥重要影响的一种统治策略就是文化霸权。他们试图推广一种可以统治世界的文化形式，并把它定位为"先进"文化，同时，对于那些工业技术不发达的国家的文化则贴上"落后"文化的标签。受到欧洲文化观念对我国的强势影响，我们全盘接纳了欧洲的音乐教育体系和教育方法，目的是重新诠释和改造我国的传统音乐。西方音乐的价值取向逐步在中国人的音乐观中形成共识。我国音乐教育的深度俄罗斯化，得益于以俄罗斯为学习对象的价值观引领。我国的音乐学院是参照俄罗斯音乐学院模式建立的，教学内容主要包括苏联的音乐教育观念和实践技能。主要教授的音乐课程以西欧 17—19 世纪的专业音乐创作为主，如在钢琴方面，学员会学习演奏莫扎特、贝多芬、肖邦的作品，声乐演唱的内容以西方的艺术歌曲和咏叹调为主。作品解析主要聚焦于奏鸣曲，视唱与听力训练以西方音调为主，音乐评判标准主要以西洋大小调、十二平均律以及西方和声体系等审美原则为依据。如今，这个状况依旧没有得到根本的转变，虽然音乐人类学和全球化的多元文化音乐教育引起了对此的一些挑战，然而想要真正冲击欧洲音乐的霸权地位，还需依赖我国的专家、学者以及相关机构的人士，共同推进。

六、重新深思我国以审美为核心的音乐教育理念

自 1912 年起，蔡元培就不断强调音乐的审美价值，这个观念如今已在 21 世纪的《全日制义务教育音乐课程标准》中占据重要地位。在这个标准的指导下，选择教学内容的原则是以能够引发美感的音乐和有鉴赏价值的曲目为准。简单来说，只有美的音乐能引发美感。音乐之美被认为是影响美感的主要因素，是人们对美感的客观理解，同时音乐鉴赏体验受音乐之美的属性所影响。这似乎是一个二元论的观点，音乐的美是主观的，人们对音乐之美的感受是客观的。不容忽视的是，这个"美育"的理念曾一度推动了中国音乐教育的进步，它被视为中国音乐教育的核心，这与历史的传承以及美国音乐教育家雷默在审美音乐教育中的关键人物角色有关。20 世纪 70 年代至 20 世纪 80 年代，以审美为核心的音乐教育是美国官方音乐教育的理念，而在 20 世纪 70 年代末期，20 世纪这个观念达到了巅峰。然而，多样化的音乐教育和实践主义的出现慢慢改变了这个状况。

音乐教育领域中的以审美为核心的观念引起了许多学者的深度思考和指责。1986 年，伯里安特（Buryant）认为，从 20 世纪大部分的音乐和艺术形式来看，审美概念其实只是"时代的误解"；丹托（Danto）则重点强调，审美概念已经无法理解艺术与生活的联系；而埃利奥特（Elliot）的批评主要是他认为美育概念

造成了音乐理解和体验的退化，他强调听众必须拥有艺术的审美听力，并对音乐作品的曲调设计有独特的理解。从另一个角度来看，美育世界观涉及的不仅是音乐，还包括它与宗教、道德、社会、文化、历史、政治、实践等非音乐结构特征的关系，这是一种超越音乐的欣赏，审美其实就是对事物纯粹的感知。"审美的感知和反应"与音乐的多元化和全球化音乐生产的一致性有关，但却忽视了多样性、异质性、多义性以及认知差异，而最重要的审美听力并不仅仅是一种孤立的结构模式或听力事件。由于多元文化音乐理念的冲击，以及对以审美为核心的音乐教育的反思和批评，审美论的重要人物雷默改变了他过去的看法，他在2003年版的《音乐教育的哲学》一书中提出，审美教育应当是一个不断发展的过程，应以开放的态度敏感地解读与音乐有关的最好的思想，并把这种思想运用到音乐教育的实际操作中。他欣然接受文化的各种变化和差异性，主张宽容和融合，从而在自身理论和其他不同的哲学观念、多元文化之间架起了通道。审美音乐教育哲学强调以审美为核心，以欣赏音乐作为主要的教学方式。但是，这种等同于将音乐美的教育和音乐教育的哲学对等的看法，却混淆了人们简洁直接对音乐的认识，导致音乐生活的体验被隔离或者被边缘化。音乐教育并不仅仅关注美感的提升，而是涵盖了对文化的理解和传播，审美只是音乐文化的一部分功能，而它的其他功能还包括象征意义、情感表达、休闲娱乐、加强社会规范的遵守、增加交流，提升社会的凝聚力、身体反应、加强社会规范和宗教仪式的权威、为文化的延续和稳定发挥等。只把音乐教育视作审美教育，那么全球的多元音乐文化将被排斥或误读，无疑与我们追求社会发展的潮流背道而驰。

七、多元文化音乐教育实施中的师资问题

教师扮演着多元文化音乐教育成功实施的关键角色，他们的影响力巨大且积极。然而现状是，中国大部分音乐教师的教育基础主要以欧式教育系统为核心，他们的西化倾向十分强烈。他们在学习声乐、钢琴及音乐理论时，主要集中于欧洲的主流大小调体系和声构架与复调体系，深谙欧洲经典音乐，但对世界各地以及中国各民族音乐的理解仍需加深，且对多元的文化和音乐教育理念了解有限，有时无法全面把握其内涵。而在较为偏远的区域，这些教师可能根本不知道关于多元文化的音乐教育。这种情况在学校中尤为突出，他们对新的音乐教科书的困惑或者曲解是最直接的表现。这也大大妨碍了多元文化音乐教育政策及其理念的推广实施。多元文化音乐教育要求音乐教师具备更高水平的教学能力，不仅要掌握传统的音乐知识，还需要拥有教授全球音乐文化的能力。当前的音乐教育正处于从传统到现代，从单一到多样化的转变过程中，面临着认知和实践两方面的考验。

八、对编写音乐教材提出新的挑战

在教育和学习中，教材占据着核心位置，是实现教育目标的重要工具之一。其内容包含教科书、教学大纲、讲义、参考材料等。教材在很大程度上设定了课程的性质与功能，同时也是学生学习经验和知识的参考指南，以及教师与学生构建学习联系的关键环节。然而，我国在实施多元文化音乐教育的过程中，普遍面临多元文化音乐教材及其相关资源匮乏的问题。因此，急切需要推出或引入具有多元文化特色的音乐教材。然而，引入的教材可能并不能完全适应我国的实际需求，因此编撰适合的教材刻不容缓。另外，受多种因素的影响，编写出符合我国国情的多元文化音乐教材正面临着巨大的挑战。

第一，考虑到我国音乐教育在过去的很长一段时间内一直遵循欧洲的体系，我们对欧洲音乐教育的理解可以说是非常深入。但是，对全球多元音乐教育的理念及其教材的框架和特性，我们的研究尚浅，因此也无法精确掌握教材编写的标准。第二，我们在研究我国民族音乐和世界音乐方面还存在很大短板：在我国56个民族中，除了汉族音乐，对其他民族音乐，如藏族、维吾尔族、苗族、傣族等的研究仅停留在表面，对许多其他民族音乐的了解尚不够深入，因此在编写多元文化音乐教育辅导材料时，这些音乐的独特性并不能得到充分体现。世界上有超过 2 000 个不同的种族，每一种族的音乐都展示了其独有的吸引力和多样性的风格。然而在中国，只有像陈自明、王耀华、余人豪、朱振山、高光地、陈明道、丁翼、李昕、杜亚雄、谢为群等少数学者和专业人员致力于全球民族音乐的研究。由于诸多因素的制约，他们的研究进展较为迟缓，进而影响了全球民族音乐在国内广泛传播的步伐。第三，多元文化音乐教育的音像材料不足，这也是研究推进缓慢的结果。第四，我们如何在教材中平衡欧洲主流音乐、中国民族音乐、全球民族音乐等的比重，我们还缺乏应对此类问题的丰富经验。第五，关于如何编写出能从小学到大学范围内广大学生都能接受的音乐教材，包括教材的通俗易懂、内容逐步展开的层次感、教材的广博度，以及如何保持每种民族音乐的本真特性，都是我们需要思考的问题。解决上述问题的关键，还是在于我们对各类民族音乐研究的深度。现在，从小学到高中的音乐必修教材已经开始反映出对多元文化音乐教育的理解，但在具体的教学实践中，教师和学生的认同度并不理想，国内民族音乐和世界音乐在教材中的比例还是偏低。比如，在十册小学阶段的音乐教科书里，外国的民歌、流行歌曲、儿歌和影视主题曲大约占据全部歌曲的 15.51 %。而在六册初中阶段的音乐教材中，外国的民歌、器乐曲和民族舞曲大约占据了 15.8 %。在高中必修的"音乐鉴赏"课程中，世界各国的民族音乐和国外的流行音乐大约占了欣赏曲目总数的 19.51 %。包纳多元文化音乐教育思想的音乐教材的编写工作任重道远。

要想推进多元文化音乐教育的进程，我们需要探索和解决一系列问题：如何在弘扬多元文化中确保世界民族音乐的正宗性；如何解决新理念音乐教学模式中的课程时间上的困扰；学生对于多样化音乐教育的接纳程度如何；如何通过教育改革，培育出擅长多元文化音乐教育教学的优秀教师；怎样衡量中国民族音乐、世界音乐及欧洲传统音乐在音乐教学中所占的比例才是恰当的，这些都将是实施多元文化音乐教育所要探讨的问题。

第四节　我国实施多元文化音乐教育的策略分析

一、多元音乐文化教育理念的树立

在音乐教育中推广多元文化音乐教育理念，首先应认识到对音乐的理解必须从文化视角出发。人类的思考模式，不仅受文化影响，也与环境紧密相关。不同文化的形成，源自各自独特的环境和社会背景，它们各有特色。多样化的文化共同构建了丰富多彩的世界，且不能用单一标准衡量。国际音乐教育学会也强调，对文化的评价并无固定标准，应当以开放心态、平等视角看待不同文化，从中汲取精华，客观评价其价值。这种理念有助于打破欧洲音乐文化的中心地位，促进我们更加全面地理解音乐文化，认识到欧洲音乐仅是众多音乐类别中的一种。以此观点，建立泛音乐文化视角，用平等尊重的态度看待所有音乐文化。中国要改变传统的以欧洲为中心的音乐观念需要时间。由于欧洲音乐文化对中国的深远影响，我们需要采取相应措施逐步实现这一转变。

首先要营造多元文化音乐教育的舆论氛围。为了推广多元文化音乐教育，专家和学者的角色至关重要。他们作为权威人士，能够将理论快速转化为实践，进而广泛发展多元音乐文化。专家学者的研究不仅吸引注意，还具有说服力，有助于推动多元音乐文化教育理论体系的发展。从最初的教育思潮到推广运动，再到制度化的教育政策，专家学者的持续研究和努力是不可或缺的。此外，相关教育部门对于多元文化音乐教育的推广也能起到关键作用。国际上，国际音乐教育学会的推动对这种教育的发展起到了决定性作用，而在中国，教育部等部门发挥了重要作用。尽管教育部已开始关注多元文化音乐教育，但存在双核心标准的问题，这可能导致音乐教育重走审美教育的老路。双核心标准的不合理性不利于多元音乐文化的推广，影响教育效果。这表明中国在多元文化音乐教育的理念和理论方面还需进一步深入了解。

其次，教师应改变传统音乐教育理念，树立多元文化音乐教育观。对多元文化教育的实施和对多元文化理论的传播的主体是教师，然而多数教师对音乐文化的吸取曾经也是西化的，深受西方音乐价值观的影响，这一思想已经根深蒂固，而他们又肩负多元音乐文化教育的重任。因此，教师一定要让自己的思想从西方音乐文化的禁锢中解放出来，接受多元文化的教育思想，并将这一思想传递下去。教师应当开阔自己的眼界，认识世界文化的多样性，客观平等地去看待各个地区各种文化下的音乐文化，对于不同民族衍生出的独特音乐艺术，应当用尊重的态度去看待。作为学生的榜样，以更加豁达宽容的态度进行多元音乐文化教育。但目前教师的教育方式太过于重视技能的传授，在授课方面，缺乏人文知识的教育，对文化内涵的理解和音乐修养的探索较为缺乏，若要深入贯彻多元文化音乐教育，就应当更加注重人文教育，多传授教育理念和音乐文化。

最后，改变学生的音乐认识论。在教育的过程中，学生才是真正的受益者，也是音乐教育的承受者，他们在教育的过程中，以及社会传媒的影响下逐渐形成自我的音乐价值观，这一价值观的形成，主要是受教育的影响，因为与大众传媒相比，教育更加地明确，具有强烈的主动性和方向性，而社会和大众传媒则比较盲目和被动。所以为了让学生形成正确的音乐价值观就要对学生进行正确的音乐理念教育。在音乐教育的过程中，教师应运用更加多元的音乐教育方式，让学生多角度地更加开阔地吸收文化，能够用开阔包容的目光去看待不同种类的音乐，促使学生学习各个民族的音乐，提升学生的学习兴趣。使学生能够更加平等尊重地看待各种音乐文化，接受音乐的多元性。

总的来看，对学生的多元文化音乐教育，是为了能够让学生更加深刻地理解多元文化。并且投入了实践，如开设了围绕音乐文化的音乐课程，通过音乐看世界、看自我，从而能够理解自我、理解世界。这有利于音乐多样性的发展，帮助学生树立平等的音乐价值观。

二、教育体系的建立与完善

如果国家是多元音乐文化传播的主体，那么国家就需要考虑如何使本土音乐文化与世界音乐文化相接轨，以本国音乐文化为根本，同时吸取各国音乐文化精髓。

美国的教育体制于 19 世纪末 20 世纪初开始欧化，在社会历史发展的过程中，美国人不断地自我反思，从而发现自我具有丰富多样的资源，美国的本土拥有复杂的种族，也拥有十分多元的文化，这促使了美国音乐多元文化教育的形成。同理，我国具有广阔的国土，拥有 56 个民族，在历史的长河中不断地繁衍、发展、迁徙，在交流融合的过程中，形成了多元一体的文化。

在发展多元文化音乐教育时，应当注重本民族的音乐文化发展。要想发展好本国的经济和文化，发展本土文化是重中之重。例如，匈牙利有一位著名的音乐家柯达伊，他在本国文化与外国文化相接轨的过程中，优先发展了本土文化。除此之外还有奥尔夫、达尔克罗兹等，诸如此类的教学方法都是扎根于本土文化而发展的。在中国音乐文化教育发展的历史长河中，中国音乐文化产生了迷失的状态，想要解决这一问题，一定要坚定不移地发展本土文化。

发展我国本土音乐需要注重两个方面：传统音乐和少数民族音乐，并且将教材作为主体，将教学与教材相链接，与此同时，更加坚定地独立发展我国本土的音乐文化，减少欧洲文化对我国本土文化的影响，从而能够较好地建立中国本土的音乐价值体系，在歌曲的各方面教学过程中，将一些中国传统文化融入其中，如中国民歌创作法等。我国拥有许多民族音乐文化，应当将这些文化资源化，在课程中对学生进行传授，从而将理论变为实践，发挥课程的传播传授作用，将中国民族音乐文化发扬光大，传承下去。让学生拥有更加强烈的民族自尊心和自我认同感。

音乐是全人类的共同财富。学生在学习音乐的过程中，不仅应该掌握音乐文化知识，还应该深入了解世界文化，以此拓宽视野。这种理解有助于学生认识到世界音乐文化的丰富多样性，并以一种更加平等、尊重和平衡的方式对待不同文化。这样的教育不仅适应各种音乐风格，还能激发学生的想象力和创造力。全球音乐的多元化发展，尤其是世界音乐的多样性，能够引起各国广泛的关注。为了更好地教授世界文化，许多学者翻译和编写了关于世界音乐的书籍，如《世界音乐》《音乐教育的多元文化视野》等。这些教材中有一些成熟的可以作为我国音乐教材的参考。同时，也有专家编写适合我国国情的世界音乐教材，如《世界民族音乐概论》等。这些教材可以有效地融入我国高等院校的课程体系。在基础音乐教育中，虽然多元文化和音乐教育逐渐渗透，但西方音乐对基础教育的影响仍然深远。因此，编辑一部综合性强的教材具有一定难度。在多元文化音乐教育的时代，我们应当培养更高质量的多元文化音乐教育理念。

在这个过程中，欧洲传统音乐不应当处于中心地位，但仍然不能忽视欧洲传统音乐文化，它是世界文化的一个优秀成分，不能完全否定，应当平等地对待。

总的来看，在构建多元文化音乐教育课程的过程中，需要各方面因素的知识，对相关人士的要求较高。在教材的编写过程中，应当考虑本土音乐与世界音乐等如何平衡，在世界音乐中有各个分支，如东南亚音乐文化区、南亚音乐文化区、东亚音乐文化区等，这些分支如何平衡。特别在编写的过程中，一定要以平等开放的眼光看待各种文化，坚定发展本土文化，包容吸取外国文化。

三、推行教育改革，加强师资队伍建设

增强音乐师资力量，可通过对多元文化音乐从上到下的教育变革来实现。其

含义有两方面：一方面，提出教师是多元文化音乐教育传扬的主心骨；另一方面，实质是让以后的教师在多元文化音乐教育的能力上得到提高，故而在高校专业音乐教育上实行多元文化音乐教育的转变。进行多元化音乐教育的主要前提是培养具备多元化音乐教育能力的教师团队。从我国现有的情况来看，音乐教师在投身多元文化音乐教育中的教学能力多数不完全具有或不具有。

师范院校作为高校的表率，其作用是为以后培养优秀音乐教师提供主要平台，因其涉及多元化音乐教育为以后在中国的生存及发展，而其必然走向是让多元化文化音乐教育在高校实施改革转变。

改革应当包括以下四个方面。

第一，提升高校师资力量。教学是高校教师的分内之事，除此之外很多教师都肩负着很多科研工作，非常擅长学习，同时思维敏捷，还在国内外教育前线理论和思想上拥有犀利的观察力，因其自身变革的意志非常强，且国家或学校为其创建所需的条件，可让许多教师熟悉 2~3 门中国民族音乐或世界音乐。

第二，高校与高校之间的协作和沟通非常紧密，且让资源在教师中完成共享，即让高校与高校之间多元文化音乐教育在推广时取长补短，让其师资力量完成优化。

第三，高校的讲座和表演活动是聘请各个国家、民族与本国民间艺人开办的，不仅能让高校多元文化音乐教育师资在其不充足之下得到补足，同时让世界各民族音乐文化本源性和纯正性得到保障，故而学生可以直接地和世界各民族音乐交谈。

第四，音乐教师的培训活动国家要有计划、有目的地开办，让其养成系统化、体制化、制度化的模范，使其紧随国内国际局势，走在时代前沿，让其思想灵活，因此需一直创新教学方法与音乐教师的观念。

四、良好外部环境的创设

为促使多元文化音乐教育得到真正实行，需要国家在音乐教育上让调控机制得到更好的施展，再授予其师资培训、资金、人力、物力及政策等多方位的帮助，让其推动中国多样化音乐教育顺利开展，从而取得良好的效果。

一是正确界定音乐课性质。让艺术成为基本教育的内容核心，是在《2000年目标：美国教育法》中提出，是由美国政府在 1994 年发布的。因推动创新型，多方位挖掘高品质的人才，而美国的艺术教育在其发挥的作用是众所周知的。中国的一部分教师与家长认为音乐教育无足轻重，假如这种观念无法得到改变，那么变革也没有效果。努力寻求让音乐课在学校教育中脱离窘境的办法，使其成为中心化的格局。

二是加大对多元文化音乐教育研究及其教材构建的支持力度。如今，世界多元文化教育繁荣昌盛让我国的文化音乐教育的探索工作受到波及，因其研究人员的行为大多数是自愿性的，还未构成体制化、系统化的研究机构，但是个别研究工作没能迅速地推动，多是受资金问题等困扰，因而只有少量的学者与专家投身到课题的探索中。为使研究工作有序展开，政府需在研究工作中承担起计划者与组织者的角色。此外，政府需要把对此项目感兴趣或现在致力于此项研究工作的人员实施领域区分，使研究中欧民族音乐和研究南亚音乐的人员分组进行；另外还要借助高校的研发队伍，参照其学校的地理方位，使其划分各校的研究区域，研究周边邻近的国家音乐文化和当地民族民间音乐。只要分工公平且合理，就能使研究成果得到提升，还能让经费支出降低从而减少损耗，因为国家层面的管理拥有一定约束和激励机制，这样可以更好地保证研究的质量与研究进度。

国家还需在整体安排并聚集有关职员的工作时对教材实行引入编译，因我国的音像视频资料以及多元文化音乐教育教材的缺少，且必须让其完整和增加，因而需要购买含有音像视频的资料，同时需要为研究与教材的编译等工作下拨专款。然而其一项主要保障是让学校音乐教育健全并良好发展，因音乐教育研发项目的资金是需要美国政府及美国社会基金会的支援的。然而在 20 世纪六七十年代，美国教育总署艺术人文处投入 1 600 万美元，让其赞助人文学科与学校艺术的建立及研发等工作。所以与之相比我国为其投资的非常少。

三是建立长效有序的在职音乐教师培训机制。在这个全球化的时代，文化的迅速演进、经济的飞速发展以及技术的日新月异都使我们意识到进行知识及观念的更新有多么的重要。当克莱南第二次来中国访问时，他同管建华教授进行了深入的讨论，并指出了德国音乐教育的三大难题：首先，全球变迁的快速使音乐教育的发展方向难以把握；其次，学生对流行音乐的了解往往超过教师，给教育者带来教学上的挑战；最后，全球音乐教育趋向多元文化，而德国音乐教师对世界多元文化音乐的了解有限。中国在这三个领域面临类似的困境，要紧跟时代的步伐，必须持续学习。为此，高校举办年度教师考核和再学习活动，包括远程教育和师资进修班。这些学习机会，由国家为在职音乐教师提供，是追求专业发展的良机。要实现这些目标，必须严格执行政府的相关政策，并确保其有效性，这样才能引起音乐教师和学校的特别关注。

四是评估学校多元文化音乐教育的实施情况和学生接受该教育的程度。这一评估主要集中在高等教育机构。教育部针对音乐教育已经在《全国普通高等学校音乐学（教师教育）本科专业课程指导方案》中进行了明确规定，新方案的创新之处主要有两点：第一，规定音乐演奏课程必须学习一种国内乐器和一种国外乐器；第二，增设了"中国民族音乐"和"外国民族音乐"课程，填补了教育内容的不足之处。相较于以往，新方案已取得显著进步，但仍有完善空间。为此，笔者建议高校应当在基础音乐课程与高等音乐课程之间建立连接。我国的民歌、拉丁美洲音乐和非洲音乐等多元文化音乐教育课程已被纳入基础教材，而高等教育应当提供这些领域的更深入学习，以培养能够胜任未来音乐教育工作的学生。同时，高校应对多元文化音乐教育的实际情况进行评估，对未达标的机构采取警告或批评等措施，以确保其对多元化音乐教育工程的真正参与。此外，还需要建立一个适合评价大学生多元文化教育成效的体系。

参 考 文 献

[1] 王涛 . 新时代高校音乐教育多元化教学创新探究 [J]. 中国教育学刊，2023
（11）：156.

[2] 郭威 . 元宇宙初始：后数字时代音乐教育的价值转型 [J]. 华东师范大学学报
（教育科学版），2023，41（11）：52–66.

[3] 袁平 ."文化自信"视域下基础音乐教育民谣教学探索 [J]. 戏剧之家，2023
（30）：108–110.

[4] 陈星余，杨春林 . 探究奥尔夫音乐教学法在小学音乐课程中的应用 [J]. 戏剧之
家，2023（30）：114–116.

[5] 范雪琴，周秋华 . 教育数字化背景下音乐师范生数字素养培养路径 [J]. 豫章师
范学院学报，2023，38（5）：55–58.

[6] 肖珺 . 课程思政视域下的高校音乐美育创新实践 [J]. 中国高校科技，2023
（10）：102.

[7] 吴菲 . 新媒体背景下音乐艺术助力高校思政教育的实践探索 [J]. 新闻研究导刊，
2023，14（20）：182–184.

[8] 张华萃，林琳 . 音乐领域中的性别不平等及其消解 [J]. 山东女子学院学报，
2023（6）：74–82.

[9] 张春晓 . 艺术教育中学生音乐表现力培养路径研究 [J]. 戏剧之家，2023（29）：
97–99.

[10] 王黎，杨悦 . 新时期下艺术院校音乐教育专业建设向度研究 [J]. 戏剧之家，
2023（29）：175–177.

[11] 于浩 . 从音乐教育现象到音乐教育研究问题的思考 [J]. 艺术研究，2023（5）：
145–147.

[12] 王晓潇 . 创新教学模式下的音乐教育实践与成效评估 [J]. 大众文艺，2023
（19）：131–133.

[13] 李琴 . 关于中国传统音乐教育和美国开放式音乐教育的对比研究 [J]. 大众文
艺，2023（19）：167–169.

[14] 黄倩 . 多元文化视域下高校音乐教育中民族音乐传承 [J]. 湖北开放职业学院

学报，2023，36（19）：188–190.

[15] 莫文峥."互联网 +"时代下高校音乐教育的探究 [J]. 戏剧之家，2023（28）：
114–116.

[16] 虞舒然. 传统民族音乐在职业教育音乐教学中的传承探析 [J]. 戏剧之家，
2023（27）：111–113.

[17] 康颢璇. 浅谈传统音乐在中学音乐课堂应用的现状与反思 [J]. 戏剧之家，
2023（27）：108–110.

[18] 崔一骞. 文化自信视野下民族音乐的传承与发展 [J]. 戏剧之家，2023（27）：
78–80.

[19] 朱婷，张玉红. 基于 ICF 构建特殊教育学校音乐教育的理论架构与方法体系
[J]. 中国康复理论与实践，2023，29（8）：977–984.

[20] 胡凯华. 试谈培养音乐鉴赏能力对提高铸造专业学生学习效率的作用影响 [J].
特种铸造及有色合金，2023，43（9）：1297–1298.

[21] 陈颖. 多元文化教育视域下柯达伊教学法在广西原生态民歌教学中的应用探
究 [J]. 戏剧之家，2023（26）：117–119.

[22] 李伊雯. 音乐剧在高校音乐教学中的实践探索 [J]. 戏剧之家，2023（26）：
60–62.

[23] 金茗. 改良与融入：从音乐教育看跨文化传播中的文化适应法则 [J]. 音乐教
育与创作，2023（9）：4–8.

[24] 黄俣晗，郭颖. 新时代社区音乐教育的现状与对策 [J]. 大众文艺，2023（17）：
207–209.

[25] 毕雅涵，任伟家. 民族文化传承视域下高校音乐教育模式探究 [J]. 大学，
2023（26）：121–124.

[26] 滕成琳. 美声唱法在演唱及声乐教学中的融合策略分析 [J]. 艺术评鉴，2023
（17）：116–121.

[27] 马雪竹. 中国民族音乐艺术的传承与发展 [J]. 北华大学学报（社会科学版），
2023，24（5）：140–144；156.

[28] 刘辉. 论音乐教育复合型人才的培养 [J]. 当代音乐，2023（9）：19–21.

[29] 杨旎. 多元人才培养视域下的大学音乐教育改革研究 [J]. 戏剧之家，2023
（24）：96–98.

[30] 牛晓晰. 基于课程标准的学校音乐教育价值探究 [J]. 戏剧之家，2023（24）：
121–123.

[31] 张健. 高校音乐教育中多元文化的融入价值与实施路径 [J]. 大众文艺，2023
（15）：208–210.

[32] 赵俊，赵玛丽安娜．多元文化背景下的高等师范音乐教育人才培养模式探究 [J]．延安职业技术学院学报，2023，37（4）：37–40.

[33] 徐开来．浅谈流行唱法与美声唱法在声乐演唱中的区别及联系 [J]．文艺生活（艺术中国），2023（8）：131–134.

[34] 孟鑫．音乐教育价值的多维性平衡——求知、审美与育人 [J]．吉林师范大学学报（人文社会科学版），2023，51（3）：92–101.

[35] 张哲宁．后现代视角下的当代中国学校音乐教育 [J]．戏剧之家，2023（14）：181–183.

[36] 王文维，铁梅．体验音乐——以审美为核心的雷默音乐教育哲学观 [J]．戏剧之家，2023（12）：177–179.

[37] 罗娜．生态视角下的音乐教育创新发展研究 [J]．环境工程，2023，41（4）：291.

[38] 李欣欣．生态文明视域下音乐教育可持续发展创新探究 [J]．环境工程，2023，41（4）：290.

[39] 栗姣，孟卓．嬗变与进阶：中国音乐教育研究方法的发展审思 [J]．中国音乐教育，2023（4）：39–44.

[40] 武艺．实践主义音乐教育哲学与当代音乐教学法的研究 [J]．艺术评鉴，2023（4）：97–100.

[41] 徐青．音乐审美教育的作用及实现途径探究 [J]．美与时代（下），2022（11）：69–71.

[42] 李浩．论美育与音乐教育管理的关系问题 [J]．音乐生活，2022（11）：57–59.

[43] 许可．新时期美声唱法在中国发展的相关思考 [J]．戏剧之家，2022（31）：62–64.

[44] 黄瑶，王磊．"五育并举"视域下音乐的美育探索和实践 [J]．江西电力职业技术学院学报，2022，35（10）：67–70.

[45] 韩峰．"互联网"环境下的音乐教育创新问题研究 [J]．中国大学教学，2022（9）：80–85.

[46] 于扬．由时代变迁中的中国音乐教育发展状况引发的思考 [J]．戏剧之家，2022（25）：174–177.

[47] 刘婷．美育机制下音乐教育的现状分析与策略研究 [J]．艺术评鉴，2022（15）：107–110.

[48] 冯文鹏．"一带一路"倡议下音乐教育事业发展体系构建 [J]．绥化学院学报，2022，42（8）：123–124.

[49] 刘钰滢．交往音乐教育在我国发展现状探究 [J]．大众文艺，2022（11）：

155–157.

[50] 王思然 . 多元文化音乐教育理论的实施途径分析 [J]. 文化产业，2021（33）：76–78.

[51] 胡东冶 . 溯源与省思——中国艺术歌曲概念之厘清与界定 [J]. 东北师大学报（哲学社会科学版），2021（5）：65–74.

[52] 白俊梅 . 基于核心素养的多元音乐文化教育创新实践 [J]. 山西财经大学学报，2021，43（S2）：179–181；187.

[53] 吴凯 . 音乐教育专业慕课实践教学模式探究 [J]. 艺术评鉴，2021（4）：91–93.

[54] 汪敏 . 多元文化体验对当代音乐教育的意义探析 [J]. 南京艺术学院学报（音乐与表演），2020（4）：156–160.

[55] 周祖权 . 我国音乐教育发展现状之反思 [J]. 艺术评鉴，2019（19）：91–92.

[56] 王泓鉴 . 教育均衡视域下我国少数民族地区学校音乐教育发展现状研究 [J]. 音乐创作，2018（12）：162–163.

[57] 刘叶秋 . 试论美声唱法对中国民族唱法形成与发展的影响 [J]. 宁夏大学学报（人文社会科学版），2018，40（4）：171–178.

[58] 翟玥坤 . 我国音乐教育发展与高师音乐教育改革现状 [J]. 北方音乐，2018，38（9）：172.

[59] 陈章良 . 我国当代音乐教育发展的现状与策略研究 [J]. 当代音乐，2018（5）：26–27.

[60] 朱晓丹 . 生态论教育思想视域下的当代中国艺术歌曲的价值 [J]. 辽宁高职学报，2011，13（6）：77–78；86.